根据2019最新《普通高等学校军事课教学大纲》编写

高校军事课教程

刘 鹏 吴都强 ◎ 主编

山东友谊出版社

图书在版编目(CIP)数据

高校军事课教程/刘鹏,吴都强主编.—济南:
山东友谊出版社,2019.7(2021.3重印)
　ISBN 978-7-5516-1909-7

　Ⅰ.①高… Ⅱ.①刘… ②吴… Ⅲ.①军事理论-高
等学校-教材 Ⅳ.①E0

中国版本图书馆 CIP 数据核字(2019)第 156441 号

高校军事课教程

GAOXIAO JUNSHIKE JIAOCHENG

主管单位:山东出版传媒股份有限公司
出版发行:山东友谊出版社
地　　址:济南市英雄山路 189 号　　邮政编码:250002
电　　话:出版管理部(0531)87108529
印　　刷:莱芜市塑料彩印厂
版　　次:2019 年 7 月第 1 版
印　　次:2021 年 3 月第 3 次印刷
开　　本:787mm×1092mm 1/16
印　　张:13.5
字　　数:380 千字
定　　价:38.00 元

(如印装质量有问题,请与出版社出版管理部联系调换)

《高校军事课教程》编委会

前　言

　　"兵者,国之大事,死生之地,存亡之道,不可不察也。"学校的国防教育是全民国防教育的基础,是增强民族凝聚力和提高全民素质的重要途径,事关国家安全和人民幸福。高校学生的军事课是大学生的必修课,它以学校国防教育为主线,以军事理论教学为重点,通过对学生进行军事训练和军事理论教学,强化国防观念,激发爱国热情,增强民族自信心、自豪感、向心力。对高校学生进行国防教育是学校素质教育、国家人才培养和加强国家后备力量培养的重要举措,是实现中华民族伟大复兴中国梦和党在新时代强军目标的一项重大战略任务。国防意识和军事素养是青年学生健康成长、报效国家和服务社会的基本素质。和平需要保卫。加强学生国防教育是时代的呼唤,是历史的必然;加强学生国防教育是我们党和国家根据国内外形势作出的一项战略决策;加强学生国防教育是一项长期的、基础性的人才培养战略工程,是一项利国、利军和利民的宏伟社会工程。

　　根据中华人民共和国第十三届全国人民代表大会常务委员会第二十四会议新修订通过的《中华人民共和国国防法》《中华人民共和国国防教育法》《关于深化学生军事训练改革的意见》以及2019年1月教育部、中央军委国防动员部联合制订的《普通高等学校军事课教学大纲》和学校国防教育的实际,我们组织了长期从事学校国防教育和学生军训的专家和一线教师依据最新教学大纲编写了本书。本书主要包括中国国防、国家安全、军事思想、现代战争、信息化装备和军事技能六大部分,内容充实、新颖,能紧贴高校学生的教学实际,符合高校军事课的教学要求。

　　在编写过程中,编者参考了部分教材和有关专家、学者的资料,在此表示感谢。由于编者水平有限,书中难免疏漏,敬请读者批评指正。

2021 年 2 月

目　录

第一章　中国国防

> 【教学目标】　通过学习使新时代的大学生理解国防内涵和国防历史,树立正确的国防观;了解我国国防体制、国防政策以及国防成就;熟悉国防法律法规、武装力量、国防动员的主要内容,激发学生的爱国热情,增强学生的国防意识。

第一节　国防概述

"兵者,国之大事,死生之地,存亡之道,不可不察也。"国防事关一个国家的生存和发展,事关一个民族的兴衰和荣辱。我国的国防是全民国防——国家兴亡,匹夫有责。

一、国防的内涵

(一)国防的定义

国防是随着国家的产生而出现的,是为国家利益服务的,受国家的性质、制度和政策制约。"国防"一词在我国最早见于南宋范晔《后汉书·孔融传》。孔融针对当时国内可能发生的动乱征候,向汉献帝进谏:"臣愚以为宜隐郊祀之事,以崇国防。"可见,古人视礼仪为维护社会安定和国家安全的力量,民众必须严格遵守,不能逾越,称为国防。2020年12月26日第十三届全国人民代表大会常务委员会第二十四次会议修订通过的《中华人民共和国国防法》对国防作了明确定义:国防是国家为防备和抵抗侵略,制止武装颠覆和分裂,保卫国家主权、统一、领土完整和发展利益所进行的军事活动以及与军事有关的政治、经济、外交、科技、教育等方面的活动。

(二)国防的基本要素

国防涉及社会的各个领域,国防的基本要素包括国防的主体、国防的目的、国防的手段、国防的对象。

国防的主体,即国防活动的实施者,通常为国家。国防是国家的防务。但是,有人认为国防的实施者是军队,因此把国防的主体认为是军队,这是不正确的。

国防的目的是防备和抵抗侵略,制止武装颠覆和分裂,保卫国家的主权、统一、领土完整和发展利益。

国防的手段是指为达到国防的目的而采取的方法和措施。主要包括军事手段、政治手段、经济手段和外交手段等。

国防的对象是指国防所要防备、抵抗和制止的行为,主要包括侵略和武装颠覆。国防要防备和抵抗的"侵略"除"军事侵略"外还有文化侵略、经济侵略等。

二、国防的类型

按军事战略和国防建设的目标来区分,当今世界各国的国防归纳起来有以下四种类型。

(一)扩张型

指某些国家为了维护本国利益,奉行霸权主义侵略扩张政策,打着防卫的幌子,对别国进行侵略、颠覆和渗透。

(二)自卫型

指在国防建设上以防止外敌入侵为目的,主要依靠本国的力量,广泛争取国际上的支持,维护本国的安全、周边地区的稳定和世界的和平与稳定。

(三)联盟型

指以结盟的形式,联合一部分国家来弥补自身力量的不足。联盟型国防中有扩张和自卫两种。

(四)中立型

指中小发达国家为了保障本国的繁荣和安全,严守和平中立的国防政策,实施总体防御战略和寓兵于民的防御体系。

我国是社会主义国家,我国政府坚定不移地实行积极防御战略,坚持全民自卫原则。我国的国防建设是为了保卫国家主权和领土完整,因而是自卫型国防。

三、现代国防观

现代国防是一种全新的国防观念和国防实践活动。其基本特征是:

(一)国家利益和安全防务的整体性

国家根本利益体现在国家的安全和发展两个方面,现代国防不仅要维护国家的"硬疆界",而且还要捍卫"软环境"。国防不单纯指军事活动,还包括与国防有关的非军事活动。

(二)国防力量的综合性

国防不仅依靠国家的军事实力,还依靠国家的战争潜力,特别是战时能迅速将战争潜力转化为军事实力的能力。现代国防不仅是军事斗争的角逐,而且是国家的人力、自然力、政治力、经济力、科技力、精神力等综合国力的抗衡。国防不但要重视武装力量的数量建设,而且更要重视它的质量建设。

(三)国防手段的多样性

国防不只立足于实战的作用,还要立足于强大的威慑作用;不仅有兵戎相见的"硬对抗",还有各种各样的"软杀伤",不仅有军事行为,而且要通过政治对话、外交谈判、经济封锁、心理施压、军备控制以及其他非战争手段。

(四)国防建设的融合性和社会性

国防不只是"军防",而且关系到社会的各个领域,关系到每个公民。国防建设要军民融合,平战结合,寓军于民。

四、我国的国防历史

历史上,我国国防先后经历了盛衰交替的古代国防、含耻受辱的近代国防和发展壮大的现代国防。

(一)古代国防

我国古代国防从夏朝的建立至1840年鸦片战争爆发,历经数千年,并随着各朝代的盛衰更替不断发展。

1.兵制建设

兵制即我们常说的军事制度,也称军制。它是国家或政治集团组织、管理、维持、储备和发展军事力量的制度,包括武装力量体制、军事领导体制和兵役制度等方面。

在武装力量体制上,我国古代大体分为中央军、地方军和边防军。秦以前,武装力量比较单一,在军事力量构成上实行兵民合一的民军制,百姓平时参与生产劳动,战时集合成军,以临时征集的方式组成军队。秦以后,随着政治制度的完善和经济的发展,各朝代根据各自的状况和国防的需要,以及驻防地区和任务,将军队区分为中央军、地方军和边防军,并对军队的组织编制、屯田戍边、兵役军赋、军队调拨、军需补给、驿站通道、武器的制造和配发等都做了具体的规定,通过法律形式颁布执行,如《卫禁律》《军防令》等。

在军事领导体制上,夏、商、周时期还没有专门的军事机构,国王一般亲自主持军政,领兵作战。春秋末期,国家机构出现将相制,以将为主组成军事指挥机构。战国时期,将军独立统兵作战已很普遍。秦统一六国后,设立了专门管理军事的机构,最高的军事官员称太尉。隋朝对国家机构进行了改革,设立了三省六部制,专门设立了主管军事的部门——兵部。宋朝为了防止"权将"拥兵自重,在中央设立了枢密院,作为军事领导的最高机构,主官由文官担任。枢密院对军队有调遣权,但无指挥权;将军对军队有指挥权,但又不能调遣军队,形成枢密院和将军的相互牵制。各朝代在军事领导体制方面的做法虽然不尽一致,但权力至上,军队的调动使用大权始终掌握在统治者手中。

在兵役制度上,随着各个历史时期的政治、经济、人口状况和军事需要而发展变化。奴隶社会时期,生产力低下,人口稀少,战争规模小,主要实行兵民合一的民军制度。封建社会时期,民军制度逐渐演变为与当时历史条件相适应的兵役制度,如秦汉时期的征兵制、魏晋南北朝时期的世兵制、隋唐时期的府兵制、宋朝的募兵制、明朝的卫所兵役制等。

2. 边、海防建设

我国古代为抵御外敌的侵犯,实行固边政策,修筑了数量众多、规模庞大的防御工程,如城池、长城、京杭大运河以及海防要塞等。城池建设始于商代,之后规模不断扩大,结构日益完善。由此,城池的攻守作战成为我国古代战争中的主要样式之一,万里长城就是我国古代防御工程的代表。早在战国时期,燕、赵、秦等国就开始修建长城。秦始皇统一六国后,把北部长城连接起来,并向东、向西进行了延伸,形成了西起甘肃临洮、东至辽东的万里长城。以后,历代王朝多次修建、扩展,到明代形成了东起辽宁虎山、西至甘肃嘉峪关全长 8 850 多千米的长城。除万里长城外,隋炀帝时期开凿的京杭大运河是我国古代兴建的伟大水利工程,也是当时军事交通和“南粮北运”的大动脉,具有重大的军事和经济价值。

明清时期,朝廷在巩固陆疆的同时,对海疆的重视也不断加强。为了抵御倭寇,明朝廷开始重点加强海防建设,在沿海的重要地段陆续修建了以卫城、所城为骨干,堡、寨、墩、烽堠和障碍物相结合的防御体系。清朝前期,在明代海防基础上逐步在沿海建成炮台要塞式的海岸防御体系。

3. 富国强兵的国防思想

富国强兵是我国古代重要的国防思想。早在春秋战国时期,就有统治者和军事家认识到国防与经济的关系,提出“国不富”则无称雄之本,“兵不强”则无争霸之力,视富国为强兵之本、强兵之先、强兵之急,重视发展经济和充实武备等。之后,各朝代统治者也都十分重视这一思想,并采取一系列政策,努力发展生产,为国防的强大奠定了基础。

(二)近代国防

19 世纪上半期,西方资本主义国家为了开辟新的销售市场和原料产地,加紧对外侵略扩张。他们抓住了中国“国防不固,军队不精”这一致命弱点,开始了对中国的侵略。在此期间,帝国主义列强先后多次发动侵华战争,肆意践踏我国的国土,抢掠我国的财物,屠杀我国同胞,还强迫清政府签订了多个不平等条约。中国的主权被一步步攫取,外国商船和军舰可以在中国内河、领海任意航行,自由停泊于各通商口岸。列强的军事侵略使中国在政治上、经济上、文化上蒙受了巨大屈辱和损失。

有压迫就有反抗,有侵略就有斗争。在第一次鸦片战争中,与清兵的节节败退形成鲜明对照的是广州三元里人民,他们自发地组织反抗斗争,向全世界昭示,中国人民绝不甘心当亡国奴,帝国主义永远也不能灭亡中国。1900 年,八国联军进攻中国之际,农民再一次担负起挽救民族危亡的历史重任,掀起了义和团运动。为了争取民族强盛和反抗外来侵略,中华民族的优秀儿女赴汤蹈火,奋斗不息。虎门销烟、奋力抗英的林则徐、邓廷桢、关天培;誓死保卫定海的葛云飞;抗英保台的姚莹;"抗击沙俄,收复新疆"的左宗棠;抗法援越的刘永福、冯子材;血溅海疆的丁汝昌、邓世昌;疾呼"生气"的龚自珍;倡导"师夷长技以制夷"的魏源;为"恢复中华,创立民国,鞠躬尽瘁,死而后已"的孙中山……他们或血战沙场,为国捐躯;或折冲樽俎,力争主权;或外争权力,实业救国;或启迪民智,教育救国;或改革文艺,激励民心;或武装起义,重造中华。从而唤醒了一代代民众,为保家卫国而战,为驱逐强虏而战。

(三)现代国防

1921 年 7 月,中国共产党成立,1927 年 8 月中国共产党有了自己的武装,这给灾难深重的中国人民带来了光明和希望。从此,中国人民在中国共产党的领导下,把救亡图存的斗争推向了新的阶段。面对日本帝国主义的入侵,中华民族到了生死存亡的紧要关头。中国共产党高举团结抗日的旗帜,肩负起救民族于危难的神圣使命,领导全国各族人民进行了艰苦卓绝的 14 年抗战,终于取得了我国近代史上第一次抗击外敌侵略的完全胜

《南京条约》

中国近代史上第一个签订的不平等条约。1842 年,清政府在与英国的第一次鸦片战争中战败,8 月 29 日清政府代表钦差大臣耆英、伊里布和英国代表璞鼎查在英军旗舰康华丽号上正式签订中英《南京条约》。《南京条约》的签订,使中国的主权完整遭到破坏,并被卷入资本主义世界市场,中国历史进程发生了重大转变,开始沦为半封建半殖民地社会。

利。抗日战争胜利后,中国人民迫切需要一个和平安全的休养生息的环境,但蒋介石背信弃义,妄图消灭中国共产党及其所领导的军队。中国共产党领导中国人民取得了解放战争的胜利,最终建立了中华人民共和国。中华人民共和国成立后,中国才有了真正意义上的现代国防,并取得了举世瞩目的巨大成就,建立和完善了有中国特色的武装力量领导体制。

我国的武装力量领导体制,是在长期的革命战争中形成和发展起来的。1949 年,根据《中国人民政治协商会议共同纲领》和《中华人民共和国中央人民政府组织法》规定,设立了中央人民政府人民革命军事委员会,作为国家最高军事领导机关。1982 年起,设立中央军事委员会,同年 12 月召开的第五届全国人民代表大会五次会议通过的《中华人民共和国宪法》规定,中华人民共和国中央军事委员会领导全国武装力量。

进入 21 世纪,军队的现代化建设有了突飞猛进的发展。中国特色军事变革取得重大成就,经过调整改革,形成了"军委管总、战区主战、军种主建"的格局,部队规模结构和编成以及军兵种内部结构比例进一步优化,老旧装备逐步淘汰,新兴作战力量不断发展,高新技术装备部队比重逐步增加,全面建设现代后勤工作取得重要阶段性成果,信息化条件下威慑和实战能力显著增强。特别是近年来,我军武器装备更新换代明显加快,先有"辽宁号"航空母舰正式入列,后有国产航母"山东舰"入列人民海军,歼-15 舰载

机成功着舰起飞,歼-20战斗机列装部队,已经形成"可下五洋捉鳖"的军事能力,极大地鼓舞了军心士气。

(四)国防历史的启示

1.经济发展是国防强大的基础

经济是国防的物质基础,国防强大依赖经济发展。早在春秋战国时期,统治者就认识到国富才能兵强,以经济发展作为巩固国防、争夺霸权的重要措施。秦国重用商鞅进行变法,解放了生产力,促进了经济发展,最终吞并六国,完成统一大业。唐朝由"贞观之治"达到鼎盛时期,是统治者注重发展经济的结果。与此相反,各朝各代的衰落、灭亡,几乎毫无例外是从这个王朝政治腐败、经济落后,动摇了国防的根基开始的。因此,有了强盛的经济,才能有强大的国防,才能有政权的稳固、国家的安全。

2.政治昌明是国防巩固的根本

早在春秋战国时期,各诸侯国就十分注意修明政治、变法图强,视选拔优秀人才治理国家为强国的大计。西汉时,从汉高帝到汉武帝都实行比较开明的治国之策,国家因之昌盛,为西汉长达二百多年的安定奠定了基础。清末由于朝廷政治腐朽,国防日益虚弱,面对列强入侵屡战屡败,乞降求和,割地赔款,使我国遭受了前所未有的奇耻大辱,将人民带进了苦难的深渊。

3.民族凝聚力是国防强大的关键

在外敌入侵、国家危亡的紧要关头,只有全民族团结起来,共同抵抗,才能筑起一道坚强的国防长城,取得反侵略战争的胜利,使国家自强于世界民族之林。

第二节　国防法规

国防法规是国家为了加强防务,尤其是加强武装力量建设,用法律形式确定并以国家强制手段保证其实施的行为规则的总称。国防法规是国家法律体系的重要组成部分,是调整国防领域中各种关系、坚持依法治军、全面提高部队战斗力的重要保证,也是做好战争准备、赢得战争胜利的根本保障。

一、我国国防法规概述

国防法规是以国家强制力保证实施的,其主要任务是调整和规范国家在国防领域中的各种社会关系。

(一)国防法规的作用

1.保障中国共产党对军队的绝对领导

军队是国家的柱石,是国防的骨干力量。党要对国防实行集中统一的领导,首先要确定党对军队的绝对领导。

2.有效地保障国防现代化建设

国防现代化是一个涉及面广、体系庞大、内容完整的系统工程,是多种制约因素有机联系的整体,它涉及国家的军事、政治、经济、科学、文化、外交等各个领域,而所有这些都需要国防法律法规进行规范。所以,国防法规是实现国防现代化的重要保障,是国家在人力、物力和财力方面加强国防建设的有效调节器。

3.巩固和提高武装力量的战斗力

武装力量的战斗力是衡量国防建设的根本标准之一,通过依法管理的手段提高战斗力,已成为世界各国治军的大趋势。

4.依法维护军队和军人的合法权益

依法维护军队和军人的合法权益,一是有利于增强全民的国防观念,提高全社会关心和爱护人民军队的意识,促进军民共建钢铁长城;二是有利于军队革命化、现代化、正规化建设,增强军队的凝聚力和战斗力,激发广大官兵献身国防的热情;三是有助于解除军人的后顾之忧,保持国家、社会和军队的稳定;四是适应社会主义市场经济发展的需要,从根本上解决在军队和军人权益保护方面存在的问题,使军人权益保护工作走上制度化、规范化的轨道。

5.发展我国对外军事关系,提高军队的国际地位

对外军事交往有利于加强各国军队之间的相互了解,增进友谊,加强合作和交流,对于消除误解,维护世界和平具有重要的意义。坚持和平共处五项原则,独立自主地处理对外军事关系、开展军事交流与合作,对树立我们国家和军队的形象,起到了重要的作用。

(二)我国国防法规立法的权限

从纵向上看,我国国防法规立法权限分为五个层面。

1.全国人民代表大会及其常务委员会制定颁布基本法律及基本法律之外的其他法律。全国人民代表大会制定国家的基本法,如《中华人民共和国国防法》《中华人民共和国兵役法》等。全国人民代表大会常务委员会在全国人民代表大会闭会期间制定其他法律,如《中华人民共和国国防教育法》《中华人民共和国军事设施保护法》《中华人民共和国人民防空法》《中华人民共和国现役军官法》等。

2.国务院、中央军委制定颁布国防行政法规和军事法规。如国务院制定颁布《退伍军人安置条例》;中央军委制定颁布《中国人民解放军内务条令》《中国人民解放军队列条令》《中国人民解放军纪律条令》;国务院和中央军委联合制定颁布《征兵工作条例》。

3.国务院各部委和中央军委机关各部门制定颁布国防行政规章和军事规章。

4.各军兵种和战区制定颁布法规细则及条例。

5.各省、自治区、直辖市人民代表大会和政府制定地方性国防法规和规章。

二、我国现行的主要国防法规

（一）《中华人民共和国国防法》

《中华人民共和国国防法》是我国国防和军事领域的基本法律，是指导和规范国防和军队建设的基本依据。《中华人民共和国国防法》由中华人民共和国第十三届全国人民代表大会常务委员会第二十四次会议于 2020 年 12 月 26 日修订通过，2020 年 12 月 26 日，中华人民共和国主席令第六十七号公布自 2021 年 1 月 1 日起施行，共十二章七十三条。其主要内容包括：总则；国家机构的国防职权；武装力量；边防、海防、空防和其他重大安全领域防卫；国防科研生产和军事采购；国防经费和国防资产；国防教育；国防动员和战争状态；公民、组织的国防义务和权利；军人的义务和权益；对外军事关系；附则。

1.关于国防领导体制

《中华人民共和国国防法》规定："中华人民共和国的武装力量受中国共产党领导。""全国人民代表大会依照宪法规定，决定战争和和平的问题。""全国人民代表大会常务委员会依照宪法规定，决定战争状态的宣布，决定全国总动员或者局部动员。""国家主席根据全国人民代表大会的决定和全国人民代表大会常务委员会的决定，宣布战争状态，发布动员令。"国务院领导和管理国防建设事业，并行使八个方面的职权。中央军事委员会领导全国武装力量，并行使十二个方面的职权。把"党指挥枪"的原则法律化，保证军地双方在党的领导下协调一致地加强国防建设。

2.关于武装力量

《中华人民共和国国防法》规定："中华人民共和国的武装力量属于人民。它的任务是巩固国防，抵抗侵略，保卫祖国，保卫人民的和平劳动，参加国家建设事业，全心全意为人民服务。""中华人民共和国的武装力量，由中国人民解放军、中国人民武装警察部队、民兵组成。"

3.制定《中华人民共和国国防法》的意义

《中华人民共和国国防法》规范了我国国防建设的基本任务、基本方针和基本制度，反映了我国社会主义国防的性质和全民参与国防的特点，是一部具有中国特色、能够指导和规范国防和军队建设的重要法律。

第一，把党和国家在国防建设、军队建设方面的方针、政策，用法律的形式加以确认，有利于长期稳定地贯彻实施。

第二，充分发挥法律机制在国防建设中的规范、调节、保障和引导作用，有利于国防建设更好地适应国家经济体制。

第三，为进一步完备国防法制提供基本的法律依据，有利于国家法制的健全和完善。

第四，用法律的形式向国际社会表明我国的国防性质和国防政策，有利于树立和维护我国爱好和平的国际形象。

(二)《中华人民共和国兵役法》

我国现行《中华人民共和国兵役法》于 2011 年 10 月 29 日第十一届全国人民代表大会常务委员会第二十三次会议通过。《中华人民共和国兵役法》主要规定了我国的兵役制度;公民的兵役义务和权利;兵员的平时征集和战时动员;预备役人员的军事训练;高等院校和高级中学学生的军事训练;违反兵役法的惩处等。

1.我国的兵役制度

兵役制度是国家关于公民参加武装组织或在武装组织之外承担军事义务、接受军事训练的制度。主要包括:一、公民依照法律在军队中服现役;二、在军外服预备役;三、在校学生接受军事训练等。我国实行义务兵与志愿兵相结合、民兵与预备役相结合的兵役制度。

(1)服役制度

服役分为现役和预备役。现役是指公民自入伍之日起至退伍之日止,在中国人民解放军、中国人民武装警察部队中所服的兵役。

士兵的现役。义务兵服现役的期限为二年,义务兵服现役期满,根据部队需要和本人自愿,经团级以上单位批准,可以改为士官。士官实行分级服现役制度,士官服现役的期限一般不超过三十年,年龄不超过五十五周岁。根据部队需要,士官还可以直接从非军事部门具有专业技能的公民中招收。

军官的现役。现役军官在平时由下列人员补充:选拔优秀士兵和普通高中毕业生入军队院校学习毕业的学员;选拔普通高等学校毕业的国防生和其他应届优秀毕业生;直接提升具有普通高等学校本科以上学历表现优秀的士兵;改任现役军官的文职干部;招收军队以外的专业技术人员和其他人员。战时根据需要,可以从士兵、征召的预备役军官和非军事部门的人员中直接任命军官。

预备役是指公民在军队外所服的兵役,是国家储备后备兵员的形式。现阶段,凡经过预备役登记,预编到现役部队、编入预备役部队、编入民兵组织服预备役的或者以其他形式服预备役的公民,都属服预备役。

(2)衔级制度

衔级制度分为现役军人的衔级制度和预备役军人的衔级制度、军官的衔级制度和士兵的衔级制度。目前,现役军官军衔设三等十级:一是将官,设上将、中将、少将;二是校官,设大校、上校、中校、少校;三是尉官,设上尉、中尉、少尉。士兵的军衔按等级分为:高级士官(包括一级军士长、二级军士长、三级军士长);中级士官(包括四级军士长、上士);初级士官(中士、下士);兵(包括上

> **延伸阅读**
>
> **义务兵役制**
>
> 又称征兵制,是国家利用法律形式规定公民在一定的年龄内必须服一定期限的兵役,带有强制性。志愿兵役制,又称募兵制,是公民凭自愿应招到军队服兵役,并与军方签定服役合同。服义务兵役的士兵,称为义务兵。

等兵、列兵)。预备役军官的军衔分为三等八级:一是预备役将官,设预备役少将;二是预备役校官,设预备役大校、上校、中校、少校;三是预备役尉官,设预备役上尉、中尉、少尉。

(3)兵员的平时征集和战时动员

征集亦称征兵,征集的人数、要求和时间,由国务院和中央军委的命令规定,其对象为每年 12 月 31 日以前年满十八周岁的男性公民。当年未被征集的,在二十二周岁以前仍可以被征集服现役,普通高等学校毕业生的征集年龄可以放宽至二十四周岁。根据军队需要,可按上述年龄规定征集女性公民服现役;根据军队需要和本人自愿,可以征集当年 12 月 31 日以前年满十七周岁未满十八周岁的公民服现役。国家实行兵役登记制度。每年 12 月 31 日以前年满十八周岁的男性公民,都应当在当年 6 月 30 日以前,按照县、自治县、市、市辖区的兵役机关的安排,进行兵役登记。

经兵役登记并初步审查合格的,称应征公民。在征集期间,应征公民应按照县、自治县、市、市辖区的兵役机关的通知,按时到指定的体格检查站进行体格检查。应征公民符合服现役的条件,经兵役机关批准,被征集服现役。应征公民被征集服现役,同时被机关、团体、企业事业单位招收录用或者聘用的,应当优先履行服兵役义务;有关机关、团体、企业事业单位应当服从国防和军队建设的需要,支持兵员征集工作。如果应征公民是维持家庭生活唯一劳动力的,可以缓征;应征公民正在被依法侦查、起诉、审判的或者被判处徒刑、拘役、管制正在服刑的,不征集。

(4)学生军训

《中华人民共和国兵役法》规定:"普通高等学校的学生在就学期间,必须接受基本军事训练。根据国防建设的需要,对适合担任军官职务的学生,再进行短期集中训练,考核合格的,经军事机关批准,服军官预备役。"

2.现役军人的优待与退出现役的安置

现役军人、残疾军人参观游览公园、博物馆、展览馆、名胜古迹等可享受优待;乘坐境内运行的火车、轮船、长途汽车以及民航班机可优先购票;其中,残疾军人按照规定可享受减收正常票价和免费乘坐市内公共汽车、电车和轨道交通工具的优待。义务兵从部队发出的平信,免费邮递。军人服现役期间,享受规定的军人保险待遇。军人退出现役后,按照国家有关规定可接续养老、医疗、失业等社会保险关系,享受相应的社会保险待遇。

现役军人入伍前已被普通高等学校录取或者是正在普通高等学校就学的学生,服役期间保留入学资格或者学籍,退出现役后两年内允许入学或者复学,并按照国家有关规定享受奖学金、助学金和减免学费等优待；入学或者复学后参加国防生选拔、参加国家组织的农村基层服务项目人选选拔以及毕业后参加军官人选选拔的，优先录用。

义务兵和服现役不满十二年的士官入伍前是机关、团体、企业事业单位工作人员或者职工的，服役期间保留人事关系或者劳动关系；退出现役后可以选择复职复工。义务兵和士官服现役期间，入伍前依法取得的农村土地承包经营权，应当保留。义务兵服现役期间，其家庭由当地人民政府给予优待，优待标准不低于当地平均生活水平。

义务兵退出现役，安置地的县级以上地方人民政府应当组织其免费参加职业教育、技能培训，经考试考核合格的，发给相应的学历证书、职业资格证书并推荐就业，就业享受国家扶持优惠政策。义务兵退出现役，可以免试进入中等职业学校学习；报考普通高等学校以及接受成人教育的，享受加分以及其他优惠政策；在国家规定的年限内考入普通高等学校或者进入中等职业学校学习的，享受国家发给的助学金。义务兵退出现役，报考公务员、应聘事业单位职位的，在军队服现役经历视为基层工作经历，同等条件下应当优先录用或者聘用。服现役期间荣获二等功以上奖励或者战时荣获三等功以上奖励以及属于烈士子女和因战致残被评定为五级至八级残疾等级的义务兵退出现役，由安置地的县级以上地方人民政府安排工作；待安排工作期间由当地人民政府按照国家有关规定发给生活补助费；士官退出现役，服现役满十二年的，由安置地的县级以上地方人民政府安排工作；待安排工作期间由当地人民政府按照国家有关规定发给生活补助费。士官服现役满三十年或者年满五十五周岁的，作退休安置。军官退出现役，国家采取转业、复员、退休等办法予以妥善安置。

3. 法律责任

有服兵役义务的公民拒绝、逃避兵役登记和体格检查的，或者应征公民拒绝、逃避征集的，或者预备役人员拒绝、逃避参加军事训练、执行军事勤务和征召的，由县级人民政府责令限期改正；逾期不改的，由县级人民政府强制其履行兵役义务，并可以处以罚款。有前款第二项行为，拒不改正的不得录用为公务员，两年内不得出国（境）或者升学。

机关、团体、企业事业单位拒绝完成兵役法规定的兵役工作任务的，阻挠公民履行兵役义务的，拒绝接收、安置退出现役军人的，或者有其他妨害兵役工作行为的，由县级以上地方人民政府责令改正，并可以处以罚款；对单位负有责任的领导人员、直接负责的主管人员和其他直接责任人员，依法予以处罚。国家工作人员和军人在兵役工作中，有收受贿赂、滥用职权或者玩忽职守、徇私舞弊接收不合格兵员的行为之一，构成犯罪的，依法追究刑事责任；尚不构成犯罪的，给予行政处分。

（三）《中华人民共和国国防教育法》

由第九届全国人民代表大会常务委员会第二十一次会议于 2001 年 4 月 28 日审议通过的《中华人民共和国国防教育法》，是我国第一部全面调整和规范国防教育活动的重要法律。这部法律对普及和加强国防教育,增强公民的国防观念,激发人民群众的热情,促进国防建设和社会主义精神文明建设,具有十分重要的意义。该法分为总则、学校国防教育、社会国防教育、国防教育的保障、法律责任、附则共六章三十八条。

1.国防教育的目的

国防教育是建设和巩固国防的基础,是增强民族凝聚力、提高全民素质的重要途径。国防教育的目的一是增强国防观念,使公民和组织了解、支持国防,更好地履行国防义务;二是使公民掌握基本的国防知识和军事技能,了解与国防活动有关的政治、经济、历史、文化、科技、法律等方面的知识,学习和掌握一定的军事技能,具备相应的军事能力;三是激发爱国热情,使公民了解国防建设与国家安全的关系,激发为实现中华民族伟大复兴而奋斗的热情。

2.国防教育的主体

国防教育的主体是国家。一切国家机关和社会团体、企业事业单位和其他社会组织,都有权利和义务做好普及和加强国防教育的工作。全体公民都有接受国防教育的权利和义务。

3.国防教育的方针和原则

国防教育的方针为全民参与、长期坚持、讲求实效。国防教育的原则为经常教育与集中教育相结合、普及教育与重点教育相结合、理论教育与行为教育相结合。

4.学校国防教育

学校的国防教育是全民国防教育的基础,是素质教育的重要内容。《中华人民共和国国防教育法》对从小学到大学的国防教育都作了规定:"小学和初级中学应当将国防教育的内容纳入有关课程,将课堂教学与课外活动相结合,对学生进行国防教育。""高等学校、高级中学和相当于高级中学的学校应当将课堂教学与军事训练相结合,对学生进行国防教育。"高等学校的军事课作为学生的必修课列入教学计划。

5.全民国防教育日

《中华人民共和国国防教育法》规定:"国家设立全民国防教育日。"每年9月份的第三个星期的星期六定为全民国防教育日。

(四)《中华人民共和国预备役军官法》

《中华人民共和国预备役军官法》是国家为了健全预备役军官制度,完善国家武装力量动员体制,加强国防后备力量建设的军事法律。《中华人民共和国预备役军官法》由中华人民共和国第八届全国人民代表大会常务委员会第十三次会议于1995年5月10日通过,自1996年1月1日起施行。2010年8月28日第十一届全国人民代表大会常务委员会第十六次会议通过了《关于修改〈中华人民共和国预备役军官法〉的决定》。该法是根据宪法和兵役法制定的,共十一章六十六条。它对预备役军官的来源和选拔、职务等级和职务、军衔、培训、待遇、退役、法律责任等,都作了明确的规定。

预备役军官是预备人员中的骨干,是战时军队干部队伍补充的主要来源。《中华人民共和国预备役军官法》第二章第十二条规定:"预备役军官从下列人员中选拔:(一)退出现役的军官和文职干部;(二)退出现役的士兵;(三)专职人民武装干部和民兵干部;(四)普通高等学校毕业学生;(五)非军事部门的专业技术人员;(六)符合预备役军官基本条件的其他公民。"这是提高预备役军官队伍的知识结构,加强预备役专业部队建设的重要措施。因此,贯彻执行预备役军官法,对高等学校教育改革和人才培养提出了新的更高的要求。当前,国家在高等学校开展军训的一个重要目的,就是为培养选拔预备役军官打下基础,而每一位毕业学生都应把参加预备役军官的选拔当成自己的义务。

(五)《中华人民共和国军事设施保护法》

《中华人民共和国军事设施保护法》是调整国家在保护军事设施活动中所产生的各种社会关系的法律规范。

为适应改革开放的新形势,更加有效地保护军事设施的安全,从法律的高度维护国家的正当军事权益,《中华人民共和国军事设施保护法》于1990年2月23日经第七届全国人民代表大会常务委员会第十二次会议通过并颁布,自1990年8月1日起施行。2014年6月27日第十二届全国人民代表大会常务委员会第九次会议主席令第10号《关于修改〈中华人民共和国军事设施保护法〉的决定》第二次修正。该法共八章五十三条,主要规定了军事设施的保护范围;军事设施保护主管机关及其保护方针;军事设施保护区域的划定等级及其保护措施;军事禁区、军事管理区范围的划定或调整原则;违反本法的处置;破坏、危害军事设施的各类违法犯罪行为的法律责任。该法的颁布实施,不仅为我国军事设施保护提供了法律依据,而且也标志着我国军事设施保护工作进入了一个新的法制建设时期。

三、公民的国防权利和义务

(一)公民和组织的国防权利

1.对国防建设提出建议的权利

《中华人民共和国国防法》第五十七条规定:"公民和组织有对国防建设提出建议的权利。"这一规定是公民依《宪法》享有对国家事务的建议权在国防建设方面的体现。我国《宪法》规定:"中华人民共和国公民对于任何国家机关和国家工作人员,有提出批评和建议的权利。""一切国家机关和国家工作人员必须依靠人民的支持,经常保持同人民的密切联系,倾听人民的意见和建议,接受人民的监督,努力为人民服务。"公民的批评建议权,充分体现了我国人民当家作主的社会主义性质。在我们国家,人民是国家的主人,公民和组织有权关心国防建设,有权对国防建设提出建议。

2.制止、检举危害国防行为的权利

《中华人民共和国国防法》第五十七条规定:公民和组织"有对危害国防利益的行为进行制止或者检举的权利"。这一规定,是对宪法关于公民有维护国家安全、荣誉和利益的义务和关于公民检举权规定在国防方面的体现。国防关系国家的存亡、经济的发展、社会的稳定、人民的幸福,国防利益是国家和人民的根本利益。因此,维护国防利益是维护国家安全的直接体现。

3.因国防活动受到经济损失的补偿权利

《中华人民共和国国防法》第五十八条规定:"公民和组织因国防建设和军事活动在经济上受到直接损失的,可以依照国家有关规定取得补偿。"这一规定,体现了我国一切为了人民利益的社会主义的本质,既保护了公民和组织的经济权利,又有利于调动公民和组织依法积极参加国防建设和军事活动的积极性。

另外,军人还享有优待、抚恤权和退役后的安置权等。

(二)公民和组织的国防义务

1.履行兵役的义务

我国《宪法》第五十五条和《中华人民共和国国防法》第五十三条规定:"依照法律服兵役和参加民兵组织是中华人民共和国公民的光荣义务。"我国《兵役法》第三条规定:"中华人民共和国公民,不分民族、种族、职业、家庭出身、宗教信仰和教育程度,都有义务依照本法的规定服兵役。"公民履行兵役义务有多种形式,参军服现役是履行兵役义务,服预备役、参加民兵组织、高等院校和高级中学学生参加军事训练等,也是履行兵役义务。

2.承担国防科研生产和接受军事订货的义务

企业、事业单位应当按照国家的要求承担国防科研生产任务,接受国家军事订货,提供符合质量标准的武器装备或者军用物资。

3.接受国防教育的义务

接受国防教育作为公民的一项义务,是指每一个公民都要按国家的规定,通过一定的形式,接受国防教育,增强国防观念。具体地说,就是我国公民有接受国防理论、军事知识、军事法制等教育的义务。

4.保护国防设施的义务

国防设施是国防的物质屏障,在战时,它是打击敌人、抵抗侵略的重要依托;在平时,它具有制约敌对力量的威慑作用。因此,保护国防设施,确保国防设施效能的实现,是巩固国防、维护国家安全利益的具体体现,也是我国《国防法》的要求所在。

5.保守国防秘密的义务

所谓国防秘密,是指关系国家防卫安全与利益,依照法定程序确定,在一定时间内或只限一定范围的人员知悉的军事或与军事有关的政治、经济、外交、科技、文化等方面的事项。一个国家的国防秘密,不仅关系着现实政权的巩固、社会的稳定,而且关系着未来战争的胜败、领土的完整。所以,它影响着整个国家的生存、安全与发展。因此,保守国防秘密就成为公民和组织的一项重要的国防义务。

6. 支持国防建设的义务

《中华人民共和国国防法》第五十六条规定:"公民和组织应当支持国防建设,为武装力量的军事训练、战备勤务、防卫作战、非战争军事行动等活动提供便利条件或者其他协助。"根据这一规定,我国公民和组织有支持国防建设、为武装力量活动提供便利、支前参战等义务。

第三节 国防动员

国防动员,又称战争动员,是指为捍卫国家利益,达到国家防务目的而进行的动员。这时,国家采取措施,由平时状态转入战时状态,统一调动人力、物力、财力为战争服务。我国于 2010 年 2 月 26 日由第十一届全国人民代表大会常务委员会第十三次会议通过了《中华人民共和国国防动员法》,并于 2010 年 7 月 1 日起施行。

一、国防动员的意义

国防动员属于国家战略问题,直接影响战争的进程和结局,关系国家的安危。无论是古代战争,还是现代战争;无论是全面战争,还是局部战争;无论是常规战争,还是非常规战争,都离不开动员。

(一)国防动员是影响战争结局的重要因素

在第二次世界大战中,德国从 1939 年"闪击"波兰开始,在不到 10 个月的时间内,先后占领了波兰、挪威、丹麦、荷兰、比利时、卢森堡和法国。造成这些国家战争失败的原因是多方面的,但这些国家在国防动员上的严重失误是重要的原因之一。例如波兰,1939 年 3 月就被德军包围,而直到 8 月 20 日波兰才下达总动员令,战争开始 48 小时,统帅部便陷于瘫痪,9 月底波兰全军瓦解。

国防动员进行得快速有效,有时会扭转战局。如 1973 年第四次中东战争,以色列在遭到埃及、叙利亚的突然袭击后,通过电台向全国发布了动员令,48 小时动员 30 万后备兵员,使以军总兵力从 11 万猛增到 40 多万,很快扭转了战局。

延伸阅读

第二次世界大战

1939 年 9 月 1 日至 1945 年 9 月 2 日,以德国、意大利、日本等轴心国为一方,以中国、美国、英国、苏联等反法西斯同盟和全世界反法西斯力量为同盟国进行的第二次全球规模的战争。这次世界大战是德、日、意等法西斯国家实行侵略扩张、争霸世界所引起的,战火涉及到五大洲。战争分为欧洲战场、苏德战场、北非战场和中国战场、太平洋战场,是人类史上最大规模的战争。从欧洲到亚洲,从大西洋到太平洋,先后有 61 个国家和地区、20 亿以上的人口被卷入战争,作战区域面积 2 200 万平方千米。战争中军民共伤亡 7 000 余万人,损失达 5 万多亿美元。第二次世界大战最终以中国、美国、苏联等很多反法西斯国家和世界人民战胜法西斯侵略者赢得世界和平而告终。

现代战争,往往是不宣而战,陆地、空中、海上同时进行,前方后方都是战场。这对于处于战略防御地位的国家来说,是一场你死我活、存亡攸关的考验。平时动员的准备如何,临战时的应急动员如何,战争进程中的持续动员如何,对于战争的成败都具有决定性的影响。

(二)国防动员是进行战争的前提与基础

从一定意义上讲,战争是一个军事力量不断消耗与不断补充的活动过程。现代战争空前增大的人力、物力、财力的消耗,仅靠平时的常备军和战前的物质准备,远远不能满足需要,必须通过国防动员,使预备役人员转为现役,民用工业转为军用,在人员、武器装备以及各方面力量上弥补因战争破坏而造成的巨大消耗,不断满足战争的需要。

第二次世界大战中,德军入侵苏联的前 4 个月,苏联丧失了西部大片领土,损失军队 170 余万人和大批装备、物资,苏军处于被动地位。然而苏联通过出色的国防动员,把战争潜力迅速转化为战争实力。半年之内重新组建 286 个步兵师、159 个步兵旅和 82 个骑兵师,总兵力由战前的 410 万人猛增到 1 000 万人。一年之内,完成了国民经济的改组和企业东迁任务,大批民用工厂分别转产各种武器装备。这样,不仅弥补了前期战争的消耗,而且大大增强了军事实力,为稳住战局和实现战争的转折创造了条件。

(三)国防动员是实现平时少养兵、战时多出兵的基本途径

当今世界上任何一个国家,哪怕是经济发达的国家,在平时要保持战时需要的庞大军队都是不可取的。所以,一个国家,在平时一般只保持一支比较精干的常备军以应急需,并把它作为战时动员扩编的基础和骨干。这样就产生了平时养兵少、战时用兵多的矛盾。解决这个矛盾的唯一途径,就是国防动员。通过国防动员,平时建立的强大后备力量在战时就可为战争提供大量的兵员补充。如第二次世界大战中,德军战前只有兵力 130 万人,通过战争动员,到 1944 年迅速扩大到 1 700 万人,是战前兵力的 13 倍多;美国战前只有兵力 33 万人,通过战争动员,到 1944 年迅速扩大到 1 200 万人,是战前兵力的 36 倍多;日本战前只有兵力 63 万人,到 1945 年扩大到 720 万人,是战前的 11.4 倍。他们的兵力之所以能够得到迅速扩大,主要是在战前实行了现役与预备役相结合的制度,大量储备和训练了后备兵员,在战时实施了有效的国防动员。

(四)国防动员是遏制战争的战略威慑力量

国防动员外向功能主要有两大项,一个是实战功能,一个是威慑功能。威慑,是当代战争不可忽视的重要战略手段之一。一个国家的国防动员潜力大,动员能力强,动员准备程度高,这本身就是一种巨大的威慑力量。比如第二次世界大战期间,瑞典、瑞士是长期处于两大对立集团之间的小国,平时只保持几万人的常备军,但由于非常重视做好动员准备和提高动员能力,使潜在的入侵者意识到入侵将付出得不偿失的代价,这是能使其保持武装中立的重要因素。

二、国防动员的内容

国防动员的内容主要包括政治动员、武装力量动员、国民经济动员、人民防空动员、国防交通动员和信息资源动员等。

(一) 政治动员

政治动员分为国内政治(思想)动员和国外政治(外交)动员。其主要目的是国家政治体制向适应战争需要的方向转变;进行广泛的政治宣传,激发全体军民的爱国热情,以形成良好的精神条件;通过细致扎实的工作,调动各种社会力量支援战争;开展外交活动和对外宣传,巩固和扩大国际统一战线,争取世界人民和友好国家的理解和支持。政治动员的主要工作是开展深入、广泛、持久的全民国防教育;在军队和民兵预备役人员中加强战斗意志和作风培养;加强对外友好往来和军事学术交流,建立广泛的国际统一战线。战时政治动员实施的主要工作是运用舆论工具和宣传手段,广泛开展有关的政治宣传;调整对外政策,积极开展各种外交活动和对外宣传。

(二) 武装力量动员

武装力量动员,即国家将军队及其他武装组织由平时体制转为战时体制的措施和活动。武装力量动员是夺取战略主动权,赢得战争胜利的重要手段,也是遏制战争爆发、维护和平与国家安全的重要因素,在国防动员中居于核心地位。武装力量动员,通常包括兵员动员、武器装备动员和后勤物资动员。

兵员动员在战时主要工作是根据国家动员命令,在停止现役军人退役、休假的同时,征召后备兵员,以数量充足、素质优良的兵员将平时编制的现役部队补充满员和组建新部队,并随着战争的发展和形势的需要,进行持续动员,保障战争的最后胜利。

武器装备动员在战时主要工作是根据国家动员命令,在军事系统的统一布署下,本着就近的原则,分别进行现役部队、预备役部队、民兵和战略、战役仓库储备装备的紧急启用,把完好的装备迅速、准确地配发给作战部队和其他武装组织,保证战争需要。

(三) 国民经济动员

国民经济动员,指国家将经济部门及其相应的机构有组织、有计划地从平时体制转入战时体制的措施和活动。其目的是充分调动国家的经济能力,提高生产水平,扩大军品生产,保障战争和其他国防斗争的需要。在现代条件下,搞好经济动员,不仅是保障战争物资需求的基本手段,也是战争时期稳定社会经济秩序的必要措施,更是解决国防经济与国民经济、战时经济与平时经济矛盾的重要途径。国民经济动员通常包括工业、农业、物资、商业贸易、邮电通信、财政金融等方面的动员。

(四) 人民防空动员

人民防空动员的内容,主要包括群众防护动员、人防专业队伍动员、人防工程技术保障动员和人防预警保障动员。人民防空动员的主要任务是:依据国家有关法律、法令,动员社会力量,进行防空设施建设,组织防空专业队伍,普及防空知识教育,组织隐蔽疏散,配合防空作战,消除空袭后果等。目的是保护居民、经济设施及其他重要目标的安全,减少国家及人民群众生命财产的损失,保存战争潜力。人防动员不仅是抗敌空袭、保护战争潜力的重要手段和战时稳定社会的很重要保证,也是进行人民战争的一种有效的形式。

(五)国防交通动员

国防交通动员是指在全国或部分地区调集交通力量,全力保障战争需要的紧急行动。国防交通动员,通常在国家动员领导机构的统一领导下,由国防交通主管机构组织,协同政府、军队有关部门共同实施。

国防交通动员的主要任务包括:根据战争规模和作战需要,有计划地将平时国防交通领导机构迅速按方案转入战时体制;根据作战保障需要,动员、征用社会运输力量,必要时对交通运输系统实行不同范围不同形式的军事化管理;动员、组织各交通保障队伍和交通保障器材迅速到位,实行运输、抢修、防护任务;根据统帅部的规定,做好对弃守地区的交通遮断准备,保障及时遮断。

(六)信息资源动员

信息资源动员,是指为满足夺取和保持战争制信息权的需要,国家重新配置信息资源和统一组织信息力量,进行信息技术开发、研制信息化武器装备、提供可靠信息服务、开展全民信息战所采取的措施和行动。目的是开发、研究信息含量高的武器装备,培养储备高技术信息人才,构建安全快捷的军地互为支撑的信息网络,为武装力量及其他部门提供信息资源保障,利用信息资源争取战争的优势。信息资源动员内容相当广泛,大致可分为以下几个方面:一是信息研究机构的动员,二是信息技术人才动员,三是信息网络资源动员,四是信息科研经费、设备和物资的动员。

二、国防动员的基本原则和要求

(一)国防动员的基本原则

国防动员的原则是组织动员准备、实施战时动员的基本准则,也是国防动员工作规律的反映。

1.服从大局,长期准备

全国上下必须树立居安思危的思想,动员建设工作必须在发展经济的基础上逐步加强,把动员准备寓于国民经济和社会发展中,不断加强和提高动员能力。

2.全面规划,统筹兼顾

要提高动员工作的整体效益,必须从国家和国防的全局出发,统一规划动员准备的目标和措施,加强动员工作的计划性,建立并不断改进动员的组织体制。

3.军民融合,平战结合

军民融合主要是指在经济部门实行军用民用兼营,做到寓军于民,搞好军民通用,不搞重复建设。平战结合是指要把平时的动员准备与战时的动员实施结合起来。平时国家的各项经济活动、

管理体制要适应战时需要,为战时动员创造条件,战时的动员要以平时的准备为基础。

4.严密组织,快速高效

严密组织就是要求动员必须运用科学先进的动员方式和手段,努力实现快速高效的动员目的。快速高效就是指动员要在战争所允许的时间内,快速有效地完成动员任务,满足战争需要,提高动员的速度和效率。

(二)国防动员的基本要求

科学技术和武器装备的不断发展,战争规模和消耗的不断增大,使得国防动员范围扩大、动员速度加快、动员数量增多和质量要求高,动员组织工作异常艰巨、复杂,所以对国防动员提出更高的要求。现代国防动员的要求有:能够应付各种战争威胁和危机事件,因时因势的应变能力,全面需求的保障能力,长期持久的后续力,统顾全局的筹划力,急剧快速的爆发力,注重效益的组织力以及从国情出发确定动员方式等。

事实证明,在坚持正义战争,抗击外敌入侵,特别是坚持用人民战争反对帝国主义和霸权主义时,能否在战争爆发前和战争过程中持续不断地做好国防动员,将对战争的进程和结局产生重大影响。

第四节 武装力量

我国的武装力量是中国共产党领导的新型人民武装力量,这支武装力量在党的领导下,从无到有,由小到大,由弱到强,为中国革命的胜利、为保卫人民的和平劳动立下了不朽的功勋。

一、人民军队的发展历程

1927年8月1日,周恩来、贺龙、叶挺、朱德、刘伯承等领导北伐军两万余人,在南昌举行起义,打响了武装反抗国民党反动派的第一枪,揭开了中国共产党创建革命军队的序幕。

从南昌起义至今90多年的历史中,英雄的人民军队,在中国共产党的绝对领导下和全国各族人民的大力支援下,脚踏祖国大地,背负着民族的希望,穿越民族解放

战争和人民解放战争的炮火硝烟,战胜了许多强大的敌人,克服了无数的艰难险阻,经受了种种严峻的考验,为实现中华民族的独立和解放,捍卫伟大祖国的主权和统一,保卫社会主义革命和建设成果,保卫人民和平安定的生活,做出了不可磨灭的杰出贡献。

(一)在土地革命战争中创建

1927年大革命失败后,中国共产党从血的教训中深刻认识到武装斗争的极端重要性,开始创建新型人民军队。继南昌起义之后,秋收起义、广州起义和党领导的海陆丰、黄麻、平江、百色等100多次武装起义点燃了武装夺取革命胜利的熊熊烈火,奠定了党独立领导革命武装的基础,中国人民有了自己可以信赖的军队。

1928年4月,朱德、陈毅率领的南昌起义部队和湖南的工农武装同毛泽东领导的工农革命军在井冈山胜利会师,巩固和壮大了井冈山革命根据地。井冈山的星星之火,很快形成燎原之势,全国先后建立了十多个革命根据地。如火如荼的革命形势,引起了国民党反动派的极大恐慌。1930年10月到1933年春,国民党反动派先后向中央根据地发动了四次反革命"围剿"。红军采取毛泽东同志制定的"诱敌深入、歼敌于根据地之内"的战略方针,连连获胜。

正当革命烈火熊熊燃烧之际,毛泽东同志的正确战略战术受到党内"左"倾错误领导的排斥。红军艰苦奋战一年多,未能打破敌人的第五次"围剿"。1934年10月,各个根据地的红军主力被迫开始长征。在长征途中,党召开遵义会议,确立了以毛泽东为核心的党中央的正确领导,于危急关头挽救了红军,挽救了革命,挽救了党,成为我党历史上一个生死攸关的转折点。此后,红军转危为安,四渡赤水,巧过金沙江,强渡大渡河,征服雪山草地,摆脱了数十万敌人的围追堵截,纵横两万五千里,历经千辛万苦,胜利到达陕北。红军创造的人类历史上第一次长征的英雄壮举,表明中国共产党及其领导下的人民军队是不可战胜的。

> **延伸阅读**
>
> ### 四渡赤水战役
>
> 是遵义会议后,1935年1月至1935年5月,中央红军在长征途中,处于国民党几十万重兵围追堵截的艰险条件下,进行的一次决定性运动战役。一渡赤水,挺进扎西,避实击虚;二渡赤水,再占遵义,声东击西;三渡赤水,西进川南,乘隙而进;四渡赤水,南渡乌江,突出重围。中央红军采取高度机动的运动战方针,纵横驰骋于川黔滇边境广大地区,有效地调动和歼灭敌人,彻底粉碎了蒋介石等反动派企图围歼红军于川黔滇边境的狂妄计划,红军取得了战略转移中具有决定意义的胜利。蒋介石评价四渡赤水:"这是国军追击以来的奇耻大辱。"毛泽东认为四渡赤水是他一生中的"得意之笔"。

（二）在抗日战争中发展壮大

1931年，日军发动"九·一八"事变，从此，中国人民开始了艰苦卓绝的抗战。在民族危亡的紧急关头，中国共产党以民族大义为重，积极倡导和促成了抗日民族统一战线。红军的主力部队改称国民革命军第八路军，简称"八路军"；活动在江西、福建、广东、湖南、湖北、浙江、安徽等八省的红军游击队集中起来，改称为国民革命军新编第四军，简称"新四军"。在党的领导下，八路军、新四军及其他革命武装，深入敌后开展游击战争，用血肉之躯筑起新的长城，成为抵抗日本帝国主义侵略的中流砥柱。八路军首战平型关，歼灭日军精锐部队1 000多人，取得了全国抗战开始后中国军队的第一次大捷；"百团大战"破袭日军交通线，沉重打击了日军的嚣张气焰；地雷战、地道战等作战形式，令日军心惊胆寒。据不完全统计，14年抗战中，八路军、新四军和其他革命武装对敌作战12.5万余次，歼敌170余万人，为赢得中国近代以来反侵略战争的第一次彻底胜利，做出了杰出贡献，在中华民族历史上书写下光辉的篇章。

（三）在解放战争中百炼成钢

抗日战争胜利后，国民党反动派在美帝国主义支持下，破坏"双十协定"，撕毁政协决议，发动全面内战，企图把中国重新引向黑暗。1946年，八路军、新四军陆续改称中国人民解放军。面对武器装备精良的国民党军队，中国人民解放军在毛泽东军事思想指引下，敢于斗争，善于斗争，集中优势兵力，各个歼灭敌人。1947年6月，刘伯承、邓小平指挥的晋冀鲁解放军主力千里跃进大别山，揭开了人民解放军战略反攻的序幕。在战略形势发生重大变化的情况下，党中央、中央军委审时度势，毅然决定与国民党反动派进行战略决战。1948年9月以后的四个多月时间里，人民军队先后发动了气势磅礴的辽沈、淮海、平津三大战役，共歼灭和改编国民党军队150多万人，基本摧毁了国民党赖以维持其反动统治的主要军事力量。三大战役规模之宏大、战果之辉煌、指挥艺术之高超，在中外战争史上实属罕见。随后，百万雄师横渡长江，以摧枯拉朽之势向全国大进军，用胜利的捷报迎来了新中国的诞生。

（四）在社会主义建设和改革开放中前进

中华人民共和国成立以来，三军将士在万里边关设防，在陆地、海上、空中巡逻值勤，警惕地守卫着祖国的每一寸领陆、领海和领空。为了祖国的繁荣富强，中国人民解放军发扬既是战斗队又是工作队、生产队的优良传统，服从国家大局，肩挑保卫祖国、建设祖国两副重担。在屯垦新疆，开发大庆油田、胜利油田，治理淮河、黄河、海河，建设川藏、青藏、新藏公路，修建成昆、京九铁路等国家重点工程中，洒下辛勤汗水。在国家和人民生命财产受到严重自然灾害威胁时，哪里有险情，哪里就有指战员的铮铮铁骨、闪闪红星；哪里有呼唤，哪里就有子弟兵气壮山河的回答和奋不顾身的举动。事实证明，中国人民解放军不愧为党绝对领导下的人民军队，不愧为全心全意为人民服务的子弟兵，不愧为保卫国家和人民的钢铁长城，是党和人民完全可以信赖的革命队伍。

进入改革开放的新时期，人民解放军朝着邓小平同志确定的革命化、现代化、正规化建设的总目标奋进，各项建设和改革取得了新的成就。

（五）在新时代强军征程中谱写新篇章

党的十八大以来，以习近平同志为核心的党中央着眼实现"两个一百年"奋斗目标，实现中华民族伟大复兴的中国梦，提出了建设一支听党指挥、能打胜仗、作风优良的人民军队的强军目标。深入推进政治建军、改革强军、科技强军、依法治军，着力强化练兵备战，在改革征程上不断创新，取得了有目共睹的显著成绩，人民军队体制一新、结构一新、格局一新、面貌一新，不断开创人民军队建设的新局面。

二、人民军队的性质、宗旨及使命

（一）人民军队的性质

中国人民解放军是中国共产党缔造和领导的，用马克思列宁主义、毛泽东思想和邓小平理论、"三个代表"重要思想、科学发展观和习近平新时代中国特色社会主义思想体系武装的人民军队。邓小平同志指出："我们的军队能够始终不渝地坚持自己的性质。这个性质是党的军队，人民的军队，社会主义国家的军队。"

1. 中国共产党领导的军队

这是由中国共产党和这支军队的性质决定的，是由中国革命的历史形成的。中国革命主要的斗争形式是武装斗争，主要的组织形式是军队。中国共产党在领导中国革命的武装斗争中，缔造了自己的军队，并领导这支军队从小到大，由弱到强。没有党的领导，没有党领导的这支军队，就没有中国革命的胜利。中国人民解放军作为党缔造和领导的无产阶级军队，是执行党所赋予的政治任务的武装集团。

2. 人民的军队

来自人民，服务人民，与人民保持着不可分离的血肉联系，是这支军队的特色。除了中国人民的根本利益，这支军队没有超越于人民之上的特殊利益。中国人民解放军是真正的人民子弟兵，与人民具有骨肉之情和鱼水关系，是永远无法分离的。

3. 社会主义国家的军队

随着社会主义国家政权的建立，中国人民解放军不仅是党的军队、人民的军队，而且是社会主义国家的军队。军队作为国家机器的重要组成部分，具有巩固人民民主专政、服务国家的职能。保卫社会主义祖国，建设社会主义国家，是这支军队肩负的双重历史任务。

党的军队，人民的军队，社会主义国家的军队，三者是完全一致的。无产阶级和广大人民群众的根本利益，就是人民军队为之奋斗的目标所在。人民解放军将永远忠于党，忠于国家，忠于人民，忠于社会主义。

（二）人民军队的宗旨

紧紧地和中国人民站在一起，全心全意地为中国人民服务是中国人民解放军的唯一宗旨，又称建军宗旨。这是中国人民解放军建军的根本目的，也是全军行动的最高准则。它要求人民解放军的全体人员都要以广大人民的利益、全民族的利益为出发点和归宿，始终为人民的解放而奋斗。除此之外，不得有自己的特殊利益，也不得为任何少数人或狭隘集团的私利服务；始终同人民群众保持最密切的联系，同甘共苦，生死相依，一刻也不能脱离群众，更不能凌驾于群众之上，成为压迫、剥削、奴役人民群众的工具。

（三）人民军队的使命任务

中华人民共和国的武装力量属于人民，它的任务是巩固国防，抵抗侵略，保卫祖国，保卫人民的和平劳动，参加国家建设事业，全心全意为人民服务。

"巩固国防，抵抗侵略，保卫祖国，保卫人民的和平劳动"，是宪法赋予人民军队的神圣职责。人民军队承担着维护国家主权独立、完整和安全的神圣职责。进入新时代，人民军队依据国家安全和发展战略要求，坚决履行党和人民赋予的使命任务，为巩固中国共产党的领导和社会主义制度提供战略支撑，为捍卫国家主权、统一、领土完整提供战略支撑，为维护国家海外利益提供战略支撑，为促进世界和平与发展提供战略支撑。把一个个哨位、战位、岗位变成侵略者无法逾越的钢铁堡垒，连成实现中华崛起的安全屏障。一旦国家的主权、安全和统一受到挑战和侵犯，他们将毅然决然，挺身而出，用热血和生命续写新一代精忠报国的胜利篇章。

三、我国武装力量的构成

《中华人民共和国国防法》明确规定："中华人民共和国的武装力量，由中国人民解放军、中国人民武装警察部队、民兵组成。"

（一）中国人民解放军

中国人民解放军是中华人民共和国武装力量的主要组成部分，它分为现役部队和预备役部队。

1.现役部队

中国人民解放军现役部队是国家的常备军，由陆军、海军、空军、火箭军、战略支援部队和联勤保障部队组成，主要担任防卫作战任务，是抵抗侵略、保卫祖国、维护国家主权和安全的主要力量，必要时可以依照法律规定协助维护社会秩序。

（1）陆军

陆军是我军最早的部队，它诞生于1927年8月1日南昌起义。陆军对维护国家主权、安全、发展利益具有不可替代的作用。中国人民解放军陆军包括机动作战部队、边海防部队、警卫警备部队等，下辖东部战区陆军、南部战区陆军、西部战区陆军、北部战区陆军和中部战区陆军5个战区陆军及新疆军区、西藏军区等。东部战区陆军下辖第71、第

23

72、第 73 集团军,南部战区陆军下辖第 74、第 75 集团军,西部战区陆军下辖第 76、第 77 集团军,北部战区陆军下辖第 78、第 79、第 80 集团军,中部战区陆军下辖第 81、第 82、第 83 集团军。中国人民解放军陆军按照机动作战、立体攻防的战略要求,加快实现区域防卫型向全域作战型转变,提高精确作战、立体作战、全域作战、多能作战、持续作战能力,努力建设一支强大的现代化新型陆军。

(2)海军

海军是以舰艇部队为主,在海洋上完成战略、战役任务的军种。中国人民解放军海军诞生于 1949 年 4 月 23 日,主要担负着保卫国家海上安全、领海主权和维护海洋权益的任务。

海军在国家安全和发展全局中具有十分重要的地位。中国人民解放军海军包括潜艇部队、水面舰艇部队、航空兵、陆战队、岸防部队等,下辖东部战区海军(东海舰队)、南部战区海军(南海舰队)、北部战区海军(北海舰队)和海军陆战队等。战区海军下辖基地、潜艇支队、水面舰艇支队、航空兵旅等部队。

中国人民解放军海军按照近海防御、远海防卫的战略要求,加快推进近海防御型向远海防卫型转变,提高战略威慑与反击、海上机动作战、海上联合作战、综合防御作战和综合保障能力,努力建设一支强大的现代化海军。

(3)空军

空军是空中作战行动的主体力量,是以航空兵为主体,进行空对空战斗、空对地战斗和地对空战斗的军种。空军既是远程作战、高速机动和猛烈突击的主要力量,同时又是有效的防空力量。中国人民解放军空军成立于 1949 年 11 月 11 日。空军担负着保卫国家领空安全、保持全国空防稳定的任务。

空军在国家安全和军事战略全局中具有举足轻重的地位和作用。中国人民解放军空军包括航空兵、空降兵、地面防空兵、雷达兵、电子对抗部队、信息通信部队等,下辖东部战区空军、南部战区空军、西部战区空军、北部战区空军和中部战区空军 5 个战区空军和 1 个空降兵军等。战区空军下辖基地、航空兵旅(师)、地空导弹兵旅(师)和雷达兵旅等部队。

中国人民解放军空军按照空天一体、攻防兼备的战略要求,加快实现国土防空型向攻防兼备型转变,提高战略预警、空中打击、防空反导、信息对抗、空降作战、战略投送和综合保障能力,努力建设一支强大的现代化空军。

(4)火箭军

中国人民解放军火箭军成立于 2015 年 12 月 31 日。火箭军前身是第二炮兵(简称二炮),火箭军是以地地战略导弹为主要装备,担负核反击战略作战任务的军种。火箭军在维护国家主权、安全中具有至关重要的地位和作用。中国人民解放军火箭军包括核导弹部队、常规导弹部队、保障部队等,下辖导弹基地等。

中国人民解放军火箭军按照核常兼备、全域慑战的战略要求,增强可信可靠的核威慑和核反击能力,加强中远程精确打击力量建设,增强战略制衡能力,努力建设一支强大的现代化火箭军。

(5)战略支援部队

中国人民解放军战略支援部队成立于2015年12月31日。中国人民解放军战略支援部队是维护国家安全的新型作战力量,是我军新质作战能力的重要增长点。成立战略支援部队有利于优化军事力量结构,提高综合保障能力。新成立的战略支援部队主要包括战场环境保障、信息通信保障、信息安全防护、新技术试验等保障力量,它是打赢未来信息化战争的重要战略力量。战略支援部队可为全军提供准确、高效、可靠的信息支撑和战略支援保障,撑起全军体系的"信息伞",它将与陆、海、空和火箭军的行动融为一体,贯穿整个作战始终,是战争制胜的关键力量。

(6)联勤保障部队

中国人民解放军联勤保障部队成立于2016年9月13日。联勤保障部队是实施联勤保障和战略战役支援保障的主体力量,是中国特色现代军事力量体系的重要组成部分,包括仓储、卫勤、运输投送、输油管线、工程建设管理、储备资产管理、采购等力量,下辖无锡、桂林、西宁、沈阳、郑州5个联勤保障中心,以及解放军总医院、解放军疾病预防控制中心等。

2.预备役部队

预备役部队是以现役军人为骨干,以预备役军官、士兵为基础,按统一编制,为战时实施成建制快速动员而组建起来的部队。中国人民解放军预备役部队,是在民兵组织的基础上,于1983年组建的,其师、团已纳入军队建制序列,授有番号、军旗。预备役现已组建了步兵、炮兵、工程兵、通信兵、防化兵和舟桥部队以及海、空军等专业技术兵种在内的诸军兵种合成的新型预备役部队。预备役部队不仅配齐了现役军官和士兵,而且预任和预选了预备役军官和士兵。我国明确规定:年满18岁的男性公民都要到兵役机关进行登记,取得应征公民的资格后,分别服现役或预备役,直到35岁才能退出预备役。

预备役部队的任务是:努力提高部队的军政素质,不断增强现代条件下快速动员和作战能力;切实做好战时动员的各项工作,随时准备转为现役部队,执行作战任务;积极参加社会主义建设,在物质文明和精神文明建设中发挥骨干作用。

(二)中国人民武装警察部队

中国人民武装警察部队是担负执勤、处置突发社会安全事件、防范和处置恐怖活动、海上维权执法、抢险救援和防卫作战的武装组织。中国人民武装警察部队是国家武装力量的重要组成部分,是保卫社会主义现代化建设的一支重要力量,在完成维护社会治安、保持社会稳定和参加社会主义现代化建设等各项任务中,发挥了重大作用。

中国人民武装警察部队是在中华人民共和国成立后逐步发展起来的。1950 年,为保证武装力量更好地履行对内职能,统一组建了中国人民公安部队,其建制和隶属关系先后多次变动,名称也多次改变。1975 年,邓小平提出了军队要精兵简政,将原来的地方部队改为人民武装警察。通过 1980 年、1982 年的军队精简整编和体制改革,将担任警卫任务的部队移交地方,同公安部门原有的武装警察,边防、消防警察统一组建"中国人民武装警察部队"。1983 年 4 月武警总部成立,隶属国务院编制序列,由国务院、中央军委双重领导,实行统一领导与分级指挥体制。党中央决定从 2018 年 1 月 1 日起,调整武警部队领导指挥体制,党中央和中央军委对武警部队实行集中统一领导,实行中央军委—武警部队—部队领导指挥体制。武警部队归中央军委建制,不再列国务院序列。将列武警部队序列、国务院部门领导管理的现役力量全部退出武警,将国家海洋局领导管理的海警队伍转隶武警部队,将武警部队担负民事属性任务的黄金、森林、水电部队整体移交国家相关职能部门并改编为非现役专业队伍,同时撤收武警部队海关执勤兵力,彻底理顺武警部队领导管理和指挥使用关系。

1.内卫部队

承担固定目标执勤和城市武装巡逻任务,保障国家重要目标的安全;处理各种突发事件,打击恐怖主义,维护国家安全与社会稳定;支援国家经济建设和执行抢险救灾任务;战时参与后方防卫作战。

2.机动部队

负责处置大规模突发事件,如暴乱、骚乱、武装暴动、大规模械斗事件等,战时协助解放军进行防卫作战。

3.海警部队

主要负责近海安全,海上维权执法,近海治安、刑事案件等的调查处理,打击走私、偷渡、贩毒等海上违法犯罪活动,同时又负有维护国家安全和社会稳定的任务。

4.特殊队伍

武警部队还有一部分特殊队伍,如武警的院校、科研机构等。

（三）中国民兵

民兵是不脱产的群众武装组织,是人民解放军的助手和后备力量。民兵担负参加社会主义现代化建设、执行战备勤务、参加防卫作战、协助维护社会秩序和参加抢险救灾等任务。我国民兵初建于第一次国内革命战争时期,1924 年 8 月,在广东省广宁县的农民运动中诞生了第一支由我党领导的农民自卫军,至第一次国内革命战争结束时民兵和地方武装已发展到 250 万人,抗日战争中发展到 1 200 万人。在战争年代,民兵为民族的解放,为新中国的建立做出了巨大的贡献。中华人民共和国成立后,民兵在建设祖国中发挥了重大作用。

中国民兵分为基干民兵组织和普通民兵组织。基干民兵组织主要由退出现役的士兵以及经过军事训练和选定参加军事训练或具有专业技术特长的未服现役的人员组成。凡18岁至35岁符合服役条件的男性公民,编入民兵组织。女民兵只编基干民兵,人数控制在适当比例内。基干民兵组织编有应急队伍,联合防空、情报侦察、通信保障、工程抢修、交通运输、装备维修等支援队伍,以及作战保障、后勤保障、装备保障等储备队伍。

乡、民族乡、镇、街道和企事业单位建立民兵组织。国家发布动员令后,动员范围内的民兵,不得脱离民兵组织;未经所在地的县、自治县、市、市辖区人民政府兵役机关批准,不得离开民兵组织所在地。

第五节　国防建设

国防建设是指为了国家安全利益需要,提高国防能力而进行的各方面建设,主要包括国防领导体制,武装力量建设,战场建设,边防、海防、空防和人防建设,国防法规建设,国防科技工业和武器装备建设、国防教育等。

一、国防体制

国防体制是指国家防卫机构的设置、管理权限划分以及领导体系的制度。主要包括国防领导体制、武装力量体制、国防经济体制、国防科学技术和武器装备发展的管理体制、兵役制度、动员制度、国防教育制度以及国防法制等。

(一)国防领导体制

国防领导体制,是国家谋划、决策、指挥、协调国防建设和军事斗争的组织体系,包括国防领导机构的设置、职权划分、相互关系及相关制度等。

1949年10月,我国设立了中央人民政府人民革命军事委员会,作为国家最高军事领导机关,统一领导、管理和指挥中国人民解放军及其他武装力量。1954年9月20日,第一届全国人民代表大会第一次全体会议通过的《中华人民共和国宪法》规定:国家主席统率全国武装力量。1958年7月,中共中央军委扩大会议通过的《关于改变组织体制的决议》规定,中央军事委员会是中共中央的军事工作部门,是统一领导全军的统率机关,军委主席是全军统帅。国防部是军委对外的名义。军委决定的事项,凡需经国务院批准,或需用行政名义下达的,由国防部长签署。

1982 年修订的《中华人民共和国宪法》对中央军事委员会的设置、地位和职权作了明确规定："中华人民共和国中央军事委员会领导全国武装力量。""中央军事委员会实行主席负责制。""中央军事委员会主席对全国人民代表大会和全国人民代表大会常务委员会负责。"中国共产党中央军事委员会与中华人民共和国中央军事委员会,在组成人员和领导机构以及权力、职责上都是相同的。这种国防领导体制既能保证中国共产党对中国人民解放军的绝对领导,又能通过国家机器加强人民军队的建设,也便于全国军民在必要时迅速转入战时体制,有效地保卫国家安全,保障社会主义建设事业的顺利进行。

（二）国防领导体制组成及职权

我国的国防决策机构是由全国人民代表大会及其常务委员会、国家主席、国务院、中央军委共同组成。

1. 全国人民代表大会的国防职权

中华人民共和国全国人民代表大会是最高国家权力机关。它在国防方面的职权主要有:依照宪法规定,决定战争与和平的问题,并行使宪法规定的国防方面的其他职权。

2. 全国人民代表大会常务委员会的国防职权

全国人民代表大会常务委员会的国防职权有:依照宪法规定,决定战争状态的宣布,决定全国总动员或者局部动员,并行使宪法规定的国防方面的其他职权。

3. 国家主席的国防职权

中华人民共和国国家主席在国防方面的职权主要有:根据全国人民代表大会的决定和全国人民代表大会常务委员会的决定,宣布战争状态、发布动员令,并行使宪法规定的国防方面的其他职权。

4. 国务院的国防职权

中华人民共和国国务院是最高国家权力机关的执行机关和最高国家行政机关。它在国防方面的职权是领导和管理国防建设事业,包括:编制国防建设的有关发展规划和计划;制定国防建设方面的有关政策和行政法规;领导和管理国防科研生产;管理国防经费和国防资产;领导和管理国民经济动员工作和人民防空、国防交通等方面的建设和组织实施工作;领导和管理拥军优属工作和退役军人保障工作;与中央军事委员会共同领导民兵的建设和征兵工作以及边防、海防、空防和其他重大安全领域防卫的管理工作;法律规定的与国防建设事业有关的其他职权。

5. 中央军委的国防职权

中央军委的国防职权有:统一指挥全国武装力量;决定军事战略和武装力量的作战方针;领导和管理中国人民解放军、中国人民武装警察部队的建设,制定规划、计划并组织实施;向全国人民代表大会或者全国人民代表大会常务委员会提出议案;根据宪法和法律,制定军事法规,发布决定和命令;决定中国人民解放军、中国人民武装警察部队的体制和编制,规定中央军事委员会机关部门、战区、军兵种和中国人民武装警察部队等单位的任务和职责;依照法律、军事法规的规定,任免、培训、考核和奖惩武装力量成员;决定武装力量的武器装备体制和制定武器装备发展规划、计划,协同国务院领导和管理国防科研生产;会同国务院管理国防经费和国防资产;领导和管理人民武装动员、预备役工作及组织开展国际军事交流与合作;法律规定的其他职权。

中央军委实行主席负责制,中央军委主席为全国武装力量的统帅。

二、我国的国防政策

中国热爱和平,但决不惧怕战争。当前,我国的国防政策主要有以下内容:

(一)坚决捍卫国家主权、安全和发展利益

防备和抵抗侵略,确保国家领海、领空和边境不受侵犯,保卫国家政治安全、人民安全和社会稳定,反对和遏制"台独"势力,打击"藏独""东突"等分裂势力,保卫国家主权、统一、领土完整和安全。维护国家海洋权益,维护国家在太空、电磁、网络空间等方面的安全利益,维护国家海外利益,支撑国家可持续发展。

(二)坚持永不称霸、永不扩张、永不谋求势力范围

中华民族历来爱好和平,致力于促进世界和平,真诚希望世界各国都选择和平发展道路,共同防范冲突和战争。始终坚持在和平共处五项原则基础上发展同各国的友好合作,主张通过平等对话和谈判协商解决国际争端,反对干涉别国内政,反对恃强凌弱,反对把自己的意志强加于人。始终坚持结伴不结盟,不参加任何军事集团,反对侵略扩张,反对动辄使用武力或以武力相威胁。历史已经并将继续证明,中国决不走追逐霸权、"国强必霸"的老路。无论将来发展到哪一步,中国都不会威胁谁,都不会谋求建立势力范围。

(三)贯彻落实新时代军事战略方针

新时代军事战略方针是坚持防御、自卫、后发制人原则,实行积极防御,坚持"人不犯我、我不犯人,人若犯我、我必犯人"。贯彻落实新时代军事战略方针,服从服务党和国家战略全局,落实总体国家安全观,强化忧患意识、危机意识、打仗意识,有效履行新时代军队使命任务。根据国家面临的安全威胁,扎实做好军事斗争准备,全面提高新时代备战打仗能力,构建立足防御、多域统筹、均衡稳定的新时代军事战略布局。坚持全民国防,创新人民战争的战略战术和内容方法,充分发挥人民战争整体威力。

(四)坚持走中国特色强军之路

坚持政治建军、改革强军、科技强军、人才强军、依法治军,聚焦能打仗、打胜仗,推动机械化、信息化融合发展,加快军事智能化发展,构建中国特色现代军事力量体系,完善和发展中国特色社会主义军事制度,不断提高履行新时代使命任务的能力。到 2020 年基本实现机械化,信息化建设取得重大进展,战略能力有大的提升。全面推进军事理论

现代化、军队组织形态现代化、军事人员现代化、武器装备现代化，力争到 2035 年基本实现国防和军队现代化，到本世纪中叶把人民军队全面建成世界一流军队。

（五）服务构建人类命运共同体

一个和平、稳定、繁荣的中国，是世界的机遇和福祉。一支强大的中国军队，是维护世界和平稳定、服务构建人类命运共同体的坚定力量。坚持共同、综合、合作、可持续的安全观，秉持正确义利观，积极参与全球安全治理体系改革，深化双边和多边安全合作，促进不同安全机制间协调包容、互补合作，营造平等互信、公平正义、共建共享的安全格局。坚持履行国际责任和义务，始终高举合作共赢的旗帜，在力所能及的范围内向国际社会提供更多公共安全产品，积极参加国际维和、海上护航、人道主义救援等行动，加强国际军控和防扩散合作，建设性参与热点问题的政治解决，共同维护国际通道安全，合力应对恐怖主义、网络安全、重大自然灾害等全球性挑战，积极为构建人类命运共同体贡献力量。

三、国防建设成就

（一）中华人民共和国成立后的国防建设

中华人民共和国成立后，党和国家十分重视国防建设，取得了举世瞩目的巨大成就，主要经历了四个阶段。

1. 从 1949 年到 1953 年

国家处在外御帝国主义侵略、内治战争创伤和恢复经济时期。国家成立了统一的军事机构；从单一陆军向诸军兵种全面建设过渡；重视人才培养，建立军事院校。

2. 从 1954 年底到 1965 年

这一阶段是我国国防现代化建设突飞猛进的重要时期。首先，确立了我国国防建设的主要任务，即防御帝国主义侵略，保卫社会主义建设，保卫亚洲与世界和平。其次，为加速军队现代化建设，中共中央和中央军委制定了减少军队数量，提高军队质量，精兵、合成的战略决策。再次，为了增强国防建设的物质技术基础，党中央把发展我国国防工业，包括原子武器和导弹武器的研制，提到重要议事日程上，并于 1964 年 10 月 16 日成功爆炸了第一颗原子弹，打破了核大国的核垄断、核讹诈。

3. 从 1966 年 5 月到 1976 年 10 月

这一时期，尽管有林彪、"四人帮"的干扰和破坏，毛泽东、周恩来等主要领导人仍然努力维护我国的安全，保持军队的稳定，顶住了霸权主义的压力，同时，发展国防尖端技术，保证了我国氢弹试验和人造卫星发射的成功。

4. 从 1978 年 12 月至 2012 年 10 月

一是国防建设和军队工作从立足于"早打、大打、打核战争"的临战状态转变到和平时期正常建设的轨道上；二是在服从国家经济建设大局的前提下，有计划、有步骤、有重点地加强以现代化为中心的国防建设;三是从单方面强调军队建设转变到全面增强综合国力上来;四是从主要准备对付全面战争转变到重点打赢现代条件下的局部战争上来。先后裁军150万,进行了体制编制改革,进一步发展"军民融合"的国防发展道路,不断完善和加强战争动员体制与后备力量建设,重视理论和国防科技研究。

(二)新时代的国防建设

当前,我们已经进入中国特色社会主义新时代,我们的国防也进入了新时代。特别是党的十八大以来,党中央提出了全面深化国防和军队的改革。

新一轮的军队改革核心要义是要建立一支听党指挥、能打胜仗、作风优良的人民军队。经过改革,人民军队解决了深层次矛盾,取得了历史性突破,国防和军队建设上了一个大台阶,实现了政治生态重塑、组织形态重塑、力量体系重塑、作风形象重塑,军事斗争准备取得重大进展,形成了"军委管总、战区主战、军种主建"新格局。人民军队的组织架构和力量体系实现革命性重塑,建立了军委—战区—部队的作战指挥体系和军委—军种—部队的领导管理体系,人民军队在中国特色强军之路上迈出了坚定的步伐。

今天,进入新时代的中国国防和军队建设正按党在新时代的强军目标,建设一支听党指挥、能打胜仗、作风优良的一流军队。

(三)我国国防工业和国防科研的主要成就

中华人民共和国成立后,我国国防工业从无到有逐步建立了具有一定教学、科研、试制和生产能力的科研体系,并取得了重大成就。

一是建设了一批新的科研、生产、试验等重要基地,改善了战略布局,使后方建设得到巩固和新的发展。二是研制出大批性能达到或接近世界先进水平的常规武器,为陆、海、空军实现武器装备现代化提供了重要保障。三是独立自主地研制了战略武器,增强了我国自卫能力。1964年10月16日成功地爆炸了第一颗原子弹,1966年12月26日成功地发射了中程导弹,1967年6月17日爆炸了氢弹,1970年4月24日第一颗人造卫星发射成功,1981年9月20日一箭三星发射成功,1982年10月12日潜射导弹成功,2012年"辽宁号"航空母舰正式入列中国人民解放军海军,2019年12月17日我国首艘国产航母山东舰在三亚正式入列海军,2018年第四代战机歼-20正式列装部队。四是培养锻炼了一支坚强的善于攻关的国防科研队伍,在许多新兴科学技术领域不断创新和发展。五是军工各部门服从国家经济建设大局,坚持平战结合,军民结合,建立和完善国防工业运行机制,提高军民融合程度,增强平战转换能力这一发展模式,在保证军队需要的前提下,努力为经济建设和社会发展服务。

四、军民融合

军民融合是指把国防和军队现代化建设深深融入经济社会发展体系之中,在更广范围、更高层次、更深程度上把国防和军队现代化建设与经济社会发展结合起来,为实现国防和军队现代化提供丰厚的资源和可持续发展的后劲。

(一)军民融合的发展演变

军民融合发展思想,是对党的三代领导集体"军民结合""军民一体化""寓军于民"等思想的继承和发展。

1.军民结合阶段

20世纪50年代至70年代是军民结合发展阶段。1958年,毛泽东主席提出"军民结合,平战结合"的方针后,我国开始对国防科技工业进行管理机构改革,从而拉开了军转民的序幕。

> **延伸阅读**
>
> ### 第四代战机
>
> 第四代战机(有些国家也称第五代战机)具有五个特点,一是隐身;二是超音速巡航;三是超机动飞行;四是超视距打击;五是超信息的优势。目前,世界有三个国家5种型号的第四代战机。中国的歼-20和歼-31;美国的F-22和F-35;俄罗斯的苏-57战机都是第四代战机。

这一时期,国防工业与国民经济各成体系,国家实行面向国防建设服务的战略,使得国防工业独立于民用,并且民用为军用服务,为发展武器装备服务。

2.军民一体化阶段

20世纪70年代至21世纪初是军民一体化发展阶段。邓小平同志提出"军民结合、平战结合、军品优先、以民养军"的十六字方针后,我国国防科技工业开始实行军民结合,国防工业服从和服务于国家经济建设大局,为经济建设服务,以四个现代化建设带动国防现代化建设。国防科技工业与国民经济相结合,实行了公司制和市场化改革,将航天、航空、兵器、舰船等军工总公司改组为10个集团公司,实行合同制,实现了政企分开、供需分开,从而使我国国防工业走上了"军民兼容"的道路。国防科技工业真正融入国民经济中,由单一面向国防建设转为面向为工业、科技、经济和国防现代化服务。

3.军民融合式阶段

2007年10月至2015年3月是军民融合式发展阶段。党的十七大首次提出"军民融合式发展"重大战略思想,要求建立和完善军民结合、寓军于民的体系。国防工业与经济建设良性互动,国防工业与民用工业相联系,实现民用与国防科技工业同步发展,形成国家创新体系下的国防科技创新体系。2007年,党的十七大报告中提出了"建立和完善军民结合、寓军于民的武器装备科研生产体系、军队人才培养体系和军队保障体系,坚持勤俭建军,走出一条中国特色军民融合式发展路子"的战略思想。

4.军民融合上升为国家战略阶段

2015年3月至今是军民融合上升为国家战略发展阶段。2015年3月12日,习近平主席在第十二届全国人民代表大会第三次会议解放军代表团全体会议上,第一次明确提出:把军民融合发展上升为国家战略。2016年7月21日,中共中央、国务院、中央军委印发了《关于经济建设和国防建设融合发展的意见》,为经济建设和国防建设融合发展指明了方向。以习近平同志为核心的中共中央,把走中国特色军民融合式发展与实现中华民族伟大复兴紧密联系在一起,推动了国防建设和经济建设良性互动,确保在全面建成小康社会进程中实现富国和强军的统一。

(二)军民融合深度发展的重大意义

走中国特色军民融合式发展路子,是顺应世界新军事变革发展大势的必然要求。冷战结束后,无论大国小国、强国弱国,都纷纷打破军民分割、自成体系的格局,越来越多地利用国家资源和整体力量来实现国防能力的整体跃升。

实行军民融合式发展,有利于国防和军队现代化建设从经济建设中获得更加深厚的物质支撑和发展后劲,也有利于经济建设从国防和军队现代化建设中获得更加有力的安全保障和技术支持。强大的经济实力、科技实力和综合国力是实现党在新时代的强军目标、建设世界一流军队的基本依托。只有同建设海洋强国、航天强国、网络强国、制造强国一体联动,整合一切优质资源、利用一切先进成果,强军事业才能快速发展。

军民融合深度发展是富国与强军的"双赢"之路。走中国特色军民融合式发展路子,是坚持实现富国和强军统一的内在要求。坚持军民融合式发展这一战略举措,是总结我国长期以来推进军民结合、寓军于民历史经验得出的重要结论,也是我们党着眼于开拓军民结合、寓军于民新境界的时代抉择。随着新一轮世界科技革命、产业革命、军事革命加速发展,国家战略竞争力、社会生产力、军队战斗力的关联越来越紧。必须把军民融合作为争取主动、实现超越的战略途径,整合国家科技资源和力量,增强军民协同创新能力,全面推进科技兴军,建设世界科技强国。

站在国家安全和发展战略全局的高度,把统筹经济建设和国防建设统一放在中国特色社会主义建设的总体布局中进行通盘考虑,把实现富国和强军的统一与中华民族伟大复兴的特定阶段联系起来,从"军民结合"到"寓军于民",再到"军民融合",这些重要思想既一脉相承又与时俱进,充分体现了党对经济建设和国防建设协调发展规律的深刻认识和准确把握。现在,我国正处在由大向强发展的关键阶段,面临的外部制约、发展阻力、安全压力相互叠加,迫切需要国防实力有一个大的提升;同时,我国经济发展进入新常态,也需要更好发挥国防建设对经济建设的拉动作用。这就要求我们加快推动军民融合深度发展,统一富国和强军两大目标,统筹发展和安全两件大事,统合经济和国防两种实力,为促进国家发展、保障国家安全提供可靠支撑。

(三)军民融合深度发展的目标任务

坚持党的领导,强化国家主导,注重融合共享,发挥市场作用,深化改革创新,推动军民融合由初步融合向深度融合过渡,进而实现跨越发展,力争2020年形成全要素、多领域、高效益的军民融合深度发展格局。

推动武器装备科研生产体系的军民融合,充分发挥市场在资源配置中的基础性作用和政府的宏观调控作用,推进国防科技和民用科技互动发展,统一通用型军民产品的技术标准,深化武器装备采购制度改革。

推动军队人才培养体系的军民融合,完善依托国民教育培养军队人才的体制机制,拓宽利用国民教育资源和国家人才资源渠道,吸引社会高层次人才到军队工作。

推动军队保障体系的军民融合,完善军民结合、寓军于民的军队保障体系,全面建设军队现代后勤,积极稳妥地把保障体系向一体化推进,保障方式向社会化拓展,保障手段向信息化迈进,后勤管理向科学化转变。

推动国防动员体系的军民融合,建立健全国防动员组织领导制度,完善军民结合、平战一体的工作格局,加强国防动员应急功能。

推动科技资源体系的军民融合,发挥国防科技工业对国民经济的促进作用,促进国防领域和民用领域科技成果、人才、资金、信息等要素交流融合,形成国民经济对国防建设的强大支撑力、国防科技对经济发展的强大牵引力。

【复习思考】

1. 简述国防的含义和类型。
2. 我国国防历史的启示有哪些?
3. 我国现行的国防政策是什么?
4. 简述军民融合发展的目标。
5. 我国武装力量由哪几部分组成?
6. 国防法规的作用是什么?
7. 国防动员的内容有哪些?

第二章　国家安全

> **【教学目标】** 通过学习使学生正确把握和认识国家安全的内涵,理解我国总体国家安全观,提升学生防间保密意识;深刻认识当前我国面临的安全形势,了解世界主要国家军事力量及战略动向,增强学生的忧患意识。

第一节　国家安全概述

国泰民安是人民群众最基本、最普遍的愿望。实现中华民族伟大复兴的中国梦,保证人民安居乐业,国家安全是头等大事。

一、国家安全的内涵、原则

国家安全是指国家处于没有危险和不受内外威胁的状态。国家安全是国家生存的保障,它涉及众多领域,随着经济、社会和科技的发展以及国际政治形势的变化,它的内涵也不断发生变化。当代国家安全主要包括:国民安全、领土安全、主权安全、政治安全、军事安全、经济安全、文化安全、科技安全、生态安全、信息安全、生物安全和核安全等。

国家利益至上是国家安全的原则。维护国家安全,主要是维护国家

> **延伸阅读**
>
> 国家安全概念的提出:"国家安全"概念,1934 年在我国上海创刊的《世界知识》杂志上首次出现,1936 年张弼撰写的《德国废弃罗加诺公约与欧洲政局》一文中,也出现了"国家安全"一词。1943 年美国作者沃尔特·李普曼在《美国对外政策》一书中提出了"国家安全"的概念。1945 年 8 月,当时美国海军部长詹姆斯·福里斯特尔在国会听证会上使用了"国家安全"一词。

利益,尤其是核心利益。国家核心利益是主权国家不能被侵犯的红线,关系国家存亡、政

权巩固和强国进程。中国不觊觎他国权益,不嫉妒他国发展,更不放弃我们的正当权益。

2015 年 7 月 1 日,第十二届全国人民代表大会第十五次会议通过的《中华人民共和国国家安全法》,规定每年 4 月 15 日为全民国家安全教育日。

二、总体国家安全观

总体国家安全观是习近平主席在 2014 年 4 月 15 日中央国家安全委员会第一次会议上首次正式提出的。党的十九大将坚持总体国家安全观纳入新时代坚持和发展中国特色社会主义的基本方略,并写入党章。总体国家安全观科学回答了发展中的社会主义大国如何维护和塑造国家安全的一系列基本问题,标志着我们党对国家安全基本规律的认识达到了新高度。

(一)总体国家安全观的重要性

总体国家安全观是新时代党中央对我国面临的各种安全问题和安全挑战的系统回应,是马克思主义时代化、中国化在安全领域的最新体现。总体国家安全观是习近平新时代中国特色社会主义思想的重要组成部分,是我国国家安全理论的最新成果,是维护国家安全的行动纲领和科学指南。

总体国家安全观是最新理论成果。总体国家安全观科学运用马克思主义基本原理,深刻总结我们党维护国家安全的理论和实践,认真汲取中华优秀传统文化精髓,积极借鉴国际安全理论与实践,在国家安全领域形成了具有中国特色和时代特征的立场、观点和方法,实现了我们党在国家安全理论上的历史性飞跃。

总体国家安全观是强大思想武器。总体国家安全观既是新时代我国对国家安全形势的基本认识,也是新时代我国解决国家安全问题、应对国家安全挑战的根本方法和强大思想武器。在新时代,我国面临的国家安全形势错综复杂,国家安全的内涵与外延空前丰富、时空范围十分宽广。总体国家安全观的提出不仅为我们高屋建瓴地把握国家安全形势提供了有力的认识工具,而且为我们解决复杂性安全问题、实现国家长治久安提供了科学的方法。

总体国家安全观是保障民族复兴的新理念。当代中国正由大国向强国迈进,正处于全面建成小康社会的决胜阶段和实现中华民族伟大复兴的关键时期。越是接近奋斗目标,前进阻力和风险压力就越大。在新的历史起点上,我们必须时刻准备应对各种风险考验和重大挑战,深入推进伟大事业、伟大工程和伟大斗争。这既对国家安全工作提出了新挑战,也为做好国家安全工作提供了新机遇。坚持总体国家安全观,归根到底是为了更好维护和延长我国发展重要战略机遇期。

(二)总体国家安全观的丰富内涵

总体国家安全观以人民安全为宗旨,以政治安全为根本,以经济安全为基础,以军事安全、文化安全和社会安全为保障,以促进国际安全为依托,组成"五位一体"的安全架构。

人民安全是国家安全的宗旨，是党的性质和宗旨的重要体现，归根到底就是在党的领导和中国特色社会主义制度下，坚持以民为本、以人为本，坚持国家安全一切为了人民、一切依靠人民，为群众安居乐业提供坚强保障。加强保障和改善民生工作，缩小收入差距，从源头上预防和减少社会矛盾的产生，不断提高人民的安全感、获得感、幸福感。

政治安全是国家安全的根本，核心是政权安全和制度安全，最根本就是维护党的领导，维护中国特色社会主义制度，维护以习近平同志为核心的党中央的权威。只有从维护政治安全的高度谋划和推进国家安全工作，才能更好地保障国家利益，实现人民安居乐业和国家长治久安。

经济安全作为基础，要求以经济建设为重心，把发展作为最大的安全，特别注重金融安全、资源能源安全、粮食安全、科技安全、重大基础设施网络安全、生态安全和产品安全等，强化风险防控，确保经济持续健康稳定发展，筑牢国家繁荣富强、人民幸福安康、社会和谐稳定的物质基础。

军事安全、文化安全和社会安全作为保障，要求在军事安全上更好坚持党对军队绝对领导，坚持人民军队根本宗旨，使军队真正担当起党赋予的历史重任；紧跟世界新军事革命加速发展潮流，大力推进军事创新，积极构建中国特色军事力量体系；按照能打仗、打胜仗的要求大力拓展和深化军事斗争准备，提高以打赢信息化条件下局部战争为核心的多样化军事任务的能力。在文化安全上，要坚持中国特色社会主义先进文化前进方向和发展道路，培育和践行社会主义核心价值观，巩固马克思主义在意识形态领域的指导地位，巩固全党全国各族人民团结奋斗的共同思想基础；加大对中国人民和中华民族的优秀文化和光荣历史的宣传力度，通过多种方式，加强爱国主义、集体主义、社会主义教育，引导人民树立和坚持正确的价值观。在社会安全上，要加快形成科学有效的社会治理体制机制，改进社会治理方式，健全公共安全体系，加强网络空间治理和网络秩序维护，激发社会组织活力，提高社会治理水平，确保社会安定有序。

以促进国际安全作为依托，要求超越"你输我赢、你兴我衰"的"零和"思维，积极倡导普遍安全、平等安全、包容安全、合作安全理念；既重视自身安全，又重视共同安全，通过促进国际安全来增强自身安全，打造命运共同体，推动各方朝着互利互惠、共同安全的目标前进；努力营造和谐稳定的国际和地区安全环境，搭建国际和地区安全合作新架构，走共建、共享、共赢的安全之路。积极参与地区和全球治理，加大建设性参与解决热点难点问题的力度，为世界和平与发展做出应有贡献。

三、重点领域的国家安全

国家安全的重点领域涉及政治、国土、军事、经济、文化、社会、科技、网络、生态、生物、资源等多个领域。

（一）政治安全

政治安全就是政治主体在政治意识、政治需要、政治内容、政治活动等方面免于内外各种因素的侵害和威胁而没有危险的客观状态。政治安全事关我们党和国家的生死存亡，事关中国特色社会主义发展全局，政治安全是国家安全的根本。当前维护政治安全主要面临着西方国家对我国实施的"西化""分化"战略以及"颜色革命"对我国政治安全构成的重大威胁。同时，我们的精神懈怠、能力不足、脱离群众、消极腐败等，也对政治安全提出挑战。

坚持中国共产党领导，坚持社会主义制度，确保党执政安全，是维护政治安全的根本任务。意识形态领域是争夺"制脑权"的没有硝烟的战场。要加强意识形态工作，牢牢掌握意识形态的领导权和话语权，要保持清醒的头脑，坚持"四个自信"，不能放松警惕，坚决防范和抵制"颜色革命"，守住网络阵地，坚决遏止西方敌对势力的渗透颠覆和破坏活动，坚持党的领导，牢固树立"四个意识"，自觉维护党中央权威和集中统一领导，自觉在思想上、政治上、行动上同以习近平同志为核心的党中央保持高度一致。

（二）国土安全

国土是国家主权赖以生存的物质空间，它包括领陆、领水（内水、领海）和领空。国土安全是指领土完整、国家统一、海洋权益以及边境不受侵犯或免受威胁的状态。目前，我国同陆上周边 12 个邻国已经划定了边界线，约占全国陆地边界总长度的 90%；与海上邻国边界线的划分或多或少存在海洋争议，争议面积约占我国管辖海域面积的一半，特别是在南海、东海方向。另外，"台独"势力仍在刻意阻挠破坏两岸关系发展，某些外部势力纵容扶持"台独"分裂势力，构成了和平统一的最大障碍。

国土安全是立国之基，是传统安全备受关注的首要方面。国土的安全状态与国家能否繁荣息息相关。国土不受外来侵略和威胁，资源不因战争或预防战争过分消耗，国家才能稳定发展，人民才能安居乐业。维护国土安全是维护国家安全重大而紧迫的战略任务。要全面提升维护国土安全的能力，加强边防、海防、空防和网络安全建设，周密组织边境管控和海上维权行动，坚决捍卫领土主权和海洋权益，有效遏制侵害我国国土安全的各种行动和图谋，筑起维护国土安全的铜墙铁壁。

（三）军事安全

军事安全就是国家军队事务处于没有危险的客观状态。军事安全既是国家安全体系的重要领域，也是国家其他安全的重要保障。目前，一些国家仍不放弃霸权主义、强权政治，积极谋求绝对军事优势，以经济制裁、文化渗透和武力干预等方式粗暴干涉别国内政，制造地区紧张局势。

维护军事安全的任务十分艰巨,要贯彻总体国家安全观,坚决维护我国军事安全,紧紧围绕实现党在新时代的强军目标,积极推进中国特色新军事革命,全面落实新形势下军事战略方针,加快推进国防和军队现代化建设步伐。要适应世界新军事革命发展趋势和国家安全需求,建设强大的现代化陆军、海军、空军、火箭军、战略支援部队和联勤保障部队,打造坚强高效的战区联合作战指挥机构,构建中国特色现代作战体系,担当起党和人民赋予的新时代使命任务。

(四)经济安全

经济安全是指一国的国民经济发展和经济实力处于不受根本威胁的状态。目前,金融危机、贸易摩擦、经济制裁、经济逆全球化等成为世界各国经济安全必须面对的突出问题。而对于发展中国家来说,不发展就是一种不安全,贫困化则是最大的经济不安全。

经济安全是国家安全的基础,没有经济安全,文化、教育、社会等领域的安全无从谈起。维护国家安全的根本是为了发展经济,更好地满足人民对美好生活的需要。维护经济安全要坚持中国特色社会主义基本经济制度不动摇,不断完善社会主义市场经济体制,建设现代化经济体系。要打好防范化解金融风险的攻坚战,坚决守住不发生系统性金融风险的底线。要把发展实体经济作为重中之重,切实解决核心技术受制于人的问题,增强资源安全保障能力。

(五)文化安全

文化安全是指一国的观念形态的文化(如民族精神、政治理念、信仰追求等)生存和发展不受威胁的客观状态,它是国家安全的重要组成部分。目前,世界范围文化交流交融日趋频繁,某些别有用心的外部势力加紧利用互联网等渠道进行思想文化渗透,对我们的党史、国史、军史、民族史等进行恶意解构甚至颠覆,对青少年传播消极颓废的人生观、价值观,对我国维护文化安全带来很大压力。

文化是民族的血脉,是人民的精神家园。文化安全是国家安全的重要保障。维护国家文化安全是实现国家长治久安的重要保障和支撑,维护国家文化安全是建设社会主义文化强国的重要基础。必须坚持社会主义先进文化前进方向,坚持以人民为中心的工作导向,坚持文化自信,传承弘扬中华优秀传统文化,打牢维护文化安全的坚固根基。要加快文化改革发展,大力推进文化繁荣发展,加强社会主义精神文明建设,建设社会主义文化强国。

(六)社会安全

社会安全与人民群众切身利益密切相关,是人民群众安全感的晴雨表,是社会安定的风向标。当前,我国社会安全面临的威胁和挑战增多,高技术犯罪、网络犯罪、电信诈骗、食品安全等社会治安问题突出。

维护社会安全,要始终以人民群众的安全需求为导向,随着经济的发展和社会的进步,人民群众对过上美好生活更加期待,对社会安全要求更高,不仅关注人身安全,而且关注是否吃得放心、住得安心、出行平安。要全面推进平安中国建设,完善立体化社会治安体系,提高社会治理整体水平,注意从源头上化解矛盾纠纷,有效控制严重的社会安全问题,稳步提升人民群众的安全感和满意度。加强打击恐怖势力的力度,坚决把暴力恐怖分子的嚣张气焰打下去。加强公共安全工作,妥善应对重大自然灾害和突发事件,坚决遏制重特大安全事故发生,确保人民群众的生命和财产安全。

(七)科技安全

科技安全是表示国家科学技术发展的一种安全态势。科技安全是国家安全体系的重要组成部分,是支撑国家安全的重要力量。目前,我国科技创新基础还不牢,自主创新特别是原始创新能力还不强,关键领域核心技术受制于人的局面没有得到根本改变。我国科技安全还不能有效满足维护国家安全的要求,仍面临诸多挑战。

新时代,维护科技安全要坚持自主创新、积极主动防范的原则。加快发展自主可控的战略高新技术和重要领域核心关键技术,如芯片、操作系统、基础零部件和基础工艺等,加强知识产权的运用、保护和科技保密能力建设,保障重大技术和工程的安全。要面向未来世界科技发展前沿,确保战略领域发展的主动权。要加强重点突破,实现关键核心技术安全可控。要加强军民科技深度融合,推动军民技术双向流动和转化。要加强评估预警,完善科技安全制度,加强知识产权保护,确保我国核心利益不受侵犯。

(八)网络安全

网络安全是我国面临的复杂、严峻的非传统安全问题。目前,网络监听、网络攻击、网络犯罪和网络恐怖活动增多。

维护网络安全是复杂的系统工程。要坚持依法治网、依法办网、依法上网,让互联网在法治轨道上健康运行。要维护国家网络主权,网络主权是国家主权在网络空间的体现和延伸。习近平主席指出,每一个国家在信息领域的主权权益都不应受到侵犯,互联网技术再发展也不能侵犯他国的信息主权。要加强关键信息基础设施网络安全防护,加强网络安全信息统筹机制、手段、平台建设,加强网络安全事件应急指挥能力建设,制定网络安全标准,加强全社会网络安全意识教育培训,不断增强网络安全防御能力和威胁能力。

(九)生态安全

生态安全是指生态系统的健康和完整情况。目前,我国自然生态空间受到过度挤压,水土流失严重,水资源短缺。

维护生态安全是一项长期的、艰巨的系统工程,短时间难以见效。因此,要坚持绿色发展,金山银山不如绿水青山,着力改善生态环境,坚持绿色富国、绿色富民,为人民提供更多优质生态产品,推动形成绿色发展方式和生活方式,协同推进人民富裕、国家富强的美丽中国。逐步建立维护生态安全的制度体系,着力解决突出生态环境问题,切实维护我国生态系统稳定和国家利益。

(十)资源安全

资源安全是一个国家或地区可以持续、稳定、及时、足量和经济地获取所需自然资源的状态。目前,我国水资源总量居世界第六,但人均占有水资源量仅为世界人均水资源量的28%;土地资源形势严峻,水土流失,优质耕地被占用。战略资源对外依存度高,石油的依存度高达近70%。

资源是各国争夺的焦点,维护资源安全必须统筹谋划,综合施策,既要立足国内,又要充分利用国际资源。着力提高资源开发利用的水平,坚持资源开发与环境保护并重,同时,要加强防范资源对外依存导致的风险挑战,加强战略资源的战略储备,提高抵御极端风险挑战和应急状态的能力。

(十一)生物安全

生物安全是指由现代生物技术开发和应用对生态环境和人体健康造成的潜在威胁,及对其所采取的一系列有效预防和控制措施。生物安全是国家安全体系的重要组成部分。生物安全攸关民众健康、社会安定和国家战略安全。我国已将生物安全纳入国家安全体系。2020年10月17日,十三届全国人民代表大会常务委员会第二十二次会议通过了《中华人民共和国生物安全法》并决定自2021年4月15日起施行。

四、新兴领域的国家安全

电磁、网络空间、太空、远海、极地、人工智能等领域高新技术的迅猛发展,使得传统国家安全的"领域"与"利益"大大拓展。

(一)电磁空间的安全

电磁空间安全直接关系国家战略安全。电磁空间是随着电子信息技术的广泛应用而被重视起来的物理空间。如果在电磁空间上防范不力,就很容易失去国家对电磁空间的控制,国家的政治安全、经济安全、文化安全,乃至社会整体稳定就会受到严重损害。

电磁空间安全直接关系战争主动权的掌握。在军事领域,电磁空间是继陆、海、空、天战场之后的"第五维战场",军队建设和作战对电磁空间的依赖程度越来越高。电磁空间的信息争夺是情报战、电子战、网络战的基本内容,是敌我双方争夺"信息优势"的主要战场。电磁空间的信息争夺就是要获得信息优势,夺取制电磁权,未来战争中如果没有制电磁权,就没有制空权、制海权和制天权,就没有作战的主动权。

(二)太空领域的安全

早在海湾战争中,美军就动用了预警卫星、雷达成像侦察卫星、海洋监视卫星等70多颗卫星,为多国部队提供侦察预警、指挥通信、导航定位等作战保障,极大提升了联合作战效能。之后,在美军主导的数场局部战争中,美太空部队都成功向作战部队提供"精准"信息保障,使作战"高效"而"精准"。俄军在叙利亚军事行动中充分运用太空力量,先后动用测绘卫星、信号中继卫星等10颗新型卫星,组成多任务卫星群,进行目标识别、战场测绘、信息收集和指挥通信,战场效果明显。

太空是当代国际合作、竞争和对抗的新领域。随着航天技术的发展,人类走出地球、飞向太空,开辟了继陆地、海洋、大气层之后人类第四个生存空间。太空成为人类文明和社会进步的新领域,太空资源的开发利用为人类社会的未来发展开辟了广阔前景,同时,太空领域的竞争也日趋激烈,它是一个极其重要的国家利益区域,又是一个未划界的区域。太空在军事、经济、科技、社会各个领域的巨大价值已日益引起各国的关注。

(三)网络空间的安全

信息网络技术催生了人类活动新的空间——网络空间,而网络空间直接影响社会政治、经济、文化、金融等领域。网络领域已经成为世界各国军事角逐的新空间。

目前,西方军事强国纷纷组建自己国家的网络战略、网络领导机构和网络部队。美军于2002年建立了世界首支网络部队,2010年成立网络战司令部,并建有133支网络作战分队。2017年美军将网络司令部升级为一级联合作战司令部。美国国防部2018年发布的《国防战略报告》中说,发展从战术到战略水平的弹性联邦网络及信息生态系统,以获取有用信息,阻止对手获得相同优势。俄军于2013年着手组建网络空间司令部,将联邦安全局、内务部和武装力量的网络安全力量组成网络战主体力量。英国等国家为赢得网络空间主动权,不断加大信息技术的研发投入,推动军队、地方协同创新,特别是针对新一代信息网络技术的协议规范、网络架构、通信安全等开展预先研究。

(四)人工智能领域的安全

人工智能作为赢得未来战争的战略重点,成为多国竞相研发的新利器。世界主要军事强国将人工智能视为大国博弈的战略重点。

美国出台人工智能战略规划,从国家战略层面进行整体推进。发布《国家人工智能研究与开发战略规划》,推动人工智能技术发展应用。美国国防部将机器学习、人机协同等作为支撑"第三次抵消战略"的关键技术。

五、维护国家安全是公民的责任

国家安全事关每个人的幸福、社会的进步和民族的复兴。国家安全得不到保障,人民群众的幸福生活就无从谈起,社会就无法发展进步,民族的复兴也不可能实现。

(一)维护国家安全需要人人尽责

国家安全与每个人息息相关,维护国家安全需要构筑人民防线和社会堤坝。人人有责,是提醒人们不要忘记实现国家安全就是自己的事情。人人尽责,是敦促人们依法作为,让自己所担负的那份责任起到有效的作用。有责、尽责同属于一个要求,只不过是前者注重责任意识增强的坚持,而后者注重责任做实行为的兑现。无论是集体还是个人,都应遵照新国家安全法的规定履职尽责。

（二）公民要履行维护国家安全的法律义务

依法维护国家安全的关键是公民要认真履行国家安全法律义务。根据《中华人民共和国国家安全法》第七十七条规定,公民和组织应当履行下列维护国家安全的义务:一是遵守法律法规关于国家安全的有关规定;二是及时报告危害国家安全活动的线索;三是如实提供所知悉的涉及危害国家安全活动的证据;四是为国家安全工作提供便利条件或者其他协助;五是向国家安全机关、公安机关和有关军事机关提供必要的支持和协助;六是保守所知悉的国家秘密;七是法律、行政法规规定的其他义务;八是任何个人和组织不得有危害国家安全的行为,不得向危害国家安全的个人或者组织提供任何资助或者协助。每个公民都要认真履行法律义务,自觉承担起维护国家安全的责任。

（三）公民要自觉维护国家安全利益

国家安全利益是国家最高利益,每个公民都应成为国家安全利益的自觉维护者。人民是国家的主人,国家安全归根结底靠的是每位公民自觉的维护。2015 年 7 月 1 日全国人民代表大会常务委员会通过的《中华人民共和国国家安全法》第十一条规定:中华人民共和国公民、一切国家机关和武装力量、各政党和各人民团体、企业事业组织和其他社会组织,都有维护国家安全的责任和义务。中国的主权和领土完整不容侵犯和分割。维护国家主权、统一和领土完整是包括港澳同胞和台湾同胞在内的全中国人民的共同义务。只有广大公民将维护国家安全视为自觉行动,愿为国家安全工作贡献更多力量,国家安全利益才能得到更加持久、更加可靠的维护。

第二节　国家安全形势

当前,我国继续保持政治安定、民族团结、社会稳定的良好局面,综合国力、国际影响力、抵御风险能力明显增强,仍处于发展的重要战略机遇期,但同时也面临多元复杂的安全威胁和挑战,不仅依然面临着政治、军事、外交等传统安全威胁的挑战,而且面临着恐怖主义、跨国犯罪、环境污染、自然灾害等非传统安全威胁。

一、我国地缘环境基本概况

目前,世界上划分为两大地缘战略区,即海洋地缘战略区和欧亚大陆地缘战略区。美国属于海洋地缘战略区,具有全球性影响。而世界上其他强国大都集中在欧亚大陆地缘战略区,俄罗斯则位于该战略区的核心地带。中国属于欧亚大陆地缘战略区,背靠欧亚大陆,面向太平洋,处于两大战略区的交接处,历史上曾遭到两大战略区强国的侵略和压迫,现在则成为能够对两大战略区关系产生重要影响和作用的国家。

二、当前我国周边安全形势

我国周边的安全环境总体向好。我国致力于全面建成小康社会和构建中国特色社会主义和谐社会,经济发展、政治稳定、民族团结、社会进步的局面得到巩固,综合国力显著提升,国际地位和国际影响力提高,积极推动构建周边命运共同体,与各国互利共赢的格局逐步形成。

(一)建立了多边区域合作机制

我国致力于促进地区稳定的多边安全机制不断发展,为我国周边的和平与安全提供了重要保障。2001年成立的上海合作组织,在打击恐怖主义、分裂主义和极端主义,维护中亚地区和中国西北方向的安全与稳定方面发挥了重要作用。随着该组织章程的签

署和地区反恐怖中心、秘书处等组织机构的建立,上海合作组织进入稳定和发展时期,成员国达到8个,观察员国4个,对话伙伴国6个。东盟地区论坛(ARF)是东亚地区影响最广的官方多边安全对话与合作机制,目前成员已发展到27个。2019年11月在第22次中国—东盟领导人会议上宣布制定《落实中国—东盟面向和平与繁荣的战略伙伴关系联合宣言的行动计划(2021—2025)》,发表涉及"一带一路"、智慧城市、媒体交流合作的声明,宣布2020年为中国—东盟数字经济合作年。特别是2020年11月15日东盟十国以及中国、日本、韩国、澳大利亚、新西兰15个国家签署的区域全面经济伙伴关系协定(RCEP),成为全球规模最大的自由贸易协定。对推动亚太地区多边安全合作进程、促进东南亚和亚太地区的和平稳定发挥了积极作用。在解决朝鲜半岛问题中,中国与朝鲜、韩国都保持着磋商与协调机制,尤其是在解决朝鲜核问题的"六方会谈"机制、"双暂停""双轨并行"的建议,得到国际社会的好评,对缓解危机局面,保持东北亚的稳定起到了重要作用。

(二)国际声望和影响力明显提高

在我国睦邻友好政策和以发展经济为中心政策的推动下,我国经济发展快速,政治稳定,国际声望和影响力明显提高。我国积极推动丝绸之路经济带和21世纪海上丝绸之路建设,主动发展与沿路国家的经济合作伙伴关系。2019年4月25日至27日在北京举办第二届"一带一路"国际合作高峰论坛,有150个国家、92个国际组织的6 000余

名外国友人参加了论坛。我国积极运作和筹建亚洲基础设施投资银行，这是首个由我国倡议设立的多边金融机构，法定资本1 000亿美元。截至2020年7月28日，亚洲基础设施投资银行已有102个正式成员国。中国被世人称为对世界负责任的大国，众多西方国家纷纷放弃在人权政策上与我对抗的立场。

三、影响我国周边安全的主要因素

从我国周边的具体环境看，影响因素主要来自于美国推行霸权主义、海洋岛屿争端以及"台独"等势力的发展。

（一）美国将我国列为主要竞争对手进行全方位遏制

政治上，加紧实施"西化""分化"战略。美国是当今世界最大的霸权主义国家，企图以经济实力为后盾，打着"民主""自由"的幌子，军事威胁、政治渗透两手并用，利用台湾、西藏、香港、人权等问题对我国进行牵制，加大西化、分化的力度。美国统治集团认为，中国日益强大将对美国的利益构成"威胁"。因此，明确将我国列为对手之一，始终对我国怀有敌意。

军事上，推行"印太"战略加紧对我国的围堵。美国是当今世界头号军事强国，近年来，利用其绝对的经济和军事优势，加紧对我国进行预防遏制的战略部署。通过强化军事同盟和对我国周边国家进行军事渗透，逐步缩小对我国的军事包围圈，并不断增强在南海区域的军事活动。近年来，美国不断强化战略布局和力量布署，开展一系列针对我国的挑衅遏制行为，成为破坏地区和平发展大势的搅局者。

经济上，进行遏制打压，与我国展开贸易战。一是企图将我国纳入美主导的世界经济体系，在攫取经济利益的同时加强对我国的经济渗透和控制；二是以保护知识产权为借口，对中国企业进行无端指责，多次以反倾销为名，征收高额反倾销税，对我国出口企业造成巨大的经济损失；三是在高科技领域对我国实施封锁。

利用台湾问题进行战略牵制。近年来，美国更加明目张胆地推行实质上的"一中一台"政策，暗中支持"台独"活动，其目的就是将台湾问题作为牵制中国的重要战略筹码。美国在台湾问题上的立场和政策，是我国实现祖国统一的障碍，也是可能诱发台湾政局动荡的重要根源。

（二）日本加快修宪强军图谋牵制我国

日本与我国一衣带水，两国关系对我国的安全至关重要。目前，中日摩擦焦点集中在中日战略利益冲突、历史问题、钓鱼岛问题、台湾问题和日本扩军问题等。日本将我国视为东亚地区的战略竞争对手，意图借助强大的经济实力成为经济大国、军事大国。日本一直保持国防费用居高不下并连续多年持续增长，武器装备水平和更新换代的周期已超过美国，成为军事技术领先的潜在军事大国。日本是潜在的核大国，核技术已相当成熟，民用核电站产生的核燃料足以使日本成为核大国。新的《防卫计划大纲》《中期防卫力量计划（2019—2023年度）》突破了"和平宪法"，并将中国、朝鲜视为作战对手，将台海地区列入其周边,一旦台海爆发战争,将直接对美军实施后勤支援。日本将防卫厅升格为防卫省,使日本有了真正意义上的国防部,使日本自卫队摆脱"和平宪法"的束缚,为海外派兵和行使交战权铺平了道路。日本修宪的一个主要目标就是将自卫队更名为自卫军。日本还不断插手台湾、南海等问题,干涉我国内政,阻碍我国和平统一祖国大业;修改历史教科书,美化和篡改侵华战争;大肆散布"中国威胁论",阻挠欧盟解除对华武器禁运等。

(三)印度坚持战略东向深化美俄合作

印度是目前世界上尚未与我国划定陆地边界的国家,争议面积达 12.55 万平方千米,主要集中在东段和中段。印度不断进行扩军备战,加强边界战场特别是东段战场建设,坚持战略东向,在中印边境部署重兵。2020 年 4 月以来,印度边防部队单方面在加勒万河谷地区持续抵边修建道路、桥梁等设施。中方多次就此提出交涉和抗议,但印方反而变本加厉多次越线滋事。中印双方就对推进边界谈判、维护边境地区和平稳定多次举行谈判,中印之间的领土主权争议涉及空间广大,短时间内难以解决。尤其值得关注的是,近年来印度除与俄罗斯加强军事合作外,还与美国、日本、澳大利亚等国开展广泛的军事合作。美国在核扩散问题上实施双重标准,不但解除了对印度的制裁,而且还与其开展民用核技术合作。印度还从俄罗斯、美国、以色列等国家购进了大量的先进武器装备,其作战能力明显提升。印度大力发展海军建设,控制中东至马六甲海峡的航线。

(四)朝鲜半岛的局势充满变数

朝鲜半岛局势涉及我国重大战略利益,我们不可能置身事外。我国坚持不战、不乱、无核的目标,积极劝和促谈,坚决维护朝鲜半岛和平稳定。但是,朝鲜半岛问题由来已久,朝鲜与美韩的对立状态短期内难以根本改变,朝鲜半岛充满变数。朝鲜核问题在 2018 年出现转机,朝鲜半岛北南双方抓住平昌冬奥会的契机密集互动。2018 年 3 月 25 日,应中共中央总书记、国家主席习近平邀请,朝鲜劳动党委员长、国务委员会委员长金正恩对我国进行非正式访问,2019 年 1 月、2 月,金正恩再次访华,凸显了中国在解决朝核问题上的战略主导作用,实现了朝鲜与韩国、朝鲜与美国领导人的会晤,使朝鲜半岛的危机势头得以缓解。

(五)南海争端使我维护主权和海洋权益复杂艰难

南海战略位置十分重要,我国对南海诸岛及其附近海域拥有无可争辩的主权。早在汉朝时期,中国人民就已在这片海域进行捕鱼等活动,并有文字记载。1937 年日本发动全面侵华战争并同时占领西沙、南沙群岛,1945 年日本无条件投降,1946 年中国政府派人员接收西沙、南沙,向世界宣告中国已恢复对南沙的实际控制。但从二十世纪六七十年代起,随着南沙石油资源的发现与开采,我国东南周边的一些邻国开始编造各种借口或完全背弃原先立场,纷纷抢占我国南沙群岛的多个岛屿,并进行非法活动。

（六）"台独"分裂祖国的图谋

台湾问题是我国的内政,争取早日解决台湾问题,实现祖国统一是中华民族的根本利益。

1.台湾问题的由来

台湾问题是国民党发动反共反人民内战的结果。抗日战争胜利后,以蒋介石为首的国民党统治集团依仗美国的支持,撕毁国共两党签订的《双十协定》、各党派及无党派人士共同达成的政治协议和一切停战协议,悍然发动了反共反人民的内战。中国共产党领导全国人民进行了3年多的解放战争,最终推翻了国民党的统治。

蒋介石集团退踞台湾,挟洋倚险自重,形成了两岸隔离的状态。外国反华势力插手台湾问题,推行"以台制华"战略,谋求其所谓的全球战略利益与国家利益,也成为台湾问题长期存在的一个原因。

台湾当局的分裂活动与岛内"台独"活动使台湾问题复杂化。李登辉1988年主政台湾后,逐渐背离一个中国原则,以"中华民国"的招牌搞"两个中国""一中一台"甚至"台独"。在西方反华势力的支持及台湾当局的纵容与扶持下,岛内"台独"活动日益猖獗。

2."台独"势力的发展和危害

2000年3月,民进党候选人陈水扁当选为台湾地区领导人。当选台湾地区领导人后,陈水扁开始推行渐进式"台独"路线,抛出所谓的"台独"路线图。在军事上实施军事战略调整,增强威慑力量,积极推动巨额军购,企图以武拒统。文化上极力推行"去中国化",修改教科书。同时利用"金钱外交"拉拢少数国家,谋求加入各种国际组织,以扩大其国际生存空间。

2016年5月,台湾民进党主席蔡英文正式就任台湾地区领导人,成为台湾地区首任女性领导人。蔡英文在李登辉执政时期曾参与所谓"特殊两国论"的起草,受其影响很深,她否认一个中国原则,从未承认过"九二共识",千方百计阻挠和破坏两岸关系,两岸联系沟通机制进入停摆状态。台湾当局分裂祖国的所作所为,破坏了台湾地区的和平,严重地阻碍了祖国统一,极大地伤害了两岸同胞的感情。

3.积极推动两岸关系的发展

我国政府始终高度重视台湾问题的解决。1949年以来,中国共产党、中国政府、中国人民始终把解决台湾问题、实现祖国完全统一作为矢志不渝的历史任务。团结台湾同胞,推动台海形势从紧张对峙走向缓和改善、进而走上和平发展道路,两岸关系不断取得突破性进展。70多年来,中国共产党领导集体根据不断变化的国际形势和两岸局势,积极探索两岸统一之路。20世纪50年代中期,我国政府开始考虑和平解决台湾问题的可能性。1955年5月,周恩来总理指出,中国人民愿意在可能的条件下,争取用和平的方式解决问题。1956 年 6 月,毛泽东主席又提出"和为贵""爱国一家""爱国不分先后"等政策主张。20 世纪 70 年代以后,中美关系缓和进而实现正常化,中共十一届三中全会决定将工作重心转移到经济建设上来,为我国政府再次提出和平统一祖国的政策创造了重要的内外条件。1979 年 1 月 1 日,全国人民代表大会常务委员会发表《告台湾同胞书》,郑重宣告"和平统一祖国"的大政方针,标志着我国政府对台方针由"武力解决"正式调整为通过和平协商、政治谈判的方式。1981 年 9 月 30 日,叶剑英就台湾问题发表谈话,提出和平解决台湾问题的九条方针,表示"国家实现统一后,台湾可作为特别行政区,享有高度的自治权",并建议国共两党举行对等谈判。

1983 年 6 月,邓小平全面系统地阐述了"和平统一、一国两制"的构想。他指出,祖国统一后,台湾特别行政区可以有自己的独立性,可以实行同大陆不同的制度。1995 年 1 月 30 日,江泽民同志发表了《为促进祖国统一大业的完成而继续奋斗》的讲话,他结合形势发展的新特点,对"和平统一、一国两制"构想进行了进一步的阐释,并提出关于解决台湾问题和实现国家统一的八项建议和主张。胡锦涛同志结合新形势,提出了解决台湾问题的四点建议:第一,坚持一个中国原则决不动摇;第二,争取和平统一的努力决不放弃;第三,贯彻寄希望于台湾人民的方针决不改变;第四,反对"台独"分裂活动决不妥协。

2019 年 1 月 2 日,在《告台湾同胞书》发表 40 周年纪念会上,习近平总书记提出新时代坚持"一国两制"和推进祖国和平统一的五项重大主张:携手推动民族复兴,实现和平统一目标;探索"两制"台湾方案,丰富和平统一实践;坚持一个中国原则,维护和平统一前景;深化两岸融合发展,夯实和平统一基础;实现同胞心灵契合,增进和平统一认同。

4.祖国必须统一,也必然统一

实现祖国统一是每一名中华儿女的热切期盼。爱国主义是动员和鼓舞中国人民团结奋斗的一面旗帜,是维护民族团结和国家统一、推动我国历史前进的巨大力量,是各族人民共同的精神支柱。国家统一反映了人民对于和平安定的渴望与追求,有利于经济社会发展和进步,有利于各民族之间的亲密合作和交流。

实现祖国完全统一是中华民族伟大复兴的重要内容和基本任务。国家的完全统一是民族复兴的重要标志,没有国家的完全统一,就没有完全意义上的民族复兴。中华民族的伟大复兴既是一个走向现代化、实现繁荣强盛的过程,同时也是一个实现祖国完全统一的过程。只有实现祖国的完全统一,才能更好地在国际上展现中华民族团结奋进、朝气蓬勃的雄姿,使中华民族真正自立于世界民族之林。实现祖国完全统一是中国人民不可动摇的坚强意志。民族团结和国家统一,符合我国各族人民的根本利益,符合中国社会发展的历史潮流。实现祖国完全统一是包括台湾同胞在内的所有海内外中华儿

女的共同心愿。中国共产党代表中国最广大人民的根本利益,始终高举爱国主义的伟大旗帜,把捍卫民族尊严、实现祖国完全统一、维护国家主权和领土完整作为自己神圣的历史使命,并带领中国人民为之英勇奋斗。在祖国统一的道路上,无论遇到多大的艰难险阻,无论国内外敌对势力如何阻挠破坏,都动摇不了党和人民的坚定信念和坚强决心。

第三节 国际战略形势

当今世界正经历百年未有之大变局,世界多极化、经济全球化、社会信息化、文化多样化深入发展,和平、发展、合作、共赢的时代潮流不可逆转,但国际安全面临的不稳定性不确定性更加突出,世界并不太平。

一、国际安全形势的特点

(一)总体安全缓和,局部动荡突出

当前,国际安全环境总体呈和平与稳定态势,大国关系继续以合作为主调并保持相对稳定,中、美、俄、日等国家和地区频繁进行高层领导人直接对话,采取多种务实性措施,建立多种形式的战略伙伴关系,寻求建立相互信任、消除分歧的各种途径,促进了国际安全环境的改善。但是,美欧、美俄、俄欧之间,因叙利亚战争和乌克兰危机而出现的深层次矛盾和分歧并未消除。中美关系在台湾问题、南海问题、经贸问题等方面面临新的考验。中俄、中欧战略伙伴关系进一步巩固,合作关系继续加深。中国积极倡导建立

延伸阅读

中美三个联合公报:1972年2月28日签订的《中华人民共和国和美利坚合众国联合公报》(《上海公报》)、1978年12月15日中美两国发表的《中华人民共和国和美利坚合众国关于建立外交关系的联合公报》(《中美建交公报》)和1982年8月17日签订的《中华人民共和国和美利坚合众国联合公报》(《八一七公报》)。美国在三个联合公报中均强调坚持一个中国原则,这是中美两国关于两国关系以及我国台湾问题的重要历史文件。坚持一个中国政策和中美三个联合公报的原则是中美关系健康发展的政治基础。

人类命运共同体,建设持久和平、普遍安全、共同繁荣、开放包容、清洁美丽的世界。构建相互尊重、公平正义、合作共赢的新型国际关系得到世界各主要国家的认同,求和平、谋发展、促合作的世界潮流已成为世界人民的共识。各国相互联系、相互依存的程度空前加深。

然而,当前地区性的战争和暴力冲突此起彼伏,局部性的战乱、动荡与紧张已对世界和平、稳定与发展带来严重冲击。以美国为首的西方军事同盟,正在成为新的战争策

源地。在中东,阿拉伯国家和以色列的矛盾一直未从根本上得到解决,利比亚、叙利亚内战接连爆发;乌克兰危机至今尚未平息;2020 年 9 月 27 日阿塞拜疆与亚美尼亚在纳卡地区发生冲突。

(二)大国博弈较量,军备竞赛不减

尽管大国之间加强了对话与合作,但相互之间的较量并没有停止,较量的重点已从冷战时期的以军事力量为主,转向以科技为先导、以经济为基础的综合国力竞争。由于高新科技革命对各国综合国力的影响日趋增大,争夺高新科技的领先地位便成为各国进行综合国力竞争的焦点。美国加紧实施"第三次抵消战略",其战略意图在于充分利用高新科技领域的优势,对经济、军事等领域进行综合开发,推动高新科技产业的发展,保持其世界领先的地位。中国、巴西、印度、俄罗斯等新兴经济体增长强劲,中国经济仍然维持了相对较快的增长,在全球第二大经济体这样的经济规模下还能维持7%左右的经济增长速度。

一些地区性的军备竞赛有所升级,特别是世界各国质量建军的步伐大大加快。美国在东欧加强反导系统建设,为了应对威胁,俄罗斯一直在大力加强核力量和高超音速武器的发展,提升导弹突防能力,确保对美的战略平衡和威慑。美国大力发展"快速全球打击系统"等新型武器,维护本国常规军事力量的绝对领先地位。美国着力提高各类作战平台的智能化水平,并使网络司令部与六大地区司令部和三大职能司令部并列,进一步提升其地位,发挥其作用。其他军事大国也大力推行军事变革,国际军事竞争正由传统的陆、海、空向陆、海、空、天、网等新"战略边疆"拓展。

(三)经济的全球化,出现逆转思潮

"二战"以后,国际社会所建立的全球体系基本上是一种自由主义的全球化体系,它讲究的是人员、资本、货物的自由流动。商品的自由流动是没有什么风险的,但是人员的自由流动在带来资本、技术、知识的同时,还蕴含着风险。特朗普政府提出美国优先战略,不断退出国际组织,出现逆全球化思潮。中国 2001 年加入世界贸易组织(WTO),到2016 年,15 年的过渡期已经满了。但美国及欧洲各国有一种很强的不满情绪,出现了比较强的贸易保护主义倾向。反全球化思潮的崛起将深刻影响未来一段时期的国家间关系和整个世界的面貌。

(四)恐怖势力威胁,多方角力复杂

恐怖主义的风险,尤其是宗教极端主义所带来的恐怖主义的威胁,仍然是国际社会所面临的一个严峻问题。恐怖活动已成为影响世界和平的一个重要因素。

纵观当今世界形势,和平与发展是时代的主旋律,对话代替对抗是主流,振兴和发展经济是主线。同时,国际社会还存在着一些与时代主题不和谐的噪音,和平还是不全面的,发展经济中也充满着激烈的竞争,人类谋求全面和平和持久发展的美好愿望仍然受到诸多的挑战,霸权主义、强权政治的存在,始终是解决和平与发展问题的主要障碍。

二、世界主要国家(地区)军事力量及战略动向

(一)美国

美国是当今世界超级大国。其战略举措有:

实施美国优先战略,梦想独霸天下。在"冷战"结束后,美国作为超级大国,想做全球霸主,建立属于美国的单极世界,在全球重大问题上总想自己说了算,大搞单边主义行动的趋势越来越明显。

北约东扩,挤压俄罗斯的战略空间。美国一直把北约作为其在世界舞台上发挥影响力的一个平台。虽然苏联解体华约倒闭,但是北约不仅没有解体反而进一步壮大,不断加快东扩的步伐,从北约正式接纳爱沙尼亚、拉脱维亚、立陶宛、保加利亚、罗马尼亚、斯洛伐克和斯洛文尼亚 7 国为其成员国,至 2017 年 6 月黑山共和国加入北约,北约扩大为 29 个国家,几乎囊括了原华约组织的所有中东欧国家,美国借助北约东扩已经将军队部署到俄罗斯的家门口了。

强化同盟,把中国列为其全球最大竞争对手。为确保它对世界的"领导权",美国推出"亚太再平衡战略""印太战略",以"冷战"思维对付中国。在与日本签署新的日美安保条约、在韩国部署"萨德"反导系统的同时,建立与澳大利亚、印度、越南等新的同盟关系。

凭借反恐,始终插手中东地区事务。美国认为这些地区的某些国家会对其在该地区甚至全球的战略利益造成威胁,一旦敌视美国的势力获得大规模杀伤性武器,将对美国的安全利益构成极大威胁,因此为了打击所谓的"无赖"国家和"恐怖势力",以达到杀鸡骇猴、杀一儆百的目的,美国借反恐为名,插手中东地区事务,试图改变中东政治版图,进而控制中东石油,掌握世界能源命脉,最后实现独霸天下的战略构想。

(二)俄罗斯

俄罗斯仍然是目前世界上能与美国在军事上抗衡的国家。俄军整体作战能力较强,武器装备先进,部分高技术武器装备不亚于美军。

俄罗斯提出"以强大的军事力量为后盾,重振俄罗斯大国地位"的战略目标,力求在地区和世界事务中发挥其大国的影响力。其战略举措有以下几点。

与美国争夺地区和世界事务领导权。在科索沃战争、叙利亚战争、乌克兰危机以及在解决中东地区事务方面都可以看到俄罗斯积极的身影。2014 年 3 月 16 日,克里米亚就是否加入俄罗斯进行全民公决,约 96.77% 的选民赞成加入俄罗斯联邦,2014 年 3 月 18 日,普京签署文件,批准克里米亚加入俄罗斯联邦,从而维护了俄罗斯的大国地位。2015 年 5 月 30 日,俄罗斯以打击"伊斯兰国"为由,加入在叙利亚的反恐阵营,达到其战略目的和国际影响力。

2019年10月9日,土耳其向叙利亚北部发动代号为"和平之泉"的军事行动。库尔德武装的"保护神"美军随即从叙利亚撤出。俄罗斯部队于2019年10月23日进入叙土边界叙利亚一侧进行安全巡逻,再一次凸显俄罗斯在解决叙利亚问题上的作用。

积极发展与战略伙伴的关系,以制衡美国。俄罗斯在北约东扩问题上的立场,开始是坚决反对,认为北约东扩威胁其安全利益。后来在意识到"反对"并不能影响北约东扩的现实之后,尤其是在北约接纳波兰、捷克和匈牙利三国入盟实现"冷战"后第一轮东扩之后,普京默许了北约的第二轮东扩行动。俄罗斯甚至放出风来"不排除俄罗斯加入北约的可能",意欲和西欧靠拢,建立一个包括俄罗斯在内的真正意义上的"大欧洲",借以制衡美国。北约东扩与反东扩的斗争,实质上是俄罗斯与美国等西方大国争夺构筑欧洲安全体系主导权和在中、东欧及原苏联地区重划势力范围的斗争。

把核武器作为恢复国家地位的支柱。放弃不首先使用核武器的承诺,继续把战略核力量和防空反导力量作为建设重点,加快部署新一代RS-24陆基洲际弹道导弹,陆续装备"北风之神"级战略核潜艇,升级战略轰炸机,多次发射"亚尔斯""白杨-12M"等型号洲际弹道导弹,试图以此维护国家利益和自身安全,保持其大国影响力。

(三)日本

日本拥有较强的军事力量。在人均军费开支、主战装备等方面位居亚洲前列,C⁴ISR系统全境、全手段、全方位立体通信的能力已位居世界前列,航空自卫队具备较强的远洋上空对敌拦截能力,海上自卫队有较强的海上打击、护航反潜、海峡封锁和扫雷布雷作战能力。日本坚持日美军事同盟,不断拓宽"专守防卫"军事战略的内涵,向海外派遣军事力量,并将其防卫范围扩展到包括朝鲜半岛、台湾海峡和南中国海在内的亚太地区。

为达到其战略目标,日本采取了一定的措施。

一是在高新技术领域向美国挑战。在高技术产业化方面,日本占有明显优势。日本已在微电子技术、家用电器、光纤通信、办公自动化设备等技术领域超过美国,在全球半导体市场上,也夺取了美国占有市场的一部分份额。日本于2013年6月全面阐述2013—2020年期间以发展大数据为核心的IT国家战略,提出要把日本建设成具有"世界最高水准的广泛运用信息产业技术的社会"。

二是积极构筑"东亚经济圈"。面对欧美不断扩大地盘的现状,日本已感到形势逼人,主张建立以日本为中心、使东亚国家更加依赖于日本的"东亚经济圈",同时还积极构筑"东北亚经济圈"和"环日本海经济圈"等小区域经济组织。另外,日本还极力主导《全面与进步跨太平洋伙伴关系协定》(CPTPP),试图通过大小机构相配合,组成以日本为领头雁的"雁行模式",并以亚太地区为基础,登上世界政治大国和军事大国的行列。

三是在军事防务方面走向独立性。日本军费预算早已突破 1‰的禁区；突破了"海外派兵"禁区，2003 年伊拉克战争后积极参与伊拉克重建，向伊拉克派出陆上自卫队；突破不进行大规模军火生产的禁区；2007 年将防卫厅升格为防卫省，近年来，日本积极带头搞亚太安全结构，试图摆脱美国的控制，实行独立的防务；增加军费、扩充军力，武器装备向大型化、远程化、高端化发展。

（四）欧盟

欧盟目前有 27 个成员国，具有雄厚的经济、科技和军事实力，其整体经济实力已经超过美国。在欧盟各国中，法、德两国的作用和影响较大。法国是一个有重要影响力的军事强国，法军武器装备技术水平高，部队作战能力强。德军军事素质较好，具备较强的常规作战能力，武器装备技术水平较高，能够在欧洲地区实施高强度作战行动。

冷战时期，欧洲是两极对抗的主战场，欧盟依附于美国。冷战结束后，尽管欧盟国家对美国产生了离心力，美国的盟主地位受到冲击，但欧盟仍未摆脱对美国的依赖。所以欧盟也在设法排除各国在政治、外交、防务等问题上的分歧，谋求建立"欧洲人的欧洲"，自己掌握欧洲事务主导权，进而与美国平起平坐。为此，欧盟各国采取了一系列措施。

一是加大科技投入同美国竞争。意大利加紧研制计算机视觉系统，德国在生物工程的主要技术领域已赶上美国。欧盟在核聚变等领域的一些技术也处于世界前列。

二是全面加快欧洲一体化进程。欧洲（特别是西欧）是世界上最发达的地区，但又小国林立。在当今美国一国独大的情形下，加强联合是欧洲摆脱经济上巨人、政治上矮子、军事上侏儒局面，更好地维护自己的政治、经济利益的措施。1999 年 1 月 1 日，欧盟正式启动单一货币——欧元，增强了欧盟的国际地位和竞争力，进一步表现出与美国和日本角逐全球经济主导权的强烈愿望。

三是逐步实行具有联合一致的外交和防务政策，加强自身防务建设，与美国争夺北约的领导权和军事指挥权。欧盟反对美国继续操纵北约，主张建立欧洲自己的军事组织和防务体系。为了实现欧洲独立防务，法、意、西、葡等国宣布组建"欧洲军团"。可见，美国与欧盟之间正在由盟主与盟友关系逐步转变为平等的伙伴关系。

（五）中国

中国是一个世界大国，是联合国安理会常任理事国，在国际事务中有很大的发言权。同时，中国又是一个爱好和平的大国，不与任何国家结盟，不干涉别国的内部事务，坚决维护自己的独立和主权，尊重别国的独立和主权。中国一贯坚持正义的原则立场，反对以大欺小、以强凌弱和以富压贫，在反对霸权主义、强权政治以及解决国际争端等方面发挥着日益突出的重要作用，赢得了世界的普遍尊重。

在军事方面,中国是一个军事大国,能够独立研制各种型号的坦克、火炮、战机、舰艇、导弹等主战兵器,而且自行设计和制造了原子弹、氢弹等,成为世界上少数几个掌握这类技术的国家之一。

中国采取了一系列措施:

一是积极推动构建人类命运共同体,构建新型国际关系。改善和发展同发达国家的关系,以各国人民的根本利益为重,不计较社会制度和意识形态的差别,在和平共处五项原则的基础上,扩大共同利益的汇合点,妥善解决分歧。

二是按照亲诚惠容理念和与邻为善、以邻为伴周边外交方针,深化同周边国家关系,秉持正确义利观和真实亲诚理念同发展中国家团结合作。加强睦邻友好,坚持加强区域合作,把同周边国家的交流和合作推向新水平。

三是增强同第三世界的团结和合作,增进相互理解和信任,加强相互帮助和支持,拓宽合作领域,提高协作效果。

四是积极参与多边外交活动,在联合国和其他国际及区域性组织中发挥作用,支持发展中国家维护自身的正当权益。

当今世界,国际战略力量此消彼长,美国等发达国家的优势地位相对下降,中国、巴西、印度、俄罗斯等新兴经济体增长强劲。此外,发展中的南非等国家和一些发展中国家集团如东盟等,经济发展较快,政治影响不断增强,已成为当前国际关系中新兴的力量,国际体系由"一超多强"加速向"多强制衡"演变。

【复习思考】

1.国家安全是指什么?

2.全民国家安全教育日是每年的哪一天?

3.文化安全的内涵是什么?

4.为维护国家安全,公民应尽的责任有哪些?

5.简述我国重点领域的国家安全形势。

第三章　军事思想

【教学目标】　通过学习使大学生了解军事思想的内涵和形成与发展历程,掌握外国代表性的军事思想,熟悉我国军事思想的主要内容、地位和作用。理解习近平强军思想的科学含义和主要内容,树立科学的战争观和方法论。

第一节　军事思想概述

军事思想是军事实践的能动反映和理论概括,揭示了军事领域的一般规律。研究军事思想的目的在于揭示战争的本质、基本规律以及指导战争的方法论,阐明军队建设的理论、原则等,以更好地指导战争实践。

一、军事思想的内涵

(一)军事思想的定义

军事思想是关于战争和国防基本问题的理性认识,是人们长期从事军事实践的经验总结和理论概括。它来源于战争与军事活动的实践,又给战争和军事实践以理论指导,并随着战争和军事实践的发展而发展,是军事科学的基础理论部分。

(二)军事思想的主要内容

一是军事哲学。军事哲学是主要研究军事问题的世界观和方法论。它是军事科学与哲学相结合的产物,以

延伸阅读

达摩克利斯之剑:达摩克利斯是公元前4世纪意大利叙拉古的一位朝臣,他非常想当国王。一天,国王说和他交换一下位置。在晚上举行的宴会上,达摩克利斯正享受成为国王的感觉,突然他发现在王位上方仅用一根马鬃悬挂着的利剑。他失去了对当国王的兴趣,请求国王放过他。达摩克利斯之剑通常被用于象征这则传说,代表拥有强大的力量非常不安全,很容易被夺走,或者简单来说,就是感到末日的降临。

介绍军事领域矛盾运动的一般规律和主观指导的思维法则为基本内容,为人们研究和解决军事问题提供认识论和方法论。它是军事思想的理论基础,是灵魂和精髓。

二是军事实践的指导原则。它是人们在对战争规律认识的基础上所提出的战略、战术的指导原则和建军思想。它包括战争指导的基本方针和原则,军队建设的基本方针和原则,国防建设的基本方针和原则等。

二、军事思想的地位作用

恩格斯指出:"一个民族要想站在科学的最高峰,就一刻也不能没有理论思维。"《孙子兵法》问世以来,影响了众多军事家,马汉的"海权论"催生了现代海军,杜黑的"空军制胜论"对空军的发展产生了重大影响。战争实践表明,处于军事科学最高层次的军事思想先进与否,直接影响着军队的发展和战争的胜负,先进军事思想对战争的影响巨大。

(一)先进的军事理论是克敌制胜的重要条件,是军队战斗力的重要组成部分

先进的军事思想对对手有巨大的威慑力,理论是一种无形的力量。理论的优势可以显示一个民族的智慧、一个国家的潜力。孙子"不战而屈人之兵"的思想,就是主张通过威慑而谋取战争的胜利。英国名将蒙哥马利曾在1960年和1961年到中国访问,他想通过访问探求毛泽东的人民战争思想。1961年蒙哥马利来到中国,他走了十几个地方,参观了革命圣地延安,解说员给他介绍毛泽东写的《论持久战》,蒙哥马利仿佛悟到了人民在革命战争中的力量。他说,这次来中国发现了两样东西,一条新规律,就是世界上的军队不能与共产党的地面部队作战;一样新武器,就是中国军队实行军民一致、军政一致、官兵一致,魅力巨大。后来,蒙哥马利说过一段令人深思的话:任何一位不知深浅的西方军事家,若贸然攻打中国,必将陷入不可自拔的汪洋大海,最后被拖垮,以致惨败。中华人民共和国成立后,帝国主义之所以不敢对我国轻举妄动,一个重要原因就是惧怕我们的人民战争。不怕中国军队的现代化,就怕中国军队毛泽东化。历史经验证明,军事理论的威慑作用是巨大的。

(二)军事思想对国防和军队建设具有先导作用

先进的军事思想就像一面旗帜、一座灯塔。孙武提出的"知彼知己,百战不殆"的战争指导规律,已成为政治、外交斗争和进行经济建设的座右铭。先进的科学的军事思想贯穿着唯物论和辩证法。学习和研究军事思想,不仅可以学到正确的观察和解决问题的立场、观点和方法,而且可以学到把军事的基本原理同现实实际情况相结合的方法,正确地运用这些原理来解决实际问题,增强我们在工作中的原则性、系统性、预见性和创造性。大革命失败后,针对中国革命走什么样的道路、弱小的红军怎样才能打败强大的敌人等问题,毛泽东创造性地提出了武装割据的思想,开辟了井冈山革命根据地。"星星之火,可以燎原""十六字诀"的战略战术,使中国革命有了方向,红军发展有了指路明灯。"枪杆子里面出政权"为世界各国武装夺取政权指明了方向。

第二节　中国古代军事思想

中国古代军事思想是指我国在奴隶社会、封建社会时期对战争、军队和国防等基本问题的理性认识。

一、中国古代军事思想的形成与发展

中国古代军事思想的产生绝非偶然，它的产生与发展受到多种因素的影响。早期的战争以口耳相传的形式对中国古代军事思想的产生起了重要作用。中国古代军事思想的主要载体是古代的兵书，以出现早、数量大、种类多、内容丰富、哲理性强而闻名世界。

（一）中国古代军事思想的形成时期

公元前 21 世纪至公元前 8 世纪，即夏商周时期是我国古代军事思想的形成时期。其主要标志是出现了真正意义上的战争和兵书。我国最早的两部兵书《军政》《军志》就出现在这个时

> 中国最早的兵书:《军政》和《军志》是中国最早的两部兵书。由于缺乏记载,《军志》和《军政》的成书年代已不可确考。但从《左传》多次提及,可推测《军志》和《军政》至迟在西周晚期已经问世。《军政》是中国古代军事思想初步形成阶段的主要军事著作。与之同等的还有《军志》。《军志》是我国早已失散的一部古代兵书,也是迄今为止,发现的最早的一部兵书。《孙子兵法》中保留了《军政》的两条佚文。《军政》曰:"言不相闻,故为金鼓;视不相见,故为旌旗。"其意是说:"因相互间距离较远而听不见讲话,所以设置锣鼓;因相互间距离较远而看不见动作,所以设置旌旗"。

期。从奴隶社会到封建社会前期,我国军事思想的发展水平一直居于世界前列。据不完全统计,我国历代兵书多达 3 380 多部,23 500 多卷。其中,目前尚存的兵书多达 2 308 部,18 567 卷;比较有价值的多达几百部,被选入《世界百科全书》的 39 部。

（二）中国古代军事思想的成熟时期

春秋战国时期,是中国古代军事思想的成熟时期。这一时期,社会剧烈变革,争霸、兼并战争频繁、激烈,军事技术有所进步,学术思想上百家争鸣,中国古代军事思想出现了一个前所未有的兴盛时期。儒家、墨家、道家、法家等诸子百家典籍中有大量深邃的军事思想,而且涌现了孙武、吴起、孙膑等一大批兵学家,产生了《孙子兵法》《吴子》《司马法》《孙膑兵法》《尉缭子》等一大批兵学著作。其中的《孙子兵法》无论是在军事理论还是在哲学思想方面都达到了当时的最高水平,它以恢弘的思想、精深的理论和博大的体系,影响、哺育了中国历代军事思想家和无数将帅,是近代资产阶级军事理论的一个思想源泉,在世界军事史上具有划时代的意义。

（三）中国古代军事思想的发展期

秦汉到清代前期，是中国古代军事思想的发展期。著名的军事人物有蒙恬、韩信、曹操、成吉思汗、朱元璋、努尔哈赤等。随着武学的兴盛，《武经七书》成为将帅及武科举子的必读书。自宋朝以来，《武经七书》一直作为武学必读教材，被后人称为"中国古典军事著作精华"。《武经七书》即《孙子兵法》《吴子》《六韬》《司马法》《三略》《尉缭子》《李卫公问对》。此外，以《武备志》《武经总要》为代表的一些大型军事类书相继问世，明确区分军事门类，系统整理军事资料；出现有关军事训练、军事人物、兵制、守城、阵法、车营、火器等专题性兵书，反映了军事理论和军事技术研究的广泛深入。

二、中国古代军事思想基本内容

中国古代军事思想是中国古代千百次战争和大规模农民起义战争的经验总结，它是前人留下的宝贵军事遗产，也是中华民族灿烂文化遗产的重要组成部分。

（一）战争观

战争观是人们对战争的根本看法，包括对战争起源、战争本质、战争目的、避免战争的途径及战争与革命、战争与和平的关系等观点，它对认识和指导战争具有重要作用。

1. 以"仁"为本的战争观

这一思想大约形成于奴隶社会的初期，到奴隶社会的末期基本成熟，主要包括两层含义。一是战争支柱是以仁为本。《司马法·仁本第一》开宗明义："古者，以仁为本，以义治之之谓正。正不获意则权。"仁者使人亲，义者使人悦，此二者，才是凝聚战斗力的核心，才是赢得战争胜利的基础。二是战争准则是师出有名。《礼记·檀弓下》主张"师必有名"，认为师出无名，必将遭到众人的反对，定成败局。

2. 关于战争的起因

古代对战争起因的认识总的来说是一个从唯心到唯物的认识发展过程。具体来说，有以下几种观点：宗教战争起因论，认为战争是由一种超自然的力量决定的；自然主义战争起因论，认为战争是人类固有的习性，是人类生活中自然和永恒的现象；物质战争起因论，认为战争是由于人谋求物质的欲望和手段没有得到控制所致；私有制战争起因论，当时人们把古代社会划分为"大同"和"小康"两个阶段，认为小康社会有战争，大同社会没有战争。

3. 战争与政治的关系

关于战争与政治的关系，尉缭子认为，兵者，以武为植，以文为种；武为表，文为里。能审此二者，知胜败类。战争与政治，军事是从属的，政治是基本的；军事是现象，政治是本质,能分清二者的关系,就懂得胜败的道理了。他还认为,解决内外矛盾的时候,若用正常的方法——政治,达不到目的,就必须使用特殊手段——战争。说明了战争是政治的特殊手段的继续。孙子看到政治因素对战争胜负的决定作用,提出"令民与上同意""主孰有道"为决定战争胜负的"五事"(道、天、地、将、法)之首,这是人类认识战争本质上的一次重大进步。

(二)战争指导原则

1. 重战思想

认为战争是关系国家生死存亡的头等大事,不能不认真研究和对待。《孙子兵法》里讲:"兵者,国之大事,死生之地,存亡之道,不可不察也。"

2. 慎战思想

即慎重对待战争,不轻易言战。《孙子兵法》中这样写道:"亡国不可以复存,死者不可以复生,故明君慎之,良将警之。"

3. 备战思想

其意就是未雨绸缪。孙子受当时形势的影响和思想的熏陶,提出了必须重视备战的思想,并告诫人们思想上时刻不要忘记备战,做到"用兵之法,无恃其不来,恃吾有以待也;无恃其不攻,恃吾有所不可攻也"。

4. 善战思想

就是要会用兵打仗。一是注重以"道"为首要因素的多因素制胜论,"道"就是政治,是"令民与上同意也。故可以与之死,可以与之生,而不畏危也"。当然,在注重道的同时,"天、地、将、法"四个因素也不可忽视。二是庙算制胜论,庙算是古代开战前在庙堂举行军事会议,商讨与谋划战争的一种方式。《孙子兵法》主张战前要"算",要对战争全局进行计划和筹划,定出可行的战略方针。三是"诡道"制胜论,《孙子兵法》里讲道:"兵者,诡道也。"因此,他提出了"能而示之不能,用而示之不用,近而示之远,远而示之近。利而诱之,乱而取之,实而备之,强而避之,怒而挠之,卑而骄之,佚而劳之,亲而离之"的诡道之法,进而达到"攻其不备,出其不意"的目的。

(三)治军思想

治军思想是中国古代军事思想的重要组成部分。历代军事家在治军方面都强调依法治军,严格训练,严明赏罚和选贤任能。

1. 依法治军

必须以严明的纪律整饬军队,军队没有纪律就会打败仗。严明法令,身先士卒,就是将帅本身必须带头执行军纪,全军将士方能共同遵守。在马谡失街亭之后,诸葛亮即按军法斩杀马谡。曹操率军出征,战马跃入田中,损坏了老百姓的麦苗,违反了他颁布的"士卒无败麦,犯者死"的禁令,故割发代首。

2.恩威并施,赏罚严明

军法是严行赏罚的依据,但只是依法办事,并不能完全达到以治为胜的目的,还要恩威并施,处理好两者的相互关系,才能达到良好的效果。如果只强调纪律而忽视奖罚,就会出现"怨法而不畏法"的状况,也就是下级对上级的命令有怨言,没有真正从内心敬畏法律;同样,如果没有纪律作为保证,一味的表扬,就会出现"恃恩而不感恩"的状况。

(四)战略战术思想

战略是指导战争全局的方略。战术是直接指导和进行战斗的方法。古代战略和战术并没有明显的界限,有些思想既是战略思想,又是战术思想。

1."不战则已,战则必胜"的指导原则

孙子提出的"四战"思想(重战思想、慎战思想、备战思想、善战思想),构成了"不战则已,战则必胜"的战争指导原则。

2."知彼知己,百战不殆"的指导思想

《孙子兵法·谋攻篇》中写道:"知彼知己,百战不殆;不知彼而知己,一胜一负;不知彼不知己,每战必殆。"毛泽东对此曾有过高度评价,在《论持久战》一文中指出,战争不是神物,仍是世间的一种必然运动,因此,《孙子》的规律"知彼知己,百战不殆",仍是科学的真理。"知彼知己,百战不殆",不仅仅对战争有指导意义,而且对政治、外交、经济乃至个人的工作生活都有一定帮助。

3."不战而屈人之兵"的"全胜"战略

自古以来,战争的直接目的就在于保存自己、消灭敌人,而最高和最理想的目标就是不战而屈人之兵。"故百战百胜,非善之善者;不战而屈人之兵,善之善者也。"因此,"善用兵者,屈人之兵而非战也,拔人之城而非攻也,毁人之国而非久也。必以全争于天下。故兵不顿而利可全,此谋攻之法也"。孙子这一思想的提出,不仅具有深远的历史意义,而且对现实有指导价值。

4.奇正结合制胜

作战要根据战场的具体情况,灵活且有针对性地采取制胜方法。"凡战者,以正合(合力攻击),以奇胜(奇兵制胜)。"奇正是中国古代一对重要的军事矛盾,历代兵家多有阐述和运用。奇正的含义广泛,一般说来,常法为正,变法为奇,分而言之,在兵力使用上,守备、钳制的为正兵,机动突击的为奇兵;在作战方式上,正面进攻、明攻的为正兵,迂回、侧击、偷袭的为奇兵;在作战方法上,按一般原则作战的为正兵,采取特殊战法的为奇兵。奇正充分体现了用兵的机动灵活性,出奇制胜的高妙之处在于攻击敌人无备与虚弱之处。

三、中国古代主要军事著作简介

(一)《孙子兵法》

又称《孙子》《吴孙子兵法》,它是世界公认的现存最古老的军事理论著作,列《武经七书》之首,作者孙武,春秋末期齐国乐安(今山东省惠民县)人。

据考证,《孙子兵法》约成书于春秋战国之交(公元前496年—前453年)。现存本全书分始计篇、作战篇、谋攻篇、军形篇、兵势篇、虚实篇、军争篇、九变篇、行军篇、地形篇、九地篇、火攻篇、用间篇,共13篇。

《孙子兵法》系统总结了春秋末期及以前的战争经验,内容博大精深,在一定程度上反映了战争的一般规律,具有深刻的谋略思想。它以决定战争胜负的"道、天、地、将、法"五个要素为经线,以战争的一般进程为纬线,阐述军事斗争必须巧妙地运用权谋,认为用全胜的方略争胜于天下,"不战而屈人之兵"才是最高明的军事家所追求的最理想的战争结局。它打破了奴隶社会的天命观,以朴素的辩证法和唯物主义思想,指出战争获胜不取决于鬼神,而取决于客观条件的"五事七计",只有做到"知彼知己",才可以"百战不殆"。

明代茅元仪在他所著的《武备志》中曾这样评论《孙子兵法》:"前孙子者,孙子不遗;后孙子者,不能遗孙子。"这里不免带有溢美之词,却反映出它作为中国古代军事思想精华的重要地位。《孙子兵法》被推崇为"兵学圣典""世界第一兵家名书"。

(二)《武经总要》

《武经总要》是宋康定年间,宋仁宗赵祯鉴于"武备懈弛",为提高将帅们的军事学术水平,特命天章阁待制曾公亮,工部侍郎、参知政事丁度负责,组织一批学者历时五年编撰的官方第一部兵书。

宋仁宗亲自为此书作序,并称该书"凡军旅之政,讨伐之事,经籍所载,史册所记,祖尚仁义,次以钤略,至若本朝戡乱边防御侮计谋方略,咸用概举"。全书共有40卷,分为前后两集,各20卷。前集第1至15卷重在论述军制、选将、料兵、攻城、守城、作战、水战、火攻等基本理论,其余5卷介绍边防、地理沿革、山川等;后集前15卷辑录了历代战例,比较用兵得失,其余5卷讲阴阳占候等。《武经总要》内容丰富,完整地记述了北宋前期的军事制度、战术和技术,并详举战例,既言法,又言事,将理论与实践相结合来说明问题,"使人彰往察来",发人深省,广泛介绍兵器、火器、战船等军用器具,并且大量附图,图文并茂,是我国古代军事史上的重要典籍,对于研究中国古代战争史、军事学术史和兵器技术史,有较高的参考价值。

（三）《纪效新书》《练兵实纪》

《纪效新书》和《练兵实纪》是姊妹篇，是中国古代著名的兵书，由明代抗倭名将、民族英雄戚继光著，成书时间约在嘉靖三十九年（1560年）前后。

《纪效新书》从多方面阐述了练兵的重要意义、基本原则和方法，是戚继光军事实践经验的总结和建军、作战思想的集中体现。《练兵实纪》则以练兵为主，兼及练将，阐述了士兵的单兵训练、营阵训练，将官的素质、培养、选拔的原则方法等，反映了在火器大量装备部队的情况下，其治军、作战和边防建设的思想。

《纪效新书》与《练兵实纪》记录了戚继光的军事思想，说明了他练兵、作战的方法是根据敌情、我情和地形等条件的变化而变化的，体现了从单兵教练到大军统率合练的全部训练内容，也反映在当时历史条件下海防边防斗争的战略、战术思想，它们是我国古代兵书中系统完整，且富有实效的军事训练专著，为兵家所推重，流传极广。

第三节　当代中国军事思想

20世纪20年代以来，中国军事思想发生了阶段性变化。中国共产党人把马克思列宁主义的基本原理与中国革命和社会主义建设相结合，相继产生了毛泽东军事思想、邓小平新时期军队建设思想、江泽民国防和军队建设思想、胡锦涛国防和军队建设思想以及习近平强军思想。

一、毛泽东军事思想

毛泽东军事思想是以毛泽东为主要代表的中国共产党人关于当代中国革命战争、革命军队和国防建设的科学理论体系，是马克思列宁主义同中国革命实际相结合的产物，是中国人民革命战争和国防建设实践经验的科学总结，是以毛泽东为代表的中国共产党人集体智慧的结晶，是毛泽东思想的重要组成部分。

> **延伸阅读**
>
> 古田会议：是红四军在1929年12月28日至29日在福建省龙岩市上杭县古田召开的第九次党的代表大会。是中国共产党历史上的一次重要会议，会议认真总结了南昌起义以来建军建党的经验，确立了人民军队建设的基本原则，核心内容党指挥枪，不是枪指挥党，重申了党对红军实行绝对领导，规定了红军的性质、宗旨和任务等事关党的事业兴衰成败的根本性问题。由毛泽东同志起草的著名的古田会议决议的第一部分《关于纠正党内的错误思想》，是中国共产党及其领导的人民军队建设的纲领性文献，其精神至今仍然是人民解放军行动的基本遵循和原则。

（一）毛泽东军事思想的产生、形成和发展

中国共产党成立至遵义会议前，是毛泽东军事思想的产生时期。从"三湾改编"到"古田会议"，毛泽东提出并制定了一套较为完整的建军原则。在这期间，作为毛泽东军事思想主要组成部分的人民军队、人民战争、人民战争的战略战术等内容已初具轮廓。

从遵义会议至抗日战争胜利，是毛泽东军事思想科学体系的形成时期。遵义会议是肯定毛泽东军事思想并推向体系化的起点，后又通过抗日战争时期的丰富和发展，所涉及的内容，已不是战争的个别问题，而是全面深入地阐明建设人民军队、进行人民战争和人民战争的战略战术的系统理论。

抗日战争胜利后，经过解放战争以及社会主义建设时期，毛泽东军事思想得到全面发展。在指导战争问题上，毛泽东不仅使战略防御和运动战理论有了发展，而且还创立了战略进攻、战略决战和战略追击等系统理论。在建军方面，毛泽东提出加强技术兵种建设，指明了军队现代化、正规化建设的方向。中华人民共和国成立后，毛泽东提出了当时条件下进行反侵略战争和建军的一系列理论原则，提出要建设现代化、正规化的国防军，发展尖端国防科技和全民皆兵的思想，指出要在大力发展国民经济，增强国家经济实力的基础上，建立完整的国防体系。

（二）毛泽东军事思想的主要内容

毛泽东军事思想是一个完整的科学体系，它主要包括战争观和军事方法论、人民军队思想、人民战争思想、人民战争的战略战术思想、国防建设思想等五个部分。

1. 战争观和军事方法论

毛泽东运用辩证唯物主义和历史唯物主义的基本原理，对战争的基本问题作了系统深刻的论述，对战争的根源和本质作了精辟的论述。他说，战争——从有私有财产和有阶级以来就开始了的，用以解决阶级和阶级、民族和民族、国家和国家、政治集团和政治集团之间、在一定发展阶段上的矛盾的一种最高的斗争形式。

战争是政治的继续。毛泽东继承和发展了马克思主义关于战争是政治的继续的观点。他明确指出："'战争是政治的继续'，在这点上说，战争就是政治，战争本身就是政治性质的行动，从古以来没有不带政治性的战争。""政治是不流血的战争，战争是流血的政治。"战争从属于政治，服务于政治。

战争的政治目的决定战争的性质。毛泽东对战争性质的区分和对战争应采取的态度问题作了精辟阐述。他指出："历史上的战争分为两类，一类是正义的，一类是非正义的。一切进步的战争都是正义的，一切阻碍进步的战争都是非正义的。"

毛泽东创造性地运用马克思主义辩证唯物主义和历史唯物主义的立场、观点和方法，系统地阐述了关于战争问题的认识论和方法论。毛泽东指出："战争情况的不同，决定着不同的战争指导规律。我们研究在各个不同历史阶段,各个不同性质、不同地域和民族的战争的指导规律,应该着眼其特点和着眼其发展,反对战争问题上的机械论。"认识和研究战争的目的在于确立指导战争的方法。毛泽东把这合乎战争客观规律的战争指导方法,比作"战争大海中的游泳术",称之为"战争指导规律"。战争的客观规律是随着社会政治、经济、军事、自然、地理诸条件,以及作战中的敌情、我情、民情和国际环境等情况的变化而变化的。因此,战争指导规律也是不断发展变化的。

2. 人民军队思想

人民军队思想也就是毛泽东关于人民军队建设的思想,是以毛泽东为代表的中国共产党人在马克思主义理论指导下,在长期革命战争实践中逐步形成的关于建设和治理人民军队的系统化的理性认识,是毛泽东军事思想科学体系的重要组成部分。

毛泽东结合中国的实际指出:"军队是国家政权的主要成分。""没有一个人民的军队,便没有人民的一切。"提出了"枪杆子里面出政权"和"党指挥枪"的思想,坚持中国共产党对军队的绝对领导,确保了人民军队的无产阶级性质。

中国共产党创造和领导的人民军队,不同于历史上任何剥削阶级的军队,也不同于为反抗封建地主阶级的统治而建立的农民军队。这个军队是无产阶级性质的、同人民群众保持密切联系的新型人民军队。全心全意为人民服务,是这个军队的宗旨。

3. 人民战争思想

人民战争思想,是毛泽东军事思想的核心,是中国人民革命战争的根本指导路线,是我军战略战术的基础。

人民战争是指广大人民群众为反抗阶级压迫或抵御外敌侵略而组织和武装起来进行的战争。人民战争具有两个基本属性:一是战争的正义性,这是进行人民战争的首要条件和政治基础。在毛泽东看来,战争的性质既取决于它的政治目的,又取决于它的社会效果,而其根本的标志在于是否符合广大人民群众的根本利益。二是战争的群众性,是指战争必须有广大人民群众的支持和参加,这是人民战争的重要标志。历史上凡是具备这两个特征的战争都可作人民战争。我党领导的人民战争,较之一般意义上的人民战争,群众性更广泛,革命性更彻底,组织性更严密。

中国革命战争的历史和实践证明,人民群众是人民军队赖以生存和发展的基础,是战争中一切力量的源泉,是战争胜负的决定力量。要准确地理解和把握人民战争思想就必须首先认识人民群众在战争中的作用。毛泽东曾说:"人民,只有人民,才是创造世界历史的动力。"这就是毛泽东人民战争思想的根本出发点和理论基础。

战争的正义性是实行人民战争的政治基础。战争是政治的继续,是为一定的阶级、政治集团的利益服务的。历史上的战争,虽然千差万别,但按其性质分:一类是正义战争,一类是非正义战争。正义战争是进步的,符合人民群众根本利益,人民群众不但真心拥护,积极支持,而且踊跃参加。相反,非正义战争是退步的,必然要遭到人民群众的坚决抵制和反对。战争的正义性是实行人民战争的政治基础,只有正义的革命战争,才能实行最广泛的人民战争。

战争胜负的决定因素是人不是物。人和武器是构成战斗力的两个基本要素,正确处理人与武器的关系,是人民战争思想的一个重要理论问题。

毛泽东根据历史唯物主义的基本原理,批判了"唯武器论"的观点,科学地阐明了人在战争中的地位和作用。他指出,武器是战争的重要因素,但不是决定因素,决定因素是人不是物。力量对比不但是军力和经济力的对比,而且是人力和人心的对比。决定战争胜败的是人民,而不是一两件新式武器。

4.人民战争的战略战术思想

毛泽东在指导中国革命战争的长期实践中,创立了一整套具有中国特色的人民战争的战略战术,它是毛泽东高超的战争指导艺术的总结,它揭示了中国革命战争的指导规律,是毛泽东军事思想精彩的组成部分,其内容十分丰富。

毛泽东指出:"从战略上看,必须如实地把帝国主义和一切反动派都看成纸老虎。从这点上,建立我们的战略思想。另一方面,它们又是活的铁的真的老虎,它们会吃人的。从这点上,建立我们的策略思想和战术思想。"毛泽东关于帝国主义和一切反动派既是"纸老虎",又是"真老虎"的论断,奠定了人民战争战略战术的基本原则。在战略上,敌人是纸老虎,我们要藐视它,树立敢打必胜的信心。在战术上,敌人又是真老虎,我们要重视它,讲究斗争策略和斗争艺术。

积极防御,又叫攻势防御,又叫决战防御。消极防御,又叫专守防御,又叫单纯防御。消极防御实际上是假防御,只有积极防御才是真防御,才是为了反攻和进攻的防御。这一论述深刻揭示了积极防御的实质和消极防御的要害,指明了积极防御的目的和必然进程。积极防御的战略思想,是把积极防御的一般原理、原则作为战略指导思想,用于指导战争全过程的一种战略理论。

集中优势兵力,各个歼灭敌人的原则,是人民战争的战略战术思想的重要组成部分,是我军的基本作战方法。打运动战,基本的要求是两条:你打你的,我打我的。毛泽东认为根据军事道理,简单的就是这么两句话。他还具体解释了这两句话:什么叫"你打你的"呢?就是你打我时,叫你找不到,到处扑空;什么叫"我打我的"呢?就是打得赢就打,打不赢就走。

人民战争的战略战术是在中国人民革命战争的历史条件下总结出来的科学方法，它充分体现了毛泽东指导战争的灵活性、机动性，故又称为灵活机动的战略战术。随着历史条件的发展，人民战争的战略战术将随客观条件的变化而发展，从而产生新的内容，增添新的活力。

5.国防建设思想

中华人民共和国成立前，在毛泽东军事思想的形成过程中，就有关于国防建设的论述。中华人民共和国成立后，毛泽东从实际情况出发，适应新形势新任务的需要，总结国防建设和国防斗争的实践经验，创立了国防建设思想。

必须建立巩固的国防。在中国革命取得胜利之后，帝国主义和国内反动派绝不甘心他们的失败，他们还会以各种方式从事破坏和捣乱。为了有效地抵御外来反动势力的侵略，保卫人民的胜利果实，保障社会主义革命和社会主义建设事业的顺利进行，胜利了的中国人民不能不建立巩固的国防。

必须建设强大的国防军。建设一支强大的国防军以保卫我国社会主义建设，抵御外来侵略，是和平时期人民军队建设的总方针和总任务。和平时期的军队建设，必须继承和发扬我军的优良传统，突出我军的特色；必须掌握精干政策，保持适度规模，注重质量建设；要不断加强军队的政治建设，坚持在战争年代建立的一系列基本原则和制度，经常对部队进行马克思主义理论和党的路线、方针、政策教育，抓好艰苦奋斗和共产主义道德教育，提倡又红又专，培养干部战士高度自觉的政治素质。

必须建立独立、完整的国防科技和国防工业体系。贯彻独立自主、自力更生和军民结合、平战结合的方针，根据国家的具体情况，形成合理的布局和规模。重视战略后方的建设，为未来反侵略战争提供可靠的战略依托。武器装备的发展要适合我军的特点，实行两条腿走路的方针，下决心把尖端技术搞上去，重视原子弹、氢弹、导弹的研制，以打破帝国主义的垄断和讹诈，同时大力改进常规武器，搞好常规武器的生产和配套。

必须建设强大的国防后备力量。我国实行三结合武装力量体制，民兵是未来反侵略战争中国家武装力量动员的基础，将民兵同预备役结合起来，建立统一的国防后备力量体制。经常不断地对广大人民群众进行国防教育，提高全民的国防观念，抓好对青少年的军训，有组织地在人民群众中间进行军事知识的教育和军事训练。

(三)毛泽东军事思想的历史地位

1.毛泽东军事思想创造性地丰富和发展了马克思主义军事理论宝库

毛泽东创新了马克思主义军事理论，指导了中国革命战争的胜利，缔造了新中国，使中华民族屹立于世界民族之林；开创了一条农村包围城市、武装夺取政权的革命道路;创建了一支新型的人民军队;发展了马克思主义人民战争思想;创造了适合中国特点的人民战争的战略战术;科学地阐明了关于研究和指导战争的战争观和方法论。

2.毛泽东军事思想在世界上有广泛而深远的影响

毛泽东军事思想的影响远远超出中国的国界和它产生的时代。首先,毛泽东军事思想在第三世界广为传播,成了被压迫民族和人民争取民族独立和解放的强大思想理论武器。毛泽东军事思想创造了在正义战争中以弱胜强的高超战争艺术,为被压迫民族和被压迫阶级在争取解放的正义战争中,提供了以小胜大、以劣势装备战胜优势装备之敌的成功范例。毛泽东作为军事战略家,是一位开路先锋,他的人民战争学说,对亚洲和非洲的历史发展的影响是不可估量的。其次,毛泽东军事思想对世界军事思想的发展做出了重大的贡献。毛泽东军事思想所揭示的军事规律达到了前所未有的深度和广度,是一座博大精深的军事理论宝库,在世界军事思想史上占有重要地位。再次,毛泽东军事思想受到世界各方面人士的重视,许多人对它进行探索和学习。美国前国务卿基辛格指出:“关于共产党军事理论的最好阐述,不见诸苏联的著作,而见诸中国的著作。”英国军事评论家巴特曼在《在东方的失败》一书中写道:“毛泽东是掌握打开这个时代军事奥秘之锁的全套钥匙的一个时代的人物。”

3.毛泽东军事思想始终是我军克敌制胜的法宝

毛泽东军事思想不仅正确揭示了中国战争的客观规律,而且揭示了战争的一般规律,论述了指导和研究战争的方法论等。毛泽东军事思想具有与时俱进的宝贵品质,强调理论要与战争环境相结合。1963年12月,毛泽东在一次与外国客人谈话时说,我这一辈子就是在打仗中过的,共打了22年。正是他的军事实践才产生了科学先进的军事理论。在科学技术发展日新月异,国际格局和战争形态发生了巨大变化的今天,毛泽东军事思想对指导我国军事理论创新,打赢信息化战争,仍具有重要的指导意义。无论过去、现在还是将来,毛泽东军事思想都是我军克敌制胜的法宝。

二、邓小平新时期军队建设思想

邓小平新时期军队建设思想是对马克思主义军事理论、毛泽东军事思想在新的历史条件下的创造性运用与发展,是以邓小平为代表的中国共产党人关于当代中国军事的科学理论体系,它是邓小平理论的重要组成部分,是毛泽东军事思想在新的历史条件下的继承和发展,是中国化了的、最具有时代特色的当代马克思主义军事理论。

(一)邓小平新时期军队建设思想的形成和发展

1.1975年至1978年12月党的十一届三中全会为初步形成阶段

1975年1月,邓小平同志被任命为中共中央军委副主席兼中国人民解放军总参谋长,主持军委日常工作,在党的十一届二中全会上当选中央政治局常委。邓小平在这一时期先后发表了《军队要整顿》《解放思想,实事求是,团结一致向前看》等一系列重要讲话,就新时期军队建设问题提出了许多重要的论断和方针,指导我军各方面的工作胜利地实现了拨乱反正,为在新的历史条件下研究新情况、解决新问题,全面推进军队和国防现代化建设铺平了道路。

2.1978年12月党的十一届三中全会至1985年军委扩大会议召开为全面成熟阶段

1978年12月,党的十一届三中全会召开,实现了党的工作重心的转移。这次全会在思想上、政治上和组织上全面地恢复和重新确立了马克思主义的正确路线,军队建设也进入了新的发展时期。1980年秋,中央军委将"积极防御,诱敌深入"的战略方针调整为"积极防御"的方针,使我军战略指导思想更加明确。1981年6月,在党的十一届六中全会上,邓小平同志当选为中央军委主席。之后,先后发表了《现代战争要取得制空权》等重要讲话。邓小平从国家发展战略的高度,本着解放思想、实事求是的精神,分析了我军建设所处的国际环境、国内条件,现代科学技术对战争方式的影响及其对军队建设的要求,在党和国家工作重心转移后对新时期军队建设进行了总体设计,提出了军队建设的总目标和总任务以及基本指导思想,使邓小平新时期军队建设思想形成了一个完整的科学理论体系。

3.1985年6月军委扩大会议以后为丰富发展阶段

在这一阶段,邓小平就我军在改革开放不断深入的新形势下,如何更好地履行自己的职能,提出了关于军队建设的重大理论原则并进一步明确了军队的性质、任务和地位作用。1989年6月,邓小平发表重要讲话,为新时期军队建设进一步指明了方向。同年召开的党的十三届五中全会批准邓小平辞去军委主席的请求之后,邓小平仍然继续关心着国家和军队的建设,进一步丰富和发展了新时期军队建设思想的科学体系。

(二)邓小平新时期军队建设思想的主要内容

邓小平新时期军队建设思想的内容是极其丰富的,概括起来主要有三个部分。

1.新时期军队和国防建设的指导思想

邓小平同志运用马克思主义的立场、观点、方法,对国际形势及战争与和平问题进行了认真的分析,作出了和平与发展是当代世界两大主题的科学判断,并依据这一科学判断,作出了军队建设指导思想实行战略性转变的重大决策。这不仅是邓小平新时期军队建设思想的一个重要内容,也是邓小平新时期军队建设思想科学体系赖以产生和发展的重要基础。

社会主义初级阶段,必须坚持以经济建设为中心,军队建设要服从国家经济建设这个大局,并与经济建设协调发展。这是邓小平同志对新时期军队和国防建设提出的一条基本原则。

军队作为国家利益的捍卫者,要以维护国家利益为最高职责。邓小平同志明确指出,中国的国家利益问题,一个就是根治贫穷,巩固和发展社会主义;再一个就是维护和平,捍卫国家的独立、统一和安全。在国际战略格局发生历史性变动的情况下,面对霸权主义和强权政治,面对西方敌对势力对中国推行"西化"和"分化"的政治图谋,邓小平同志严肃指出,确保国家的主权和安全不受侵犯,是我们的一贯立场和不可动摇的基本原则。中国人民解放军是人民民主专政的坚强柱石,是捍卫社会主义祖国的钢铁长城,是建设有中国特色社会主义的重要力量。邓小平同志要求军队担当起维护国家主权和安全的历史责任,时刻保持高度警惕,扎扎实实做好反侵略战争的准备,保卫世界和平,保卫祖国领土的安全,为争取台湾早日回归祖国,实现祖国统一大业作出新的贡献。

2. 新时期军队和国防建设的战略目标

1981年9月,邓小平同志向全军发出"必须把我军建设成为一支强大的现代化、正规化的革命军队"的伟大号召,从而为新时期人民军队的全面建设确立了"三化"建设总目标。

实现"三化"建设的总目标,是新时期保卫国家安全实现国家发展战略的需要。我军是人民民主专政的坚强柱石,是保卫社会主义祖国的钢铁长城,是建设有中国特色社会主义的重要力量,肩负着维护国家主权和领土完整,捍卫社会主义制度,保卫人民和平劳动的神圣使命。进入新的历史时期,我军在履行历史使命的条件和能力上面临着一系列新的挑战,面对新的挑战,我军要有效地履行党和人民赋予的神圣使命,就必须自觉按照革命化、现代化和正规化的要求,高标准地加强部队的全面建设,真正把我军建设强大。

坚持人民军队的性质,是军队革命化建设的根本问题。建设强大的现代化正规化革命军队,必须把革命化建设放在第一位,始终不渝地坚持人民军队的革命性质。坚持人民军队的性质,关系军队建设全局,决定军队发展方向,是军队革命化建设需要解决的根本问题。针对新的情况和问题,邓小平同志明确指出,军队要始终不渝地坚持自己的性质。这个性质是,党的军队,人民的军队,社会主义国家的军队。军队要永远忠于党,忠于国家,忠于人民,忠于社会主义。

加强军队现代化建设,是邓小平关于建设强大的现代化正规化革命军队总目标中的核心问题。其基本精神是,军队建设必须坚持以现代化为中心,努力提高我军现代化水平,以适应履行军队的根本职能及现代战争的需要。

新时期军队建设必须以现代化建设为中心。以现代化为中心是由军队建设面临的主要矛盾决定的。当前,我军建设面临的主要矛盾是我军现代化水平与现代战争需要不相适应的问题。要解决这个矛盾,就要坚持以现代化为中心,把现代化建设摆在全军工作的中心位置。以现代化为中心是出自国家安全需要。邓小平同志指出,中国这么大,这么复杂,即使只讲国内,不考虑国际因素,也要搞点现代化的东西。军队现代化,是国家实现四个现代化建设目标的有机组成部分。军队实现现代化,不仅能够有效地保卫社会主义国家的安全发展,而且可以有力地推动和促进国家现代化建设的发展。

军队现代化关键在人的现代化。现代化军事人才是关系军队现代化建设的战略全局问题。邓小平同志指出:"我们面临的一个严重问题,不是四个现代化的路线、方针对不对,而是缺少一大批实现这个路线、方针的人才。"现代化军事人才是赢得高技术战争胜利的决定因素。邓小平同志认为,在现代高技术条件下要夺取战争的胜利,除了要比以往任何时候都要更加重视军队的武器装备建设、提高武器装备的现代化水平外,更重要的是培养现代化的军事人才,人的因素在任何时候、任何情况下都是决定的因素。

加速武器装备的现代化。武器装备现代化是军队现代化的主要标志和物质基础,也是赢得现代战争的重要条件。军队战斗力的强弱,在其他条件相同的情况下,将更加取决于武器装备的先进程度。面对未来信息化战争的严峻挑战,我们必须加速武器装备现代化建设。邓小平同志立足于我国我军的现实情况,提出了我国发展武器装备的基本要求。其中主要的有:服从国家经济建设大局,在国力允许的条件下加快发展;根据战略需要,确保重点项目;坚持科研先行,质量第一;既要坚持独立自主,又要积极引进国外的先进技术等。

建立适应现代战争的体制编制。体制编制是实现人与武器有机结合的组织形式。邓小平同志说:"真正说到底,我们军队成堆的问题、核心的问题是什么?不是这个人那个人的问题,而是机构臃肿,人浮于事,这是最根本的。"改革体制编制首先要解决"肿"的问题,"消肿"有利于提高战斗力,"消肿"有利于改善武器装备,"消肿"有利于军队人才的选拔和培养,"消肿"有利于克服官僚主义,提高工作效率。科学地调整部队的结构,是实现体制编制现代化的重要组成部分。

正规化是革命化现代化建设的必然要求和重要条件。加强军队正规化建设,主要是加强军队在组织、管理和制度等方面规范化建设。通过加强正规化建设,实现军队的高度集中统一。正规化建设的主要内容是:坚持依法治军,加强组织纪律,加强管理,全面建立战备、训练、工作、生活等方面的正常秩序;建立适应现代战争要求的科学的体制编制,使部队的组织编制逐步适应未来作战任务、武器装备发展、部队训练和管理的需要;强化体制编制的权威性和科学性等。

3. 关于新时期军队建设的正确道路

邓小平新时期军队建设思想不仅规定了新时期军队建设的目标和任务,同时指出了实现目标和任务的根本途径。内容包括把教育训练提高到战略地位,坚定不移地走有中国特色的精兵之路,军队和国防建设是全党和全国人民的事业。核心是走有中国特色的精兵之路。

军队作为特殊的武装集团,是一支暴力工具,它所释放的能量,从根本上讲就是战斗力。我军担负着巩固国防,抵御侵略,保卫国家安全和领土主权完整的神圣使命,它的根本职能就是战斗队。在整个军队建设中,必须把提高战斗力作为一切工作的出发点和落脚点,作为检验各项工作的根本标准。

军队的战斗力是数量和质量的统一。军队数量是由国情、军情决定的。我国领土领海广阔,我军现代化水平还不高,保持一定的数量是很有必要的。但是应该看到,随着科学技术的迅猛发展和高技术兵器在军事领域的广泛运用,现代战争形态已经发生了重大变化,对军队现代化水平要求更高了。争夺质量优势,已经成为当今世界各个主要国家军队建设的一个重要发展趋势。

新时期军队的质量建设是一个复杂的系统工程,涉及军队建设的各个方面,需要从多方面努力。在这方面,邓小平突出强调的是精兵、利器、合成。

(三)邓小平新时期军队建设思想的历史地位

1.邓小平新时期军队建设思想是毛泽东军事思想的继承和发展

邓小平对丰富和发展毛泽东军事思想的理论贡献主要体现在以下几个方面:一是对战争与和平问题提出了新的论断;二是与社会主义现代化建设的要求相适应,确定了国防建设的总目标是实现现代化;三是提出并实行国防与军队建设指导思想的战略性转变,使国防与军队建设真正走上和平时期建设的轨道;四是贯彻党在社会主义初级阶段的基本路线,确定了国防建设、军队建设要服从国家经济建设大局的基本原则;五是根据新的历史条件,提出了军队建设的一系列新观点、新原则;六是提出军事改革是国防现代化的根本出路,是社会主义国家制度自我完善的重要方面;七是根据现代科学技术的发展和国际战略形势的变化,重新明确了我军在新的历史时期要继续坚持积极防御的战略方针。

2.邓小平新时期军队建设思想是邓小平理论的重要组成部分

邓小平新时期军队建设思想是邓小平建设有中国特色社会主义理论体系的重要组成部分,其历史地位是与邓小平理论的整个科学体系历史地联系在一起的。

邓小平新时期军队建设思想的产生、形成和发展与邓小平理论体系的形成和发展具有共同的实践基础。邓小平将四个现代化建设作为一个整体来考虑,在建设现代化人民军队方面,做出了一系列重要决策,确立了包括基本目标、根本任务、发展道路在内的完整的指导思想和指导原则。

邓小平新时期军队建设思想是邓小平理论的基本内容在军事领域的延伸和具体化。邓小平提出的"一个中心,两个基本点"的基本路线是邓小平理论的核心内容,也是新时期军队建设思想的灵魂,按照基本路线来建设军队,全军指战员执行和捍卫党的基本路线就成了我军历史性的任务;以经济建设为中心,解放和发展社会生产力是邓小平理论所规定的根本任务,正是这一点规定了军队建设要服从和服务于国家建设这个大局,而在这个大局下行动,就能为建设现代化正规化的革命军队提供充分的保障。

邓小平新时期军队建设思想是邓小平理论所坚持的科学世界观和方法论在军事领域的贯彻和运用。解放思想、实事求是既是邓小平理论的精髓,也是新时期军队建设思想的精髓。解放思想、实事求是是新时期军队建设思想生长的历史起点,也是它作为一个严密科学体系的逻辑起点。正是在这一思想的指导下,我们恢复和发展了党的建军传统,冲破了世界大战具有不可避免性的观点,提出了和平与发展的时代主题。实现了军队建设指导思想的战略性转变,突破了各种旧的传统观念的束缚,认识到高技术对军队建设的影响,在战略方针上提出了立足于打赢现代技术特别是信息技术条件下的局部战争问题,开辟了建设有中国特色的精兵之路。

3. 邓小平新时期军队建设思想是新时期军事斗争和军队建设的科学指南

邓小平新时期军队建设思想揭示了相对和平时期国防和军队建设的基本规律。其主要成就有:科学地揭示了相对和平时期军队建设同经济建设相互作用的基本规律;军队建设各要素和各方面相互作用与影响的基本规律;军队建设中数量与质量相互制约与转化的基本规律;和平时期军队战斗力生成的基本规律;综合国力同军队战斗力之间相互转化与促进的基本规律。

邓小平总结了国内外军队建设的一般规律和原则,紧紧抓住我军建设的主要矛盾,创造性地回答和解决了新时期我军建设有待解决的一系列重大理论和实际问题,为我军建设指明了方向。

三、江泽民国防和军队建设思想

江泽民国防和军队建设思想是以江泽民同志为核心的中国共产党第三代领导集体,在领导国防和军队现代化建设的实践中,按照"三个代表"重要思想所体现的时代性和先进性的要求,紧紧围绕解决"打得赢、不变质"两个历史性课题而创立的军事指导理论。

(一)江泽民国防和军队建设思想的形成过程

江泽民国防和军队建设思想的形成和发展,大致可以分为以下三个阶段。

1. 1989年11月至1993年,军事斗争准备基点实行根本性转变思想的提出

江泽民领导中央军委工作后,我国军队建设面临着"战场"与"市场"的两大考验。海湾战争爆发后,江泽民就提出要研究现代战争。1990年12月在总参工作会议上提出了军队建设的基本标准:"政治合格、军事过硬、纪律严明、保障有力",在次年的七一讲话中

又补充了"作风优良",形成了"五句话"总要求;1993年初中央军委制定了新时期积极防御的军事战略方针,我军建设产生了新的飞跃,全军上下掀起了研究高技术局部战争的热潮。这一阶段的重要理论标志是军事斗争准备基点实行根本性转变思想的提出。

20世纪80年代以后,科学技术广泛应用于军事领域,高技术局部战争成为现代战争的主要方式。江泽民在1993年明确提出,要把军事斗争准备的基点放在打赢现代技术特别是高技术条件下的局部战争上。这是军事斗争准备基点的根本性转变。江泽民提出军事斗争准备的基点实行根本性转变,实际上是"打什么仗""仗怎么打"问题的转变,这对新形势下提高我军的战斗力具有重大的历史意义和现实指导意义。

2.1994年至1997年,"两个历史性课题"思想的提出

这期间,我军制定了《"九五"期间军队建设计划纲要》,全军上下深入贯彻新时期军事战略方针,加快了军队的质量建设。1996年3月,我军在东南沿海举行了气势磅礴的诸兵种联合作战实兵实弹演习,这次演习标志着我军的现代化水平和在现代条件特别是高技术条件下的防卫作战能力都有了新的提高。这一阶段的理论标志是两个历史性课题思想的提出。"一个是在复杂的国际环境中,我军能不能跟上世界军事发展的趋势,打赢未来可能发生的高技术战争;另一个是在社会主义市场经济和对外开放条件下,我军能不能保持人民军队的性质、本色和作风,始终成为党绝对领导下的革命军队。"简要地说,就是"打得赢、不变质"。

3.1998年至2004年3月,军队建设主要矛盾思想的提出

这一阶段的重要理论标志是军队建设主要矛盾的提出,特别是1999年总结出军队建设的若干条决策,使江泽民国防和军队建设思想更加系统化,基本形成了江泽民国防和军队建设思想的科学体系。

江泽民指出:"当前我军建设面临的主要矛盾是现代化水平与现代战争需要还不相适应。"江泽民关于我军建设主要矛盾的论述,既体现了马克思主义的基本原理和我们党的优良传统,又符合我军的实际。马克思主义认为,主要矛盾在事物的发展过程中起着主导的、决定的作用。抓住了主要矛盾,一切问题就迎刃而解了。社会的主要矛盾决定党的中心任务。党的十一届三中全会以来,我们党重新明确我国社会的主要矛盾是人民日益增长的物质文化生活的需要同落后的社会生产力之间的矛盾,明确了社会主义社会的根本任务是发展生产力,使我国的社会主义现代化建设重新走上了健康发展的轨道。实践说明,对我国社会和我军建设主要矛盾的判断正确与否,关系党的事业兴衰成败,关系军队的发展壮大。

江泽民关于军队建设主要矛盾的思想,具有重大的理论意义和现实指导意义。这一思想是对马克思主义矛盾学说在军队建设中的运用和发展,丰富了马克思主义的军事辩证法思想。这一思想为我军坚定不移地坚持以现代化建设为中心奠定了理论基础,只要军队建设的主要矛盾不变,我们就要像国家建设必须坚定不移地坚持以经济建

设为中心那样,紧紧抓住军队现代化建设这个中心不放,其他工作必须服从和服务于这个中心。这一思想为军队建设提出了根本的目标,即要打赢高技术局部战争。军队的各项工作都要着眼于实现这个目标,并用这个标准来检验。

（二）江泽民国防和军队建设思想的主要内容

1. 贯彻新时期积极防御的军事战略方针,打赢高技术条件下的局部战争

在新的历史条件下,江泽民强调,现代局部战争受政治、经济、外交因素的制约大,军事行动只是整个政治、外交斗争的一个组成部分,军事战略指导一定要有政治头脑、政策观念和大局意识。军事上打与不打,打到什么程度,要达成什么目标,都要按照"有理、有利、有节"的原则进行,牢牢掌握斗争的主动权。"有理"就是坚持战略上的防御和后发制人,做到师出有名,在政治上、外交上取得主动;"有利"就是把握有利的时机和条件,不战则已,战则必胜;"有节"就是掌握军事斗争的火候,适可而止,在适当的胜利后结束军事行动。同时,军事斗争要积极配合政治、外交和经济斗争,以维护世界和平和地区稳定,努力改善国家的安全环境。

未来军事斗争的基点要放在打赢高技术条件下的局部战争上,要研究现代技术特别是高技术条件下的局部战争的特点和规律。军队的头等任务就是作好军事斗争准备。

2. 坚持党对军队的绝对领导,按照"五句话"总要求全面建设军队

以江泽民为核心的第三代领导集体,把邓小平新时期军队质量建设、走精兵之路的思想作为新时期军队建设的重要指导思想。

始终不渝地坚持党对军队的绝对领导,在市场经济条件下确保人民军队的本色,是新的历史条件下军队建设亟待解决的重大问题,也成为江泽民在新时期治军规律和特点的一个探讨和总结。

江泽民提出了"五句话"的总要求,这就是政治合格、军事过硬、作风优良、纪律严明、保障有力。江泽民提出这"五句话"的总要求,既规定了军队建设的方向,又明确了军队质量建设的标准,"五句话"是推动我军质量建设,全面提高战斗力的总要求,又是实现军队建设总目标的基本依据,它已经成为我军实现"三化"目标建设的一个总的指导依据。

江泽民国防和军队建设思想中有一个非常重要的思想,即科技强军。江泽民关于科技强军的思想,就是真正确立起了科学技术是非常重要的战斗力这么一个思想,这么一个观念,就是要向科学技术要战斗力,要依靠科技进步,才能真正实现军队和国防建设现代化。

1997年底,江泽民在提出国防和军队建设发展战略时,首次提出"我军建设跨越式发展"问题。江泽民指出,面对世界新军事革命的挑战,我军建设必须实行跨越式发展。跨越式发展是江泽民关于推进国防和军队建设思想的一个重要的战略思想,在这个重要的战略思想中,江泽民提出了我军机械化和信息化建设的双重历史任务,为新形势下我国国防和军队建设赶超世界先进水平指明了发展方向。跨越式发展的精神实质为:

抓住难得的历史机遇,大胆创新,跨越发达国家国防和军队建设一般发展过程中的某一阶段、某种发展方式和若干发展步骤,以跨越换取时间,以跨越换取速度,最终实现以较少的投入换取最大的效益,来加速国防和军队建设的现代化速度。

3.确立科技强军思想,建设强大的现代化国防

加快国防科技和武器装备现代化建设也是江泽民国防和军队建设思想的一个非常重要的内容。江泽民明确提出了要加快国防科技和武器装备现代化的思想。必须把国防科技发展和军队装备建设放在突出地位。提高武器装备的科技水平,要有制敌的"杀手锏",改进现有的武器装备,提高武器装备的配套能力。

要建立科学的编制体制。军队的编制体制是军队建设的重要内容,是影响战斗力的重要因素。因此,建立科学的编制体制至关重要。江泽民指出,在现代战争中,兵不在多而在精,加强军队建设不能只在数量上打主意,也不能单纯靠部队的数量来解决问题,要压缩规模、优化结构、理顺关系,把编制体制搞得更科学,把部队搞得更精干,进一步提高战斗力,也就是向精兵、合成、高效方面发展。

国防和军队现代化建设"三步走"的战略。第一步,从1997年到2010年,努力实现新时期战略方针提出的各项要求,为国防和军队现代化建设打下坚实的基础;第二步,到21世纪的第二个十年,使国防和军队现代化建设有一个较大的发展;第三步,再经过三十年的努力,到21世纪中叶,实现国防和军队现代化。这个"三步走"的发展战略,指明了军队现代化建设和发展的阶段和我们要达到的目标。

4.从国际关系全局和维护国家主权、领土完整的大局思考国防和军队建设问题

科学地把握时代特征,维护国家主权和领土完整,是江泽民国防和军队建设思想一项重要内容。在正确认识战争与和平问题,确立新的安全观等战略思想的基础上,江泽民作为党的第三代领导核心,以超越的胆识和战略思维,领导和展开了一个气势恢宏的国际战略谋划,在实践中进一步发展了关于战争与和平理论。具体讲主要表现在:一是在国际政治舞台上要充分发挥和维护联合国的地位与作用;二是要同世界大国发展和保持良好的关系;三是要营造安全稳定的周边环境;四是要确立和建设有效的亚太安全合作机制;五是提出强边固防是我们发展睦邻友好关系的基础工程。

(三)江泽民国防和军队建设思想的指导意义

1.江泽民国防和军队建设思想从根本上回答了新形势下我军建设的一系列重大问题

江泽民国防和军队建设思想在特定的历史条件下,在不断解决军队建设一系列重大问题的实践中,形成了较为完整的国防和军队建设的理论体系,标志着我们党对国防和军队建设规律的认识达到了一个新的高度和新的水平。

2.江泽民国防和军队建设是马克思主义军事理论中国化的又一次历史飞跃

建设一支什么样的军队,怎样建设军队,这是无产阶级军事理论的一项重大的问题,以江泽民为核心的党的第三代领导集体,着眼世界多极化、经济全球化、信息网络化、新军事革命兴起的时代特征,在我国加快改革开放,建设和发展社会主义市场经济的背景下,明确地提出要着眼打赢现代条件下,特别是高技术局部战争条件下我军建设的目标和任务,系统地阐述了新形势下国防建设的一系列方针原则、途径措施和方法步骤,从而形成了国防和军队建设新的科学理论体系,实现了马克思主义军事理论中国化的又一次飞跃。

3.江泽民国防和军队建设思想是新形势下我军建设和军事斗争的科学指南

江泽民作为党的第三代领导核心,全面继承、极大丰富和创造性地发展了邓小平新时期军队建设思想,提出了新的历史条件下国防和军队建设思想,为我军迎接挑战加快发展提供了新的科学理论指导。牢固确立江泽民国防和军队建设思想的指导地位,是坚持马克思主义军事理论、毛泽东军事思想和邓小平新时期军队建设思想的必然要求,是军队建设事业继往开来的重要保证。江泽民国防和军队建设思想是适应国际局势深刻变化建设强大的国防、瞄准世界军事发展前沿,提高我军现代化建设水平,应对民族分裂势力挑战做好各项军事斗争准备的科学行动指南。

四、胡锦涛国防和军队建设思想

胡锦涛国防和军队建设思想是胡锦涛关于新世纪新阶段我国军事战略、国防建设和军队建设的理论体系,是以胡锦涛为总书记的党中央,根据新时期新阶段的国际战略格局、国家安全形势和经济全球化趋势而制定的我国国防建设和军队建设的纲领、路线、方针、政策,是对毛泽东军事思想、邓小平新时期军队建设思想和江泽民国防和军队建设思想成果的继承和发展。

(一)胡锦涛国防和军队建设思想的历史背景

1.着眼时代发展要求和国家战略全局的准确把握

胡锦涛深刻洞察国际国内形势,准确把握时代特征和形势变化,立足党和国家事业发展全局。着眼新世纪新阶段军队历史使命,以及军队履行职能任务的新要求,适应了我国安全形势的新变化,反映了国家发展战略的新需要,顺应了世界军事发展的新趋势,具有鲜明的时代特征。

2.着眼党的军事指导理论在新世纪新阶段的创新发展

一个政党、一支军队,要想始终走在时代前列,就离不开科学理论的指引。我们党历来注重根据实践的发展创新军事理论。胡锦涛国防和军队建设思想,是科学发展观在国防和军队建设中的生动运用和展开,科学回答了新世纪新阶段国防和军队建设朝什么方向发展,如何科学发展,未来战争需要什么样的军事力量,如何科学运用军事力量的时代课题。

3.着眼新世纪新阶段军队历史使命的科学确立

胡锦涛提出的新世纪新阶段我军的历史使命,从贯彻落实科学发展观的高度,着眼国防和军队建设全局,回答了新形势下军队建设与改革的一系列重大问题,为我们加强军队革命化、现代化、正规化建设提供了科学指南。

新世纪新阶段军队历史使命的确立,充分体现了历史与现实、理论与实践、政略与战略、继承与创新的高度统一,是对新世纪新阶段我军职能任务的新概括,地位作用的新拓展,建设和发展的新要求,实现了人民军队历史使命的与时俱进。深刻认识和准确把握新世纪新阶段我军肩负的历史使命,全面理解它的精神实质,切实履行好使命所提出的新要求,对于保障国家经济社会发展,实现全面建设小康社会目标,推进中国特色军事变革,实现机械化向信息化转型,建设信息化军队,打赢信息化战争,都具有重大的战略意义。

(二)胡锦涛国防和军队建设思想的主要内容

胡锦涛国防和军队建设思想是一个科学体系。关于国防和军队建设的指导方针、国防和军队建设的主题主线、国防和军队建设的总基调、国防和军队建设的目标任务、国防和军队建设的发展道路、国防和军队建设的发展理念、国防和军队建设的内在动力、国防和军队的思想政治建设等一系列重要论述,既有军事哲学层次的指导思想,也有军事实践活动的方法原则,丰富和发展了新世纪新阶段新形势下国防和军队建设的目标、道路、理念、动力、保证等基本内容,形成了一个完整、科学、开放的军事理论体系。

1.关于国防和军队现代化建设的指导思想

胡锦涛国防和军队建设思想把科学发展观作为国防和军队建设指导思想。用科学发展观统领国防和军队建设全局,是适应国家安全形势发展变化的迫切要求,是实现富国和强军的必然要求;用科学的发展思路、科学的发展模式、科学的发展方法,解决发展中的问题,切实把军队建设转入科学的发展轨道上,在新的起点上推进国防和军队现代化建设,是军队建设的内在要求;科学发展观指导下的国防和军队现代化建设,必须融入国家现代化战略全局,要与国家安全和发展利益相适应。

2.我军在新世纪新阶段的历史使命

新世纪新阶段,在实现中华民族伟大复兴的征程中,我军的历史使命又有了新拓展。胡锦涛提出了新世纪新阶段我军"三个提供、一个发挥"的历史使命,即我军要为党巩固执政地位提供重要的力量保证,为维护国家发展的重要战略机遇期提供坚强的安全保障,为维护国家利益提供有力的战略支撑,为维护世界和平与促进共同发展发挥重要作用。胡锦涛关于我军历史使命的这一新概括,反映了中华民族伟大复兴征程的客观要求,明确了我军在国家政治生活和社会经济发展中的地位和作用,提出了军队现代化建设、军事斗争准备、军事力量运用新的、更高的要求,是新形势下谋划国防和军队建设的根本着眼点。人民军队不仅要维护党的路线方针政策,而且要为党巩固执政地位提供重要的力量保证;不仅要维护国家生存利益,而且要特别关注和维护国家发展利益;不仅要打赢信息化条件下的局部战争,而且还要应对多样安全威胁、完成多样化军事任务;不仅要维护我国的稳定和发展、促进和谐社会建设,而且要维护世界和平、促进共同发展、推动和谐世界的建设。

3.新形势下军队现代化建设的目标

胡锦涛在纪念红军长征胜利 70 周年大会上提出要建设一支听党指挥、服务人民、英勇善战的革命军队这一新形势下军队现代化建设的目标。听党指挥、服务人民、英勇善战,是人民军队的性质、宗旨、本色,也是新形势下军队现代化建设的根本目标和根本要求。听党指挥是党和人民对我军的最高政治要求和不可动摇的根本原则,军队现代化建设必须牢牢抓住听党指挥这个根本,坚定不移地坚持党对军队绝对领导的根本原则和根本制度,坚持不懈地用马克思主义中国化的最新成果武装官兵。要把思想政治建设摆在全军各项建设的首位,积极推进思想政治工作创新发展,确保党从思想上政治上组织上牢牢掌握部队,确保我军永远是党的军队、人民的军队、社会主义国家的军队。服务人民是我军必须永远坚持的根本宗旨,要坚持军政一致、军民一致,与人民群众心连心,永远为捍卫人民利益而奋斗。英勇善战是我军的鲜明特征和履行职能使命的根本要求。要有一不怕苦、二不怕死的战斗精神和压倒一切敌人而决不为敌人所屈服的英雄气概;要有灵活机动的战略战术和善于斗争、善于胜利的指挥艺术;要始终保持旺盛的战斗精神。在新的历史条件下,人民军队不仅要始终做到听党指挥、服务人民,而且要英勇善战,既要能打赢信息化条件下的局部战争,又要能应对多种安全威胁。

4.加速推进中国特色军事变革

胡锦涛指出:本世纪头二十年,既是国家经济社会加快发展的重要时机,也是国防和军队现代化建设加快发展的重要时机。我们应该也有可能把国防和军队现代化建设搞得更好。新时期以来,军队改革开放取得了很大成就,但滞后于社会的改革和发展,一些制约军队发展的深层次矛盾和问题,没有从根本上得到解决;军事理论创新,军事管理创新,军事组织体制创新,军事技术创新,没有取得根本性突破;我军现代化水平与打赢信息化条件下局部战争的要求还不相适应,军事能力与履行历史使命的要求还不相适应的主要矛盾仍然没有得到根本性的解决。国防和军队建设的现状迫切需要深化改革,中华民族伟大复兴、我军新的历史使命要求加速改革;和平、发展与合作的世界潮流和国家经济发展、科学技术进步,也为进一步改革创造了条件。一定要充分认识和把握加快发展的重要时机,深化军队改革,加速国防和军队现代化建设的发展。

另外,胡锦涛国防和军队建设思想还包括:创新发展新形势下思想政治建设;把以人为本作为重要的建军治军原则和走中国特色军民融合式发展的路子等内容。

（三）胡锦涛国防和军队建设思想的地位作用

1.胡锦涛国防和军队建设思想丰富和发展了党的军事指导理论

胡锦涛国防和军队建设思想是对毛泽东军事思想、邓小平新时期军队建设思想、江泽民国防和军队建设思想的继承和发展。改革开放以来，军队现代化建设实际上面临三个根本性问题。第一，和平与发展成为时代主题，在国家以经济建设为中心的大背景下，军队未来打什么仗、怎样打仗？第二，在国际安全环境发生重大变化、世界新军事变革加速推进、国内市场经济快速发展和更加开放的历史条件下，建设什么样的军队、怎样建设军队？第三，国家改革发展进入重要战略机遇期、国防和军队处于重大转型时期，什么是国防和军队的科学发展、怎样实现科学发展？胡锦涛国防和军队建设思想，在进一步回答和解决前两个问题的同时，着重回答和解决第三个问题，并提出了一系列新理论、新观点、新论断，推进了党的军事指导理论的新发展。

2.胡锦涛国防和军队建设思想为国防和军队建设提供了理论依据

胡锦涛国防和军队建设思想，是科学发展观重要思想在我国国防和军事领域的集中体现，围绕什么是军队科学发展、怎样实现科学发展这个根本问题展开的，进一步推进军队现代化建设科学发展。首先，把科学发展观作为加强国防和军队建设的重要指导思想。把科学发展观作为国防和军队建设指导思想，就要在国防和军队建设中全面贯彻落实科学发展观，紧紧抓住国防和军队建设的根本和关键，以开拓创新的精神，推进国防和军队建设科学发展。其次，从发展目标、发展模式、发展动力、发展重心、发展途径、发展保证等方面回答了什么是军队科学发展、怎样实现科学发展的问题，把科学发展观具体化为国防和军队现代化建设的政策和措施。再次，把科学发展观所内含的思想路线和科学方法，贯穿于国防和军队现代化建设的实践，真正实现以科学的方法指导军队现代化建设。

3.胡锦涛国防和军队建设思想为解决国防和军队建设与发展的现实问题和矛盾开辟了新途径

长期和平环境造成军队的惰性，已成为军队现代化建设和改革的"软阻力"。这要求我军现代化建设要在更高的起点上解决思想性、结构性、机制性问题，需要实现新的根本性的突破。胡锦涛国防和军队建设思想既是在这些新的历史条件下产生和形成的，又是对这些问题的科学把握和解决；既分析了军队现代化建设的新条件、新要求、新课题，又提出转变发展观念，创新发展模式，提高发展质量，加快发展步伐，努力把军队现代化建设推进到一个新阶段的总思路，从而确立了体现科学发展观要求的军队现代化建设指导理论。

五、习近平强军思想

习近平强军思想着眼坚持和发展中国特色社会主义、实现中华民族伟大复兴和中国梦，立足国家安全和发展战略全局，围绕强军兴军作出一系列重要论述，习近平强军思想立论于马克思主义基本原理,立足于新时代国防和军队鲜活实践,深刻回答了强军兴军的使命任务、目标方向、原则制度、根本指向、战略布局、重要路径等一系列根本性问题,是一个逻辑严密、意蕴深远的科学军事理论体系。习近平强军思想是凝聚强军意志、推进强军实践的强大思想武器,为加快推进我国国防和军队现代化提供了根本遵循。

(一)习近平强军思想的时代背景

强军事业孕育强军思想,强军思想指引强军事业。党的十八大以来,我军着力举旗铸魂、突出备战打仗、坚定推进改革、强力正风反腐,国防和军队建设出现了新的气象,在中国特色强军之路上实现了跨越式发展,为强军兴军打下了坚实的基础。

1.党的军事指导理论创新发展的需要

党和军队事业是在接力奋斗中向前推进的,党的军事指导理论也是在与时俱进中不断发展的。习近平同志深刻把握强国强军历史方位和阶段性特点,坚持把马克思主义军事理论与人民军队建设实际相结合,提出一系列紧密联系、相互贯通、富有创新的理论观点,深刻阐明为什么要强军、强军目标是什么、怎样走中国特色强军之路的时代课题,阐明新时代我国国防和军队建设的战略目标、使命任务、指导方针、强大动力、根本保证、科学方法等,丰富发展了党的军事指导理论。习近平强军思想与毛泽东军事思想、邓小平新时期军队建设思想、江泽民国防和军队建设思想、胡锦涛国防和军队建设思想既一脉相承又与时俱进,进一步深化了我们党对军事力量建设和运用规律的认识,开辟了马克思主义军事理论和当代中国军事实践发展新境界。

2.筹划和推进国防和军队建设的需要

理论的实现程度,在于理论满足现实需要的程度。经过90多年的奋斗,人民军队已发展成为诸军兵种合成、具有一定现代化水平并加快向信息化迈进的强大军队,党的十八大以来国防实力上了一个大台阶。但是,人民军队的现代化水平与国家安全需求相比差距还很大,与世界先进军事水平相比差距还很大,"两个能力不够"的问题比较突出。习近平强军思想,坚持问题导向,抓住主要矛盾,围绕推进军队建设、改革和军事斗争准备,形成一系列新理念新思想新战略,提出一系列新思路新举措新方法,为我们攻坚克难、爬坡过坎、开拓前行提供了思想引领和解题之匙。

3.推动改革强军加快军队转型发展的需要

党的科学理论是时代精神的精华,最能引领人激励人。习近平强军思想,把最高理想与现实目标统一起来,把强国梦强军梦与个人梦统一起来,为凝神聚力、团结奋斗指明了方向;凝结着我党我军光荣传统和建军治军宝贵经验,开启了改革强军、革弊鼎新的时代新风,立起了有灵魂、有本事、有血性、有品德新一代革命军人的好样子,构筑起新的精神高地、精神家园;贯穿和体现着共产党人的政治立场、价值追求和思想风范,给人以坚定的信念和人格的感召。坚持用习近平强军思想统一思想、武装思想,立根固本、铸牢军魂,才能更好激发强军精神,汇聚强军力量,助推强军事业。

（二）习近平强军思想的主要内容

习近平强军思想内涵丰富、思想深邃，是一个科学理论体系，其核心要义可以概括为"十个明确"。

1.明确强军使命

明确强国必须强军，巩固国防和强大人民军队是新时代坚持和发展中国特色社会主义、实现中华民族伟大复兴的战略支撑。

2.明确强军目标

明确党在新时代的强军目标是建设一支听党指挥、能打胜仗、作风优良的人民军队，必须同国家现代化进程相一致，力争到 2035 年基本实现国防和军队现代化，到 21 世纪中叶把人民军队全面建成世界一流军队。

3.明确强军之魂

明确党对军队的绝对领导是人民军队建军之本、强军之魂，必须全面贯彻党领导军队的一系列根本原则和制度，确保部队绝对忠诚、绝对纯洁、绝对可靠。

4.明确强军之要

明确军队是要准备打仗的，必须聚焦能打仗、打胜仗，创新发展军事战略指导，构建中国特色现代作战体系，全面提高新时代备战打仗能力，有效塑造态势、管控危机、遏制战争、打赢战争。

5.明确强军之基

明确作风优良是我军的鲜明特色和政治优势，必须加强作风建设、纪律建设，坚定不移正风肃纪、反腐惩恶，大力弘扬我党我军光荣传统和优良作风，永葆人民军队性质、宗旨、本色。

6.明确强军布局

明确推进强军事业必须坚持政治建军、改革强军、科技强军、人才强军、依法治军，更加注重聚焦实战，更加注重创新驱动，更加注重体系建设，更加注重集约高效，更加注重军民融合，全面提高革命化现代化正规化水平。

7.明确强军关键

明确改革是强军的必由之路，必须推进军队组织形态现代化，构建中国特色现代军事力量体系，完善中国特色社会主义军事制度。

8.明确强军动力

明确创新是引领发展的第一动力，必须坚持向科技创新要战斗力，统筹推进军事理论、技术、组织、管理、文化等各方面创新，建设创新型人民军队。

9.明确强军保障

明确现代化军队必须构建中国特色军事法治体系,推动治军方式根本性转变,提高国防和军队建设法治化水平。

10.明确强军路径

明确军民融合发展是兴国之举、强军之策,必须坚持发展和安全兼顾、富国和强军统一,形成全要素、多领域、高效益军民融合深度发展格局,构建一体化的国家战略体系和能力。

(三)习近平强军思想的指导作用

一个民族要走在时代前列,一刻也不能没有先进的思想引领;一支军队要跻身世界一流,一刻也不能没有科学的军事理论指导。深入学习贯彻习近平强军思想,是人民军队建设带方向性全局性根本性的重大战略问题,必须作为首要政治任务和长期战略任务抓紧抓实。

1.习近平强军思想指明了强军兴军的方向

强军目标振奋军心,强军兴军催人奋进。习近平强军思想,把实现强军目标作为国防和军队建设发展的鲜明主题和基本实践,是国防和军队建设的路线图,要始终牢记于心,矢志不渝推进,坚定不移落实。坚持用新时代中国特色社会主义思想武装头脑,深入学习领会习近平强军思想,打牢部队官兵实现中国梦强军梦的共同思想基础。深化强军目标学习教育,紧紧围绕强军目标深入开展主题教育活动,大力加强军人核心价值观培育,繁荣发展强军文化,激发精神动力,汇集强军力量。严守政治纪律和组织纪律,平时听招呼,战时听指挥,关键时候不含糊,坚决听从党中央、中央军委和习近平同志指挥。

2.习近平强军思想是国防和军队建设的科学指导

习近平强军思想,明确了加快推进国防和军队现代化的大方向大思路,蕴含着马克思主义立场、观点、方法,为筹划推进部队各项建设和工作提供了基本依据和科学指导。习近平强军思想是国防和军队建设的指导思想,符合我们军队建设的实际。要自觉站在时代前沿、军事前沿、科技前沿,破除守旧守常守成思想,以习近平强军思想为指导牢固树立前瞻谋划、打仗思想、问题导向、实干精神。紧紧围绕强军目标想问题做决策抓建设,始终着眼铸牢强军之魂、扭住强军之要、夯实强军之基,共同下好强军兴军这盘棋。坚持以破解矛盾问题为切入点,深入研究解决制约强军的深层问题、影响打仗的瓶颈问题、军队建设的实际问题,在攻坚克难中取得新突破新进展。

3.习近平强军思想强化了军队和军人的使命担当

习近平同志指出:"实现中华民族伟大复兴,是中华民族近代以来最伟大的梦想。可以说,这个梦想是强国梦,对军队来说,也是强军梦。"习近平强军思想进一步强化了强军兴军的责任落到了新一代革命军人肩上。这是党和人民的期望和重托。深入学习贯彻习近平强军思想,要落实到岗位职责上,体现在实际行动上。必须强化忧患意识、危机意识和使命意识,心头时刻想着国家安危,肩上时刻扛着强军责任,把当兵打仗作为主课主业,做到聚焦强军不走神、勤勉工作不懈怠、敢作敢为不推诿、关键时刻不退缩。激发锐意进取、争创一流的奋斗精神,始终保持开拓之勇、昂扬之气,越是困难越向前,不断创造新业绩。弘扬真抓实干、埋头苦干的作风,大力发扬钉钉子精神,求实务实落实,始终保持一抓到底的狠劲、毫不放松的韧劲、燕子垒窝的恒劲,一步一个脚印向强军目标迈进,切实为实现中华民族伟大复兴提供坚强力量保证。

第四节 外国军事思想

在波澜壮阔的军事历史长卷中,人类不断总结战争经验,作为人类文明的组成部分,外国军事思想亦丰富多彩,充满传奇。

一、外国军事思想的形成和发展

(一)初步形成阶段

从原始社会末期至奴隶社会前期,随着人类早期战争的出现,军事思想逐步形成。这一阶段军事思想的萌芽与形成,与古代原始氏族制解体、奴隶制社会形成密切相关。其时间跨度大致为公元前3000年前后到公元前500年前后。如古代埃及上埃及统治者于公元前3100年前后征服了下埃及,建立了古埃及历史上第一个统一的王国,在这个过程中,逐渐形成了把

> 延伸阅读
>
> 《战争艺术概论》是瑞士裔法国军事家安托万·亨利·约米尼创作的著作,于1838年首次出版。该书主要介绍了现代战争理论及原则的综合体系。约米尼军事理论家,被尊为现代军事思想奠基人之一。他对战争的性质和规律、战略战术、军队建设等各方面从理论上进行了探讨,创立了较完善的军事理论体系。主要著作有《战争艺术概论》《论大规模军事行动》《拿破仑的政治与军事生涯》《战略学原理》等。

"战争作为部落之间争霸和国家统一主要手段"的朴素军事思想,以及认识论上的浓重的"神战"观念。公元前1890年前后,古巴比伦王国时代,国王汉穆拉比在统一国家的过程中,提出了"积极备战"和加强内治的"文治""武攻"并重等思想,注意在战争中灵活运用政治和经济两种手段,并留下具有丰富军事思想和史料价值的《汉穆拉比法典》。公元前500年前后,摩揭陀王国在统一印度的过程中,提出了"远交近攻"的非常具有战略意义的军事思想。在外国古代军事思想的萌芽与初步形成阶段,人们对军事领域的认识有限,特别是人们对战争起源的认识还停留在"意念和欲望"的唯心主义观念之上,这是由社会生产力发展水平决定的。

(二)迅速发展阶段

这是外国古代军事思想异彩纷呈的阶段,时间大致在公元前500年前后到公元元年,古希腊和古罗马的军事思想是其主要代表。在这一历史阶段,古希腊、古罗马奴隶制

国家逐步发展,并形成庞大的帝国,相互间频繁爆发战争,且作战规模不断扩大。作战行动已从简单的个人搏斗发展到密集队形的攻防,主要采用方阵战术作战,尤以"马其顿方阵"为杰出代表。其中,延续数十年、数百年的战争时有发生。比较著名的有发生在古希腊的希波战争、伯罗奔尼撒战争、马其顿时期的战争;发生在罗马的三次布匿战争,以及共和国后期持续多年的内战等。在这些长达几百年的征伐中,涌现了一大批杰出的军事统帅,他们的军事实践大大丰富了外国古代军事思想的宝库。这一阶段有代表性的军事著作主要有古希腊希罗多德的《历史》(又名《希腊波斯战争史》)、修昔底德的《伯罗奔尼撒战争史》、色诺芬的《远征记》,古罗马皑撒的《高卢战记》《内战记》,阿里安的《亚历山大远征记》等。这些战史性军事著作,记述了希波战争、伯罗奔尼撒战争、亚历山大东征等著名战争的情况,对战争双方的军事思想、战略战术、军队编制、武器装备等均有一定的反映。这一阶段活跃的哲学家如柏拉图、亚里士多德等人,也在他们的谈话和哲学著作中对战争发生的原因等军事问题进行了阐述,丰富和发展了外国古代军事思想的内容。而这一阶段涌现出的杰出的军事指挥家与著名将领更是不胜枚举,其中,有雅典的米太亚得、地米斯托克利、伯里克利,古希腊的埃帕米农达斯,马其顿时期国王腓力二世、亚历山大,迦太基的汉尼拔,古罗马的西庇阿、费边、马略、恺撒、奥古斯都与斯巴达克等,他们的军事实践活动极大地丰富了这一阶段的军事思想。

二、资产阶级军事思想和无产阶级军事思想

资产阶级军事思想体系主要有俄国苏沃洛夫的《制胜的科学》,瑞士若米尼的《战争艺术概论》《战略学原理》,普鲁士克劳塞维茨的《战争论》、比洛的《新战术》《最新战法要旨》,法国吉贝特的《战术通论》,美国马汉的《海权对历史的影响》《海军战略》等。其中,克劳塞维茨的《战争论》是外国近代军事思想的杰出代表。这一时期,重视建立一支反映资产阶级利益的部队,重视和平时期军队建设和战争准备,以随时应对战争,认识到新发明对于军队的组织、武器装备和战术的影响,装备的变化必然引起战术的变化。

无产阶级军事思想体系主要代表是马克思、恩格斯和列宁。马克思、恩格斯所处的时代是自由资本主义高度发展并开始走向反动的时代,无产阶级登上历史舞台;列宁生活于帝国主义和无产阶级革命的时代。他们坚持唯物论,以唯物辩证法研究军事,吸收资产阶级军事思想的有益成分,因而能深刻认识战争一系列重大问题。其军事思想主要内容包括:认为战争和军事是一个历史范畴,随着私有制和阶级的产生而产生、消灭而消亡;战争是政治通过另一种手段的继续,要反对非正义战争,拥护正义战争;在帝国主义阶段,帝国主义是战争根源;无产阶级必须用暴力推翻资产阶级建立自己的统治;应组织城市工人武装起义为中心,先占领城市,夺取国家政权;无产阶级夺取政权、巩固政权都必须要有自己的新型的军队;无产阶级代表人民利益,有能力有条件把人民武装起来实行人民战争,并强调军队与人民群众相结合;认识到科学技术的进步必然引起战略战术的变革;战争的奥妙在于集中兵力;主张积极防御、主动进攻、慎重决战、灵活机动。

三、克劳塞维茨的《战争论》

《战争论》是近代西方资产阶级军事思想的奠基作,是资产阶级军事理论的经典著作,代表了近代资产阶级军事思想的最高成就,在军事思想发展史上具有重要的地位。

《战争论》的作者,普鲁士著名的军事理论家克劳塞维茨,出生于 1780 年,是一位退伍军官的儿子。他不满 12 岁便被送到部队当士官生,并于当年参加了攻击美因兹城的战斗,因表现出色,第二年晋升为军官候补生。15 岁任少尉,23 岁毕业于柏林军官学校。曾经担任副官、教官、柏林军官学校校长、军和军团参谋长、改革委员会主席、第二炮兵总监等职,38 岁被授少将军衔。1831 年因感染霍乱病死在战场,享年 51 岁。1832 年以后,他的妻子玛丽和部分学生整理出版了《克劳塞维茨将军遗著》一书,共 10 卷,《战争论》就是其中的第一至三卷。

《战争论》是资产阶级军事理论方面产生较早、论述全面深刻、影响较大的著作,反映了资产阶级初期的进步倾向和革新精神,总结了当时战争发展的经验,对战争本质、军队建设、作战指导等一系列问题提出了不少正确见解,对军事思想的发展起了很大的促进作用,是封建社会向资本主义社会转变时期的军事著作,反映了新兴资产阶级的军事思想,不仅奠定了西方近代资产阶级军事思想的基础而且为整个资产阶级军事思想的发展奠定了理论基础。

《战争论》的内容非常丰富,它不仅讲作战问题,而且讲军队的编制、训练、补给等问题;不仅讲战略问题,而且讲战役战术问题;不仅讲进攻原则,而且讲防御原则;不仅讲一般战斗,而且讲要塞、山地、森林、江河、沼泽、夜间等特种战斗;不仅讲正规军和正规战,而且讲民众武装和游击队等,可以说涉及军队建设和作战的方方面面。

(一)战争是政治另一种手段的继续

战争究竟是什么?自有战争以来,人们就开始了思考。在战争出现的早期,由于人们普遍相信万物有灵,相信超自然力量的存在,因此战争现象往往被看作"上天"的安排、"上天"的旨意。历史上,第一次明确提出"战争是政治的继续"的是克劳塞维茨。这是战争研究中新的重大发现,是对战争本质空前深刻的揭示,因而受到世界各国的高度称赞。

(二)理论应该是一种考察,而不是死板的规定

克劳塞维茨认为,战争的特点是活的反映,任何理论都不可能把特殊情况全包进去,因此,理论只能作为行动的指南,确定思索的基本线索,不能作死板的规定。如同指南针只是给人们到达或寻找目标提供了方向性的依据,而不能规定具体的行动路线一样,战争理论更是如此。

（三）防御不应是单纯地据守，应有进攻和反攻

《战争论》中关于防御的论述，在全书中篇幅最大，文字最多，写得也最精彩，纵观作者对防御的论述，其基本思想是主张积极防御，反对消极防御。

（四）要善于运用民众战争

克劳塞维茨认为，虽然单个居民，即使在根本不是民众暴动的场合，对战争的影响在大多数场合像一滴水在整个河流中的作用那样，是微不足道的，但全国居民对于战争的影响也绝不是无足轻重的。民心和民意在国际力量、军事力量和作战力量中是一个重要因素。一般说来，善于运用民众战争这一手段的国家会比那些轻视民众战争的国家占有相对的优势。克劳塞维茨把民众战争看作19世纪初期的特点，是战略防御的抵抗手段之一。

（五）集中兵力，速战速决，消灭敌人的军队

"战略上最要紧而又最简单的准则是集中兵力。""任何分散和分割兵力都只是例外，只是有了充分的根据才是可行的。"克劳塞维茨在这里所强调的集中包括两个方面的集中：一是空间上要集中，二是时间上也要集中。所谓空间上的集中，就是在决定性的方向和地点使用主要的兵力，不能在几个方向、几个地点，主次不分地平均使用兵力。

在吸取《战争论》的精华的同时，我们还应该认识到，随着科学技术的飞速发展，作战方法、作战指导等一系列问题都发生了很大变化，所以《战争论》也有一定的局限性。

【复习思考】

1. 毛泽东军事思想的科学含义是什么？

2. 毛泽东军事思想的主要内容有哪些？

3. 毛泽东人民战争思想的基本精神是什么？

4. 毛泽东人民战争思想的战略战术有哪些主要原则？

5. 邓小平新时期军队建设思想的科学含义是什么？

6. 邓小平新时期军队建设思想的主要内容有哪些？

7. 江泽民"五句话"的基本内容是什么？

8. 新时期、新阶段我军历史使命的内容是什么？

9. 简述习近平强军思想的主要内容。

第四章 现代战争

> **【教学目标】** 通过学习使大学生了解战争的内涵、特点、发展和演变,掌握机械化战争和信息化战争的形成、主要形态和特征,了解代表性的战例以及发展趋势,树立打赢信息化战争的信心。

第一节 战争概述

苏联红军的奠基者托洛斯基曾说过:"也许,你对战争毫无兴趣,但是战争对你却兴趣甚浓。"战争对我们每一个人都至关重要。关注战争以及与战争相联系的军事问题,就是关注我们自身的幸福和安全。

一、战争的含义

战争是人类发展到一定阶段的一种特殊社会历史现象。战争,是敌对双方为了达到一定的政治、经济目的而进行的武装斗争。阶级社会的战争,是用来解决阶级和阶级、民族和民族、国家和国家、政治集团和政治集团之间矛盾的最高斗争形式。它是政治通过暴力手段的继续,是流血的政治。

二、战争的分类

按性质分为正义战争和非正义战争;按规模分为世界大战和局部战争;按社会进程分为原始社会时期战争、奴隶社会时期战争、封建社会时期战争、资本主义社会时期战争和帝国主义时期战争等;按使用的武器分为冷兵器战争、热兵器战争、机械化战争、核战争和信息化战争。

> **延伸阅读**
>
> 两次世界大战伤亡人数:第一次世界大战造成军人死亡857.5万人,平民死亡830万人,总计1 687.5万人死亡。第二次世界大战造成军人死亡1 704.2人,平民死亡2 453.8万人,总计4 158万人死亡。

三、战争的发展历程

战争中人们使用的武器经历了冷兵器、热兵器、机械化武器装备和信息化武器装备。战争形态也经历了冷兵器战争、热兵器战争、机械化战争和信息化战争等。

(一)冷兵器战争

冷兵器,是指依靠使用者的体力或外在机械力来杀伤敌人的武器,如刀、剑、棍等。冷兵器是一种能量传递器械,依靠人力或畜力来操作,其杀伤手段主要采用物理方式,如刺、砍、劈、砸等。冷兵器战争主要指农业时代以青铜、钢铁等金属装备进行的战争。时间跨度从公元前21世纪至公元15世纪。农业时代前期生产力发展水平极低,人们长期进行采集狩猎活动,过着集体居住、平均分配的生活,有时为了争夺野果猎物、抢婚或血族复仇,偶尔发生冲突。到了原始社会末期,人口日益增多,由氏族逐渐形成胞族、部落,生产逐渐发展,出现了农业和畜牧业的社会大分工。部落与部落在交往过程中,因利益相同而形成部落联盟,也往往因利益冲突而发生战争。当原始部落之间发生武装冲突时,最先使用的作战器械为最简单的劳动工具,在冷兵器时代,刀剑既可作为生产工具,也可以作为战争武器。简单兵器与劳动工具的形制设计、材料选择和加工制作技术基本相同。后来随着部落武装冲突越来越频繁,专用兵器逐渐从一般的劳动工具中分离出来。

冷兵器初期,交战双方并没有常备的军队用于作战。交战时,劳动力变成兵力,战事结束,他们就解散成为劳动者;交战中,使用的兵器与生产工具也没有严格区分,战争中主要使用石制冷兵器,即所谓"以石为兵"。经过战争和其他交往活动,各部落逐渐融合,生产力进一步发展,手工业从农业中分离出来,社会的剩余产品和私有财产的成分不断增加,战争俘虏不再被吃掉或杀掉,而是当作有用的劳动力。从此,"古代部落对部落的战争,已经开始蜕变为在陆上和海上为攫夺家畜、奴隶和财宝而不断进行的抢劫,变为一种正常的营生。"这时的战争不仅很残酷,而且已具相当规模。战争中胜利者掠夺了大量财富,使过去以血缘关系为基础的民族部落逐渐演变成以地域和财产为基础的民族;战争也为胜利者提供了大量奴隶,加速了原始社会的瓦解和阶级、国家的形成。

对古代中国而言,夏朝的建立标志着原始社会的瓦解和阶级、国家的形成,奴隶制社会的开始。中国奴隶社会的经济以农业生产为主,土地被奴隶主占有,大批奴隶被迫在田野里耕作和从事各种劳动。奴隶不占有生产资料,是奴隶主的私有财产,奴隶主可以随意打骂、买卖、杀害奴隶,阶级矛盾十分尖锐。奴隶主之间争夺奴隶、财富和兼并土地的斗争也很激烈。这时期的战争大体上有:旧的民族部落势力反对新生的奴隶制的战争;扩大和巩固奴隶制国家的战争;新兴的奴隶主推翻腐朽的奴隶主统治的战争。后来,商建立,夏朝灭亡。之后比较大的战争,是奴隶制国家分封的诸侯国之间的兼并与争霸的战争,如春秋时期诸侯国之间的战争。新兴的封建势力推翻奴隶主统治的战争,如齐、晋、鲁等诸侯国国内新兴地主阶级武装夺取政权的战争。当时的奴隶起义和"国人暴动",也加速了奴隶社会的瓦解,为新兴地主阶级夺权创造了条件。

在奴隶社会,私有制已经确立,阶级已经形成,国家已经产生,军队已经出现。此时的军队主要是陆军,水军(海军)也开始出现。陆军中以车兵为主,并且有步兵。军队的骨干是"甲士",奴隶当兵打仗,由"甲士"统帅。战斗队形也开始出现。军队所使用的主要武器是铜制的冷兵器,主要的作战形式是车战,其特点是摆兵布阵,进攻以破阵来实现,防御靠守阵(包括城池)来完成。为了对抗进攻,不仅出现了防御性兵器,而且筑城技术也比较发达,长城就是那时修建的工程中最辉煌的范例。

冷兵器时期频繁的战争催生了古代朴素的战争理论。中国古代著名军事家孙武所著的《孙子兵法》,是现存最早的一部战争理论著作,它总结了春秋末期及其以前的战争经验,认为战争是关系国家生死存亡的大事,把道、天、地、将、法归结为战争制胜的因素,提出了许多驾驭战争的理论原则,具有朴素的辩证法思想。《孙子兵法》不仅对中国历代军事思想的发展起过重大的作用,而且在世界军事史上享有盛名,曾被人誉为"东方兵学的鼻祖""世界古代第一兵法"。

(二)热兵器战争

热兵器与冷兵器相对,热兵器又叫火器,它是一种利用推进燃料(火药)快速燃烧后产生的高压气体推进发射物的射击武器。火药的出现将人类战争带入了热兵器时代。我国在唐宪宗元和三年(808年)前已经炼制了含硝、硫、炭的原始火药,在宋仁宗庆历四年(1044年)前已经发明了军用火药。火药发明后,各种火器应运而生。10世纪,中国首先将火药用于军事。1132年,中国南宋军事家陈规发明了一种火枪,这是世界军事史上最早的管形射击火器。1259年,南宋人创造了一种突火枪。中国还制造了现存最早的金属管形射击火器——铜火铳,这标志着军事技术进入了利用化学能的新时代。

火药与火器的研制和传播持续了200余年,最终影响了整个世界。随着中国发明的火药和火器先后传入阿拉伯地区与欧洲,14世纪,火药和火器开始用于欧洲战争。15世纪初,出现了火绳枪。火绳枪的创制是手持射击火器的一大进步,与中国元末明初的火铳相比,枪管较长,装有瞄准具,使用扳机和用火绳点火,具有射速较快、便于瞄准、命中率较高、射程较远等优点。到16世纪上半叶,又创制了燧石枪,简化了发射步骤,提高了射速和防风雨的能力。蒸汽机的发明,大工业的出现,机器时代的到来,使战争从冷兵器与火器并用,逐渐转变为主要使用热兵器。1845年,意大利卡瓦利少校将从炮口前装药改为后装药成功。1846年,意大利的索布雷罗把有机物无水甘油与浓硝酸和浓硫酸混合,由此得到比黑火药威力大得多的硝化甘油。1879年,法国莫阿发明了气体复进机,这些技术优化了枪械的构造和性能,促成了连发步枪、机枪的诞生。机枪、后装药步枪的出现和改良彻底改变了十七八世纪线阵列式的密集阵型的战争方式。

热兵器时代装备先进火器的军队,在与冷兵器的文明进行作战时,基本占有战场的绝对优势。1840年中国受到资本主义列强的侵略时,军队仍大量使用冷兵器,面对装备军舰大炮的资本主义列强,完全暴露在他们的炮火之中,无力与之抗衡。中国人民虽然进行了一系列的反侵略战争,但每次几乎都是全军覆灭。

同时,随着热兵器广泛应用于战场,热兵器战争的作战方式和军事思想也都发生了很大的变化。在法国资产阶级革命中,法国人民改造了全部战略体系,冲破了一切旧的战争法规和惯例,废除了旧军队,建立了新的、革命的、人民的军队,创立了新的作战方法。革命军以各兵种组成的独立的师或军为基础,创造了以散兵和步兵纵队的配合为基础的新的作战方式。这些都被拿破仑发展到了完善的地步。

第二节　机械化战争

机械化战争是指主要使用机械化武器装备及相应作战方法进行的战争。所谓机械化武器装备,是以机械动力为主要驱动力、以火力、机动力、防护力为主要战术技术指标的各种装备的统称。机械化战争是随着工业时代来临而产生和发展的。

一、机械化战争的形成与发展

科技革命是机械化战争形成和发展的根本动力,军事需求是推动机械化战争的直接动力。18世纪60年代至19世纪40年代的第一次工业革命,以机器代替手工工具。从19世纪70年代开始,工业化进程进入第二次工业革命的时期,工业革命的重心由轻工业向重工业转移,由英国一枝独秀向欧美大陆全面铺开。蒸汽机的广泛应用推动了所有工业部门的机械化。两次工业革命对战争形态变革的影响是巨大的,从18世纪中叶到20世

延伸阅读

机械化战争论:是英国坦克军参谋长 J. F. C. 富勒总结了在第一次世界大战中使用坦克的经验。先后撰写了《世界大战中的坦克》(1920)、《论未来战争》(1928,中译本名为《机械化战争论》)等著作并创立了机械化战争理论。富勒认为,坦克出现以后,陆军机械化是必然的发展趋势,战争将是一种纯粹的机械化活动,战争胜负"百分之九十九在于武器",战场上坦克数量多的一方胜利的机会亦多。他主张,作战时,首先以坦克出敌不意地突向敌人的纵深,摧毁其首脑机关,同时以飞机轰炸其交通枢纽和补给系统,接着使用摩托化步兵和炮兵扩大战果,追歼逃敌,一次会战即夺取战争的胜利。富勒的理论,虽然指出了军队建设和作战方法发展的某些趋向,但过分夸大了坦克的作用,贬低了人和其他兵种在战争中的作用。

初,当人类社会由"蒸汽时代"步入"电气时代""大机器工业时代"时,机械化军队逐渐形成,机械化战争出现端倪。在武器装备上,出现了一系列机械化主战装备。在军队编制体制上,陆军航空兵、装甲兵、防化兵首次进入战斗序列。在作战运用上,飞机在侦察、夺取制空权、对地支援等方面发挥作用。第一次世界大战机械化战争形态获得飞速发展,第二次世界大战机械化装备大量运用于战场,机械化战争已经发展至成熟阶段。

二、机械化战争的主要特点

机械化战争是工业时代战争的基本形态,相比较其他时代的战争形态,主要有以下特点。

第一,主战装备机械化,并大量运用于战场。坦克、自行火炮、作战飞机、军舰等机械化装备大量运用于战场。第二次世界大战期间,交战国生产的军用飞机多达 70 余万架,其中,苏联就达 8 000 架。参战的航空母舰多达 140 余艘,潜艇达 1 500 余艘。

第二,军队的机动力、突击力增强。军队的机械化提高了兵力与火力的高速机动,军队的进攻能力大大增强,从而打破了防御的优势,改变了军队的作战样式。

第三,立体作战、纵深攻防,战场范围扩大。战场在陆、海、空同时展开,诸军种、兵种协同作战,实施大纵深突击,立体攻防,作战威力大大提高。

第四,破坏力强,消耗巨大,战场保障要求高。机械化武器装备对弹药、油料和其他物资的需求极大,战争中武器装备损坏率高,人员伤亡增加,补给量大,这对战场保障的要求大大提高。

三、机械化战争的代表性战例

第一次世界大战是资本主义向帝国主义时期过渡,亚洲、非洲、拉丁美洲殖民地基本上被列强瓜分完毕,新老殖民主义矛盾激化、各帝国主义经济发展不平衡的背景下,为重新瓜分世界爆发的一场帝国主义战争。战争过程主要是同盟国和协约国之间的战斗。德意志帝国、奥匈帝国、奥斯曼帝国、保加利亚王国属同盟国阵营,大英帝国、法兰西第三共和国、俄罗斯帝国、意大利王国和美利坚合众国则属协约国阵营。这场战争历时 4 年多(1914 年 6 月 28 日—1918 年 11 月 11 日),33 个国家、约 15 亿以上人口先后卷入战争,是欧洲历史上破坏性最强的战争之一,造成 3 000 多万人死伤,经济损失约 2 700 多亿美元。

第二次世界大战的战火燃及欧洲、亚洲、非洲和大洋洲。战争分为西、东两大战场,即欧洲北非战场和亚洲太平洋战场,是继第一次世界大战之后发生的人类史上规模最大的战争。1939 年 9 月 1 日至 1945 年 9 月 2 日,以德国、意大利、日本等轴心国及保加利亚、匈牙利、罗马尼亚等仆从国为一方,以中国、美国、英国、苏联等反法西斯同盟和全世界反法西斯力量为同盟国进行的第二次全球规模的战争。从欧洲到亚洲,从大西洋到太平洋,先后有 61 个国家和地区、20 亿以上的人口被卷入战争,作战区域面积广。第二次世界大战最后以美国、苏联、中国、英国、法国等反法西斯国家和世界人民战胜法西斯侵略者赢得世界和平而告终。

机械化战争是在社会生产力和科学技术高度发展的条件下进行的,参加战争的不仅有现代化的陆军、海军,而且有空军。战争中不但使用了大量的大炮、坦克、飞机和导弹等现代化武器,第二次世界大战末期美国还使用了原子弹,战争的破坏性、残酷性空前增大。

第三节　信息化战争

信息化战争是人类社会进入信息时代的必然产物。美国是最早提出信息化战争的国家之一。1992年美国人坎彭的《第一次信息战争》一书,将海湾战争称作世界战争史上的第一次信息战争。在我们国家,信息化战争的概念是钱学森同志在1996年的科学进步大会上首次提出的。

一、信息化战争的基本内涵

信息化战争,是依托网络化信息系统,使用信息化武器装备及相应作战方法,在陆、海、空、天和网络电磁等空间及认知领域进行的以体系对抗为主要形式的战争。

信息化战争是信息时代战争的基本形态。因此,在未来的信息化战争中,其整个武器装备体系是有别于传统的机械化武器装备体系的,是以信息技术为支柱的,由信息技术来支配整个体系。作战平台虽然仍然是以机械化作战平台为物质基础,却是以网络平台为中心来驾驭机械化平台,作战方式既有火力战、机动战,又有信息战、空战、海战、陆战、联合作战等主要方式。

> **延伸阅读**
>
> 智能军用机器人:军用机器人是一种用于军事领域的具有某种仿人功能的自动机。自20世纪60年代在印支战场崭露头角以来,作为一支新军,军用机器人发展快,目前已经发展到第三代——智能军用机器人。这种机器人以微电脑为基础,以各种传感器为神经网络的智能机器人。它们"四肢俱全""耳聪目明""智力"较高。其巨大的军事潜力,超人的作战效能,使其成为未来高技术战争舞台上一支不可忽视的军事力量。

二、信息化战争的作战样式

不同的战争形态,有不同的作战样式,信息化战争也不例外。

(一)精确战

精确战是对敌方的目标实施精确打击、所造成的附带毁伤很小的一种作战样式,是在信息的支持下,运用精确制导武器对敌人实施精确打击的一种作战方式。工业时代,为打击一个关键的目标,必须消耗大量的资源,实施地毯式轰炸才能达到。在未来的信息化战争中,由于大量使用精确制导武器,实施精确化的打击,从而能将附带损伤减至最小。在伊拉克战争中,美海军一架A-6攻击机发射2枚英国产的"斯拉姆"

导弹飞向伊拉克的一座发电站,首次发射一枚命中发电站正面护墙,炸开一个大洞,随即另一枚导弹接踵而至,非常精确地穿洞而进,在发电站内部爆炸,彻底摧毁了这座发电站。

(二)网络战

网络战的出现是信息化战争的一个根本性标志,在信息化战争中处于特殊的地位,发挥着特殊的作用。网络战是以计算机和计算机网络为主要目标,以先进信息技术为基本手段,在整个计算机网络空间上进行的各类信息攻防作战的总称。成功地实施网络战,可以使军队的作战能力倍增。同时,网络战还是国家及社会集团之间进行信息斗争的内容,它可以涉及政治、经济、文化、外交等领域,是一种和信息系统紧密关联的斗争,包括保持己方信息及信息系统安全,并寻求否定对方信息,瓦解、破坏、欺骗对方信息系统安全的对策,涉及舆论、宣传、文化颠覆,涉及经济制裁、外交斗争等多种行动。

(三)电子战

电子战是指利用电磁能和定向能以控制电磁频谱,为削弱和破坏敌方电子设备的使用效能,同时保护己方电子设备正常发挥效能而采取的措施和行动。电子战主要包括电子侦察、电子进攻和电子防御三个部分。电子战不仅是信息化战争的一种基本作战样式,而且在信息化战争中具有特别突出的作用,是实现信息化战争战略目标最有力的保证之一。1982年6月,以色列空军对叙利亚的战略要地——贝卡谷地的空袭就是一例。1982年6月9日,叙利亚的贝卡谷地突然响起了警报声,叙利亚军队的雷达发现了大批以军的飞机。当叙利亚的指挥官下令用导弹实施攻击时,他们却没有想到,以色列派出的竟然是遥控无人飞机,这些遥控无人飞机是通过装备的雷达波增强器来引诱叙利亚军队发射导弹,叙利亚果然中了圈套,"萨姆"系列地空导弹的雷达开机了,导弹也相继发射了。然而,当飞机被导弹击落后,叙利亚的士兵却突然发现,在以军被击落的飞机中,竟然没有飞行员跳伞逃生。更令他们吃惊的是,被击落的以军飞机竟是塑胶制成的。待叙利亚的指挥官意识到中计时,为时已晚。叙利亚防空导弹阵地的警戒雷达、火控雷达和导弹制导系统的电磁波信号,早已被在附近上空飞行的以军E-2C预警机的电子侦察系统接收到了,以军接收到后迅速通过机载指挥控制系统进行分析,并通报给了正在空中待命的F-15、F-16突击机群,仅仅6分钟的时间,叙利亚的19个萨姆导弹阵地全部被摧毁。第二天以军再次出动92架飞机,又摧毁了叙军7个地空导弹阵地,使得叙利亚人苦心经营多年、耗资巨大的防空体系毁于一旦。这个战例充分说明,成功地实施电子战,并取得战场控制权,对于赢得空袭作战的胜利是至关重要的。

(四)情报战

情报战是指一个国家或集团为满足战争需要,采取各种手段,有意识、有目的、有组织地为其制定战争政策、方略、计划和行动方案提供依据而展开的各种活动。情报战之所以能飞速发展,成为信息化战争中一种独立作战样式,并进而成为一个不可缺少的组成部分,关键就在于现代科学技术特别是信息技术的飞速发展和广泛应用,为情报战创造了条件,提供了手段。如雷达、光学探测装置(可见光遥感装置、红外遥感装置、多光谱遥感装置、微光夜视器材、激光探测装置)、电子侦察设备、声学探测设备、地面传感器等。与传统的情报战相比,信息化战争中情报战的对抗更加激烈,形式更加多样。

(五)心理战

心理战是研究如何利用人的心理规律,按照己方的目的,通过有效的信息去影响和改变对方心理的行动。心理战不仅包括对敌人实施心理打击,动摇和瓦解敌方的民心士气,还包括巩固己方的心理防线,激励本国军民的士气,使其始终保持旺盛的斗志和敢打必胜的信心。心理战最基本的手段主要有心理宣传、心理欺诈和心理威慑。信息化条件下的心理战有以下几个特点:其一,信息化条件下,欺骗手段更加丰富,既包括传统意义上的尔虞我诈,也包括利用各种各样的心理战工具,如噪声仿真器、心理战作战飞机等新的作战装备;其二,心理战的作战层次越来越高,覆盖的面越来越广,既包括战争中的战术行动,也包括战争前的战略欺诈;其三,心理战的过程中还带有各种高技术装备的痕迹。

(六)特种战

特种作战是由特种部队或临时赋予任务的部队为达成特定目的而实施的作战。特种作战在机械化战争中就已经出现,但往往独立进行,对主要作战行动的配合十分有限。随着信息技术的发展,特种作战在近几场局部战争中的作用越来越明显,信息时代赋予了特种作战新的内涵。

三、信息化战争的基本特征

信息化战争将使战争形态发生重大变革,信息化战争与以往的战争相比,呈现出一些鲜明的特点。

(一)使用的武器装备不仅是个体平台

信息时代的战争,是以数字化武器装备为物质基础所进行的战争,是以计算机技术为核心、以信息技术为基础的一体化的武器装备系统。战场上的士兵除装备轻武器之外,还装备有由数字通信装备、单兵战场信息综合处理机和全球定位系统组成的电脑系统。数字化的士兵装备,既是战场网络系统的一个终端,也是基本的作战单元,具有人机一体化的远程传感能力、攻击和生存能力,能够实时实地为炮兵和执行空地作战任务的飞机提供数字化的目标信息。前线士兵的传感器会通过太空的卫星不停地把各种情报传输给指挥机构的计算机系统。这些情报信息的图像画面完全可以实时地出现

在战争决策者的显示屏上,从而能更多地了解敌我双方的位置、态势,以及集结、运动等情况,因而能够立即对敌我双方发生的各种情况做出反应。在阿富汗战争中,美空军能准确无误地攻击地面目标,就是得益于美特种作战部队的信息士兵系统与整个战场数字化网络连为一体,为其提供了及时、准确的目标数据。

(二)"敌人"不一定有血有肉

信息化战争军用智能机器人广泛应用于战场。向你发起冲击的有可能是真正的士兵,也有可能是军用机器人,军用智能机器人既可驾驶坦克、操作火炮、怀抱炸药包直接遂行战斗任务,也可进行侦察、观测和监视;既可携带地雷、炸药攻击重要军事目标,也可运送弹药和物资、保障部队作战;既可完成排雷、布雷等危险任务,也可清除障碍、维修装备、护理伤员。如美军开发研制的"罗伯特"机器人,它可以随装甲部队一起行动,当接近敌方雷场时,便发射火箭,将直列装药射向敌人的布雷区,引爆附近的地雷,每引爆一次可开辟长约 90 米、宽 8 米的一条通路。

(三)战场不仅在陆地、空中和海洋

传统战争一般在陆地、海洋和空中进行,但是信息化战争的战场有可能延伸到太空、网络和电磁空间。海湾战争中,为确保夺取战场主动权,多国部队在"沙漠风暴"行动前 5 个小时,动用了 EF-111A、EC-130、TR-A、F-4G、EH-60 等电子战飞机及其他电子对抗设备,在电磁空间开始了代号为"白雪"行动的战场信息领域对抗,大面积、长时间地干扰伊拉克的电子通信系统和军队 C^3I 系统,致使伊方的指挥控制系统完全瘫痪,通信系统失灵,雷达屏幕一片雪花,广播电台也一度完全失常。当多国部队空袭行动开始时,伊军甚至不知道空袭来自何方,飞机无法升空迎战,导弹、高炮找不到打击的目标。

(四)前方与后方、军人与平民难分

传统的战争,军人在前方,平民在后方;军人拿枪打仗,平民做工支援,两者界限分明。而在未来的信息化战争中,战场不分前后方,打仗不分是否拿枪。科学家和工程师不仅可以为军队的信息系统提供维护与防护支持,特别是在计算机病毒防治与对抗、与网络"黑客"的斗争中充分发挥优势,而且可以直接利用军用或民用的通信网络、计算机网络和电视网络,以及各种能产生电磁频谱的器材,施放电磁脉冲、注入计算机病毒、编造各种假图像和假信息,干扰、破坏敌人的电磁频谱输入、输出系统,单独或综合、直接或间接地实施信息战。所以,军用与民用技术设备之间的联系将更加密切。从装备方面看,在工业时代,坦克、飞机、军舰、火炮是完全独立于民用品之外的战争工具,而在信息时代,虽然这些钢铁庞然大物依然存在,但更多、更重要的武器装备却是精巧化、智能化的电子信息设备,而这些军事设备大都与民用产品具有部分或全部的兼容性,许多民用产品都可以作为军事装备为战争服务。另外,军兵种之间的界限将打破。信息化战争中,信息技术在战场上的广泛应用,使军队具备崭新的指挥、控制、通信和情报能力,将传统的陆、海、空战场连成一个陆、海、空军都可以驰骋的统一作战空间,保障所有参战部队

和参战人员能够在统一的作战意图下实施多军种联合作战,从而极大地促进军队的纵向和横向联系。这种趋势无疑将对传统的军兵种结构造成根本性的冲击,将促使军兵种合成的迅速发展和范围扩大,打破系统与系统间的界限,形成一个协调一致的整体,最终导致真正的陆、海、空、天、电、网一体化部队的形成。

(五)战争理念不再是攻城略地和占领制高点

在信息化战争中,非线式作战理论将得到广泛应用,战场范围大大拓宽,部队的机动范围也越来越大,甚至在战争中始终保持机动,在机动中对敌实施攻击,在机动中实施防御,作战双方的战线变得复杂多变,甚至没有明显战线,形成双方部队犬牙交错的局面。在信息化战争中,传统的作战原则、歼敌原则将会发生改变,超视距打击将成为主要的打击方式。

第四节　新军事革命

目前,正在进行的遍及全球的新军事革命始于 20 世纪 70 年代,最早是由前苏军总参谋长奥加尔科夫元帅于 1979 年提出的,称为"新军事技术革命"。1993 年 8 月,时任美国国防部基本评估办公室主任的资深分析家马歇尔以更深邃的目光对"新军事技术革命"概念提出异议,他认为技术革命不足以全面反映这场革命的内涵,为此他建议改称"新军事革命"。

一、世界新军事革命产生的背景

随着日益发展的科学技术不断运用于军事领域,军事装备、军事技术、军事理论发生了翻天覆地的变化。同时,各国为抢占安全战略的主动权,纷纷开始调整军事战略,诱发了以信息化为核心的新一轮军事革命。

(一)社会转型是世界新军事革命的客观因素

在人类历史上曾经出现过游牧社会、农业社会和工业社会。军事革命也随之进行过三次:第一次是从徒手及木石兵器发展到金属兵器的军事革命;第二次是从冷兵器发展到热兵器的军事革命;第三次是从热兵器发展到机械化兵器的军事革命。第二次世界大战后,随着科学技术日新月异地发展,人类社会处于由机械化社会向信息化社会的转型期。特别是信息技术的发展带动了包括微电子与电子计算机技术群、新材料技术群、航空航天技术群、生物工程技术群、海洋工程技术群、微型制造技术群等一大批高新技术群。这些技术运用于军事,使军事技术装备实现了"跨时代的飞跃",推动了军事领域以信息技术为核心的新军事革命。如"战斧"巡航导弹最初在设计时,射程仅为 300 千米,命中精度(CEP)为 100 米,后来由于采用了新技术,射程达到了 3 700 多千米,提高了 12 倍多;命中精度(CEP)的值小于 10 米,提高了 10 倍。

（二）追求战略主动权是世界新军事革命的主观因素

信息时代的到来,使各国面临的安全环境发生了重大的变化,谁能认识得早、行动得快,能紧紧抓住信息技术推动军事革命,增强本国的军事力量,提高作战效能,谁就能占据安全上的制高点。于是,世界各大国在进行经济科技竞争的同时,广泛利用信息技术对本国军队进行改造,以期取得军事战略上的主动权。目前,进行的新军事革命与以往不同的是,这次的新军事革命的驱动力是以信息技术为核心的一批高技术群的发展,使这场新军事革命的深度和广度远远超过以往任何一次军事革命。美国是开展军事革命最早的国家之一,20世纪80年代就开展军事技术变革,20世纪90年代进行全面军事革命,实现军队转型的计划,最终建立信息化部队。应该说美国在新军事革命中已经抢占了先机,取得了明显的成效,不仅增大了与发展中国家的"时代差",同时也拉大了与发达国家的"代内差"。美国的超强军事势力的发展,为其推行霸权主义和强权政治提供了力量保证。英国、法国、德国、日本、俄罗斯等国家也积极采取措施推进军事革命,以求跟上时代的步伐。广大发展中国家则为缩小与发达国家的代差,避免在未来的战争中处于被动挨打的地位,防止强敌入侵,捍卫国家的主权和领土完整,也启动了军事革命。

（三）信息化战争的现实是世界新军事革命的催化剂

以美国为首的发达国家在近几场战争中均以较小的代价赢得了全面胜利,尤其是伊拉克战争、利比亚战争、叙利亚战争等,向世人展示了以天网和信息伞为支撑、以信息情报为主导、以控制对手精神和意志为目标、以精确打击为辅助的信息化作战,实现了作战战场的单向透明。占据信息优势的一方"看得到、打得到、打得准"对方,而劣势一方则"看不到、打不到、打不准"对方,占据信息优势一方的优势就非常明显。如在伊拉克战争中,美军使用了石墨炸弹和电磁脉冲炸弹,石墨炸弹爆炸后产生的石墨纤维,如果挂在了裸露的输电线路上,尤其是高压电线上,就会导致短路,使电力设施无法正常运转;电磁脉冲炸弹使伊军各类电子辐射装置也无法正常工作。战争实践证明如不缩小和消除军事技术的代差,就只有被动挨打。战争的实践促使各国加快进行军事革命。

二、世界新军事革命的特点

新军事革命核心就是把工业时代适于打机械化战争的军队,改造成适于打信息化战争的信息化军队,并呈现出了与以往不同的新特点。

（一）新军事革命的周期相对缩短

在人类社会发展的历程中,随着人类文明和科技的发展,军事革命从启动到最后完成的时间,呈现出相对缩短的趋势。冷兵器时代的军事革命,从启动到完成至少用了3 000多年的时间;热兵器时代的军事革命用了800多年的时间;机械化时期的军事革命用了大约150年的时间。当代的军事革命,从20世纪70年代末开始孕育,到2003年的伊拉克战争,信息化战争的形态基本已经形成,仅仅用了20多年的时间。目前,各种武器装备的科技含量迅猛提高,信息化兵器大量问世,数字化部队和战场建设已初见成效,各种集指挥、控制、通信、情报、计算机、侦察、监视为一体的指挥系统成为部队行动的神经中枢。从世界各主要国家的发展规划和步伐看,预计到 21 世纪中叶将完成这次军事革命,整个发展周期将比历史上的任何一次军事革命的完成周期都要短。

(二)新一轮的军事革命相对独立

与历史上所经历的所有军事革命一样,这次的新军事革命同样具有独立性,它不完全受政治和社会制度的制约,政治上的进步与否不是军事革命成功与否的决定因素。军事革命可以为进步的政治服务,也可以为反动的政治服务。同时,军事革命还具有不可逆转性,一旦启动就会逐步普及和推进,并将进行到底。新军事革命是当今政治、经济和科学技术发展的必然产物,代表着世界军事发展的大趋势,它不仅是少数西方大国的军事革命,更是世界范围内各个国家都要面临的挑战与选择,无论对这场军事革命认识水平高低、启动得早晚,或迟或早都要搭上军事革命的列车。

(三)各国新军事革命的途径不同

当前的新军事革命中,各国根据国情选择了不同的发展道路。美国依靠其强大的经济实力和科技实力,率先进行了信息化军事革命,在武器装备发展上走的是高投入、高速度、谋求全面发展的模式,武器装备基本实现了信息化,大大提高了美军的整体作战能力。伊拉克战争是对美军新军事革命的一次全面检验,战争的实践证明美军的新军事革命非常成功,也为其他国家进行新军事革命提供了范例;英国、法国等欧盟国家走的是积极跟进、联合投入、联合研制、协调发展的道路;日本则采取先民后军的自主式发展道路;俄罗斯根据其自身情况,走出了一条理论研究、适当投入、重点突破的变革道路;印度采取的是外购与自主研发相结合的变革方式。

三、新军事革命的主要内容

新军事革命的实质是将工业时代军事体系改造成信息时代军事体系,内容是以信息化为核心,全面改造军队的武器装备、组织结构、军事理论、军事训练以及后勤保障方式等,最终建立起信息化新型体系。

(一)武器装备智能化

利用信息技术提高主战武器装备的作战性能、提高指挥系统的效能,力求实现传感器到射手之间、各武器系统之间、各作战部队之间的信息顺畅流动和无缝衔接,极大地提高军队的整体作战能力。首先是对机械化的武

智能化地雷:智能化地雷是通过人工智能技术,使地雷"长翅膀""长眼睛""有耳朵""会判断",具有主动识别目标,主动跟踪、攻击目标能力的地雷。如美军研制的 AHW 反直升机地雷,采用智能引信技术,其多功能传感器可根据直升机螺旋桨的声音和红外辐射特征判断敌我,当敌机进入有效射程后,由微机控制雷体战斗部起爆,发射子弹药攻击敌机。"赫尔卡斯"型智能地雷,能长时间自动探测目标、锁定目标,然后启动火箭飞向目标,并不断修正误差,直至命中目标;如果在预定时间内没有发现目标,未能实施攻击,还能为避免"被俘"而"自杀"。

器装备进行数字化改造,实现对武器装备的数字化控制。其次,是将武器系统和各作战部队之间通过网络进行相连,第一线的士兵通过携带的传感器和观察仪,在观察敌情的同时,通过无线网络,将观察到的敌情、地形等情况适时传输到指挥部和友邻部队,最大限度地发挥武器系统的整体效能,使各部队实现信息情报资源的共享。智能化是指使武器装备具有一定的人脑的功能,具有一定的逻辑判断、对比和识别目标能力,不仅能自动探测、识别、跟踪、打击目标,还可以进行威胁判断、多目标选择和自适应抗干扰,还能自动选择最佳命中点,自动寻找目标最易损、最薄弱、最关键的部位,以获得最高作战效能。美军的一种空投的子母弹,母弹在空中炸开后,其释放出的子弹在空中旋转飞行并开始自动寻找目标,当探测到地面目标时开始攻击,一旦一颗子弹锁定了一个目标,其他子弹则会另选目标,不会攻击同一个目标。美军的"哈姆"反辐射导弹(第三代)装有惯性制导系统,可采取自卫、机遇和预定三种方式对目标进行精确打击,具有很高的智能性,即使雷达关机,依然可以将其摧毁。英国的"阿拉姆"第三代反辐射导弹,采用新式微型电路和微处理机等软件控制技术,自主能力强,具有"发射后不管"的能力,一旦发现目标,导弹就自动寻找,如未发现目标,导弹会爬升到 1.2 万米高空,继续搜集辐射源。阿富汗战争中,美军利用 Link16 数据链技术将各种作战单元连接,形成传感器(地面特种部队)——无人机——指挥控制飞机——空中执勤作战飞机——打击——无人机进行打击效果评估的指挥作战链条,整个过程仅 18 分钟,可见智能化程度多高。

(二)体制、编制扁平化

随着武器装备和军队信息化程度的提高,基于机械化部队的体制、编制已不适应信息化部队的要求,为符合信息化战争的需要,必须对军队的体制、编制进行改革,具体讲就是要压缩军队的规模,调整军队结构,建立扁平形网状的一体化指挥控制体制。首先,总体规模小型化,裁减员额、压缩军队总体规模。美军从冷战时期 200 多万军队压缩到现在的 140 多万人;英、法、德军队平均员额下降 30%。裁减建制单位,建制内减少员额。美军陆军师由过去的 1.8 万～2 万人减至 1 万～1.2 万人,实现数字化后将减至 0.5 万～0.7 万人;英、法、德的陆军也将由 1.2 万人减至 1 万人以下。减少部队的指挥层级,改过去军、师、团、营、连为军、旅、营、连。其次,作战单元多功能化。针对当今世界矛盾的多样化对军队建设提出了要求,部队除了具备以往常规作战的能力外,还要适应"维稳""反恐"等任务的需要。部队采取多样化编组,提高部队的应变能力,能够适应多种作战对象和作战环境。最后,内部构成一体化。建立一支多军兵种、合成内部结构合理、协调紧密、综合作战能力强的一体化联合部队。多军种一体化,美军、俄军建成的"天军"包括由飞机、导弹、卫星、载人飞船、地球轨道空间站和地面发射、测控系统组成的一体化部队。俄军设想将其防空体系建成一个由侦察与航空航天攻击预警系统、空间导弹防御系统、防空系统和指挥控制系统组合的一体化防御系统。多兵种一体化,随着指挥系统一体化程度的提高,指挥系统由过去的树状向扁平发展。

（三）战争形态信息化

在未来的信息时代，多种战争形态将同时并存，但信息化战争将成为最基本、最主要的战争形态，信息优势将成为赢得战争胜利的基本条件。在海湾战争中，美军只能了解战区15％的重大情况，而在伊拉克战争中，美军动用了90多颗卫星和36处卫星地面站，在中央司令部设有6个大显示屏，每2.5分钟更新一次战场图像数据，可实时了解60％以上的战场情况，并根据战场的情况进行实时的指挥（伊拉克战争被称为电视直播的战争）。信息战是陆、海、空、天、电磁、认知领域进行的全维战争，太空将成为主要战场之一，天基系统将成为支撑未来信息化战争体系的中枢。因此，美国、俄罗斯、日本、印度、欧盟等国家和地区都在竞相发展军事航天力量，以夺取未来信息战的战略主动权和军事制高点。

（四）作战行动精确化

作战精确化是指从作战计划、作战指挥到作战行动、打击目标、后勤保障等精确化。目前，在战役和战略级别方面，美军充分利用其数据链系统，比如link4、link11，特别是link16，能够实现陆、海、空三军无缝衔接，及时准确地将作战数据传送到相关人员的手中。据资料显示，"二战"期间摧毁一个目标，大约需要900枚炸弹，到越战期间大致降到300枚。而现在，摧毁一个目标只需要1～2枚精确制导炸弹，1枚重磅精确制导炸弹就能够产生"二战"时数百架飞机投掷千枚炸弹才能达到的效能；1架F-16战斗机的毁伤效能相当于"二战"时30架B-17轰炸机的毁伤效能。海湾战争中，多国部队发射的精确制导弹药只占发射总量的8％，却摧毁了80％的重要目标；科索沃战争中使用35％的精确制导弹药摧毁了要摧毁的95％的固定目标和60％的移动目标；阿富汗战争中，开战仅三天就摧毁了85％的预定目标；伊拉克战争，只利用空中打击，就剥夺了伊地面部队80％的作战能力。可以讲，如果不借信息化手段，作战行动的精确化是根本无法做到的。伊拉克战争美英联军仅使用了海湾战争时1/3的兵力、1/2的时间、1/7的弹药、1/3的保障物资，就达成了比海湾战争大得多的战略目的。美军从作战计划到作战行动在战前都要进行计算机模拟，从实战情况看作战行动与计算机模拟十分相像。在伊拉克战争中美军使用了68％的精确制导武器确保了精确打击。

四、世界新军事革命带来的影响

世界新军事革命如一把双刃剑，在促进战争形态发展的同时，也带来了一些其他影响。

（一）拉大了发达国家与发展中国家的军事力量，使战争出现不对称性

物质技术的发展变化是军事革命的基础。新军事革命造就了军事势力超强的美国。美国以其雄厚的经济实力和军事技术基础，积极推进新军事革命，成为世界上无人能敌的超级军事大国，进而使美国的单边主义愈加凸显，通过推行强权政治和霸权主义来竭力维护其霸主地位，而发展中国家由于物质基础的不足根本无法与美国抗衡，这就使全球军事力量严重失衡，军事强国不断以武力干预世界事务，不断演绎出新的不对称战争。

（二）弱势国家可能运用极端的军事手段参战

世界新军事革命在造就超强军事力量的同时，对广大发展中国家的安全利益形成巨大的压力。发展中国家在启动自身的军事革命时，更多的寻求和发展符合自己物质技术基础能力的、能对超强军事强国构成威胁的打击兵器（核、生、化武器），来应付国家可能面临的安全威胁和压力，维护国家的生存权和发展权。

（三）作战空间扩大化和多维化

作战的空间扩大。在美军对阿富汗反恐联合作战中，作战空间不断扩大，B-2从万里之遥的美国本土起飞参战；B-1B和B-52H从距阿富汗数千千米的印度洋上的基地出发；搭载着F-18等作战飞机的航空母舰飘荡在阿拉伯海和波斯湾上；侦察卫星高悬地球上空数百上千千米，而通信卫星在赤道上空36 000千米的地球同步轨道上；地面特种兵在阿境内塔利班阵地前沿为空中的战机指示目标。这种高立体、大纵深的多维一体化作战空间，是一种全新的作战环境，也是巨大的挑战。伊拉克战争中，美军战略指挥部设在美国本土，战区指挥部设在卡塔尔，陆军司令部设在科威特，空军司令部设在沙特，海军司令部设在巴林，在这样一个巨大的地理空间范围内，美军利用全球一体化指挥控制系统，对分散在各地的陆、海、空三军进行指挥和协调，在陆、海、空三维地理空间进行作战。随着信息化技术的大量应用，新军事革命的深入发展，战争空间向着陆、海、空、天、电磁、网络及认知等多维空间发展。

（四）作战理论不断推陈出新

这次新军事革命首先是技术的突破引起的武器装备的变革，其次是随着变革的进程，各种新作战理论层出不穷，并逐渐发展成熟，成为主导新军事革命的重要因素。如美国在海湾战争时的"空地一体作战"理论，在实战中取得了速战速决的效果，就连美国人自己都没有想到。同时也使美国人意识到美军的作战能力已超越了"空地一体作战"，于是又产生了新的作战理论如空海一体战理论、混合战争理论、反介入和区域拒止作战理论、震慑理论等。震慑理论即通过斩首行动,同时配合心理战手段,彻底摧毁对手的心理防线,动摇军心震慑全军。网络中心战即用网络将各种作战武器平台进行联通,使侦察感知、情报传递、作战指挥高效运转,实现作战的实时指挥,其核心是利用计算机网络把地理上分散的部队、各种探测器和武器系统联系在一起,使各级指挥官利用网络交换图文信息,掌握整个战场动态,缩短决策时间,提高指挥速度和协调能力,从而对敌方实施快速、精确、连续的打击。空海一体战理论即主要以海军舰艇的弹道导弹防御系统拦截攻击导弹,保护美国在海外的基地和利益集团;海军潜艇完成侦察、监视并发起巡航导弹攻击任务;空军轰炸机可能要承担部分潜艇无暇顾及的传统任务,包括攻击水上目标和海上布雷。

(五)作战样式体系化

现在作战已不是单件兵器的对抗,而是系统与系统的对抗,即使性能十分优越的单件兵器,仅靠单打独斗,也难敌武器系统。例如米格-29 战斗机的性能并不比 F-16 差,但在科索沃战争中,美军的 F-16 战斗机在战争初期很快就击落南联盟的 5 架苏制米格-29战斗机,而自己则是零毁伤。这是因为 F-16 战斗机有预警机的保障,组成了空中攻防体系,所以对米格-29 的起飞时间、飞行航迹、所处位置都一清二楚。

【复习思考】

1.简述战争的科学含义。

2.机械化战争有什么特点?

3.信息化战争的主要作战样式有哪些?

4.信息化战争的主要特点是什么?

5.新军事革命爆发的动因有哪些?

第五章 信息化装备

第一节 信息化装备概述

当前,高新科技革命浪潮迅猛发展,特别是以信息科学技术为核心的军事高科技正在兴起。应用高新科技更新武器装备、改革军队组织体制,导致战争形态和军事行动方式发生根本性变化。

一、信息化装备的内涵

信息化装备,是指建立在现代科学技术成就基础上,采用现代信息技术,具有单一或多种信息功能武器装备的总称。

信息化装备一方面是指武器装备的信息化,另一方面是信息装备武器化。武器装备信息化的内涵包括:一是对现有武器进行信息化改造,即对现有武器装备加装信息技术装置或将其与信息系统相连接,从而使武器装备的性能和作战效能得到成倍提高;二是研制、生产、装备新型信息化武器装备;三是对部队武器装备系统进行信息化建设。信息装备武器化,是指在战争形态的发展过程中,随着信息在战争中的地位作用的不断提高,信息装备系统直接应用于作战,因而成为具有破坏力特性的武器。在信息化战争中,信息和信息装备系统已成为一种很重要的武器,成为战斗力的重要构成要素。

二、信息化装备的分类

信息化装备按功能分为信息化主战武器系统和信息系统两大类。从作战体系的角度可分为:信息化作战平台、综合信息系统和信息化杀伤武器。在现代战争中,信息化作战平台已成为武器装备体系的"骨干";综合信息系统已全方位渗透到各个作战环节,构成凝聚战斗力的"要素",信息化杀伤武器是构成战场杀伤的"中坚"力量。

信息化作战平台,是以信息化武器控制系统为核心,以传统武器平台为基础,具有运载、投送和管理控制功能并可作为武器依托的载体部分,它科技含量高,综合性能优越,便于体系对抗。综合信息系统,是综合运用以计算机为核心的技术装备,实现对作战信息的获取、传输、处理,保障各级指挥机构对所属部队和武器实施科学高效指挥控制的各类信息系统的统称。信息化杀伤武器,主要包括新概念武器、精确制导、核生化武器等。

三、信息化装备对现代作战的影响

未来的信息化战争,是参战军事集团抢占信息空间和争夺信息资源的战争,由于交战双方在信息领域的对抗,信息战的技术核心是微电子技术。过去人们常说,"打仗就是打钢铁",现在是微电子技术的水平比钢铁更重要。现代战争的胜利属于能够有效地驾驭电磁频谱、掌握电磁优势的一方,这已经成为被普遍接受的一条军事原则,并得到世界近期发生的几场局部战争的证明。

外层空间将成为新的制高点,人类在空间中将展开一场前所未有的、以开发利用空间丰富资源和争夺制天权为主要内容的大竞争,航天武器装备将会得到更加迅速的发展。航天技术是一项高度综合性的现代工程技术,其运载火箭技术和遥测遥控技术发达了,导弹技术则也差不了。

目前,世界上应用较多的空间侦察与监视设备包括:成像侦察卫星、电子侦察卫星、预警卫星、海洋监视卫星。现代侦察监视技术的飞速发展,必然刺激与之对抗的反侦察监视技术的不断进步。现代伪装技术已成为对付侦察监测和精确制导武器最有效的技术措施之一,而隐身技术则更是现代进攻性武器装备突防的重要手段。

指挥控制系统是军队的重要军事装备,是军队的现代化标志之一,因此受到各国政府和军队的高度重视。"发射后不用管"的精确制导武器在现代战争的舞台上扮演着越来越重要的角色。海湾战争中,多国部队使用的精确制导武器占使用弹药总数的8%;伊拉克战争中,美军使用的精确制导武器达到了98%。这充分显示精确制导武器在高技术局部战争中的巨大威力。把智能计算机应用于各种武器装备上的智能武器,使人们不用直接操作就能完成各种军事任务,这种武器比精确制导武器、灵巧型武器更先进。

另外,纳米武器、粒子束武器、超高速动能导弹、高功率微波武器、环境武器以及气象武器等新概念武器随着军事高技术的发展不断出现。谁能更快地开发和应用具有特定功能的高技术,谁就拥有更强大的武器潜力。

总之,信息化装备在军事领域的广泛应用,导致一系列战术技术性能优异的信息化装备问世并用于作战,使现代作战建立在新的物质技术基础上,进而对现代作战产生深刻而又广泛的影响,使现代战争出现了许多前所未有的新变化。

（一）侦察立体化

在信息化战争中,从大洋深处到茫茫太空,布满了侦察监视系统:水下的声呐,能够偷偷地寻觅军舰和潜艇的踪迹;地面的传感器,能够警惕地注视人员与车辆的动静;至于空中的侦察飞机,天上的间谍卫星,由于"站得高,看得远",能够同时监视高空、低空、地面、海上的各种活动目标。一架 E-3A 预警机,当飞行高度为 9 千米时,可以探测到 500~650 千米远的高空目标、300~400 千米远的低空目标、270 千米远的巡航导弹。在无明显背景杂波条件下,它可分辨出时速为 1.8 千米的海上目标,甚至可辨认出潜艇的潜望镜和通气孔。它可以同时跟踪 600 个目标,同时处理 300~400 个目标,同时识别 200 个目标。侦察卫星高高在上,速度高、视野广。将一架视角为 20 度的照相机装在 3 千米高的侦察飞机上,一张照片可以拍摄的地面面积达 1 平方千米;如果将其放在 300 千米高的侦察卫星上,一幅照片囊括的范围可达 1 万平方千米,二者相差近 1 万倍!如果把侦察卫星放到地球同步轨道上,一颗卫星就能同时"看到"太平洋两岸,监视地球表面 42% 的面积。不仅如此,航天侦察还有着许多其他侦察手段无可比拟的优点:它不怕地面火力的威胁,不受地形条件的限制,加上卫星在轨道上是无动力飞行,只靠地球引力和初始速度就能不停地运行,无须再提供另外的能源,再加上日益发达的空间遥感技术帮助,凡是暴露的目标,都难以逃过"卫星的眼睛"。侦察是打击的前提,从一定的意义上讲,高水平的侦察监视技术,本身就是一种威慑力。1991 年海湾战争打响以前,美国人向伊拉克送去了一套卫星拍摄的伊军兵力部署、防御设施的照片,其清晰程度令人吃惊,起到了涣散伊军士气的作用。为了对毁伤效果进行有效的评估,美军要求每隔 72 小时把战区照片更新一遍。从一定的意义上讲,侦察能力的差异性,决定了交战双方的不平等性,换句话说,一方打的是明白仗,而另一方打的是糊涂仗。

（二）打击精巧化

衡量武器装备的优劣,打击力是必先考虑的要素。信息化装备强调在"精巧"二字上做文章。所谓"精",就是要能够"攻其一点、不及其余",尽量不引起不必要的附带毁伤。海湾战争中,当美国空军投下的制导炸弹在伊拉克电讯大楼爆炸时,紧靠电讯大楼的希拉德饭店却安然无恙,美国有线电视新闻网(CNN)的电视记者还透过饭店玻璃窗,向全世界进行实况报道。这种情况,在狂轰滥炸的传统战争中,简直是不可思议的事情。统计显示,越南战争中,所用精确制导弹药占总弹药数的比例为 0.02%,到海湾战争时这一比例已达到 9%,波黑战争时达到 60%,"沙漠之狐"行动时达到 70%,而科索沃战争中则高达 90% 以上。目前,一种全新的信息化战争的作战样式——"精确战",正在登上战争舞台,它要求探测目标精确、攻击目标精确、摧毁目标精确、毁伤评估精确。在"求精"的同时,借助高技术的帮助,也开始在"巧"字上下功夫。美国人认为,要想最有效地削弱敌人的战斗力,致死不如致伤,致伤不如使其失能。这里讲的"失能",既可以指武器,也可以指人员。这样做,效费比更高,副作用更小,后遗症更大。

（三）反应高速化

虽然历来战争都讲究"兵贵神速"，但因为受技术条件的限制，传统武器装备常常"欲速不达"。信息化装备由于充分利用了信息技术的成果，真正做到了机动快、反应快、打击快、转移快。1986年的锡德拉湾之战，美国飞机从英国基地起飞，往返1万多千米，在空中加油4次，飞抵利比亚上空，同时向的黎波里市和班加西城的机场、兵营、港口、雷达阵地倾泻了大批精确制导弹药。这次空袭总共只有17分钟时间。这样的战法，可谓史无前例。在部队机动速度大大加快的同时，信息化装备从发现目标到攻击目标的反应时间也大为缩短。当前，计算机控制的火控系统，能在1.6分钟内操纵4门火炮摧毁35个分离的目标，而在15年前，摧毁这些目标需要2个小时。在信息化战争中，"被发现就意味着被命中"，有些目标在炮击开始10～15秒钟后就可能隐蔽起来，因此，要求发射准备时间和反应时间要尽量缩短。微电子技术和计算机技术的发展，使得从定位定向、跟踪目标、计算射击诸元、气象修正、调整火炮方向和高低，直到补偿倾斜等，都正在或即将实现自动化，从而使火炮到达阵地后做好射击准备的时间缩短为60秒，同时还提高了精度；而从发现目标到发射炮弹的反应时间也相应减少到5～8秒。至于现代防空系统的反应时间，更是以秒计时。如美制"罗兰特"地空导弹的反应时间为8秒，英制"长剑"地空导弹的反应时间为6秒，法制"西北风"地空导弹的反应时间为5秒。从一定的意义上讲，反应的加快等效于距离的缩短、效能的提高。所以，谁的反应速度更快，谁就更易于发扬火力，撤离现场，消灭敌人而不被敌人消灭。

（四）防护综合化

"保存自己，消灭敌人"，是一切战争的共同原则。由于信息化装备侦察、监视和探测手段具有全方位、全频谱、全天候、全时辰的特点，进攻一方如果不能有效地保护自己，就可能出现"发难者先遭难"的结局。现在，当一架战斗机在重要地区300米以上高度飞行时，可能受到800～900部雷达的照射，其中可能有300～400部雷达以600～700个不同频率的波束进行搜索，有30～40部雷达跟踪飞机。如果

> **延伸阅读**
>
> 智能坦克：智能坦克主要担负战场作战、侦察和扫雷任务，如加拿大的"金戈斯"智能坦克一次可开辟100米长、8米宽的通路，扫描宽度为1.83米，扫雷速度16千米/小时。其特点是：具有人工智能，会有"意识"地寻找、辨别和摧毁要打击的目标。比如在高速行驶状态下识别道路状况，区分人员与自然地物，绕行各种障碍物，快速识别目标的不同特征及其威胁程度，通过信息快速传递，完成各项任务。

再加上光电探测设备的威胁，战场电磁环境必将更加复杂。这对飞机、导弹等进攻性武器是一个严峻的挑战。在这种情况下，防护的地位显得特别重要。海湾战争中，F-117A飞机大出风头，出动1 600多架次，虽然仅占战斗机攻击架次的1.77％，却完成了对40％战略目标的攻击任务，而且无一损伤。其奥妙之处，便是借助于外形设计和表面涂

料,有效地实现了隐身要求,其雷达反射面只有0.01平方米。除了隐身技术外,先进伪装、预警告警、致盲致眩、施放诱饵、加固装甲、防电磁脉冲等,也都成了现代武器装备的防护手段。对于武器装备处于相对劣势的一方而言,是否搞好防护和伪装隐蔽,直接关系到胜败与存亡。在举世瞩目的科索沃战争中,南斯拉夫人民和军队不仅敢打,而且善藏,硬是在以美国为首的北约进行了78天的野蛮轰炸、投下了数万吨各种精确制导弹药之后,巧妙地保存了自己的军事实力。由此可知,那种认为"高技术侦察监视手段发展了,伪装隐蔽没有意义了"的观点是错误的。事实证明,只要能够综合运用多种防护措施,藏起来,盖起来,小起来,跑起来,是可以收到隐真示假效果的。

(五)控制智能化

信息技术的发展使武器装备的射程、威力、精度都几乎达到了各自的极限。交战双方的差别,在很大程度上取决于它们对武器控制和部队指挥的水平上,而要想驾驭信息化战争,单靠人脑已经不够了,必须借助于电脑来帮忙。在海湾战争中,美军在战区中有3 000多台计算机同国内的计算机联网,跟踪与分析敌军实力,制定与演练作战方案,汇集与查找各种资料,都使用计算机进行。多国部队的战斗机,一般每一架都装有20台左右的计算机;每一辆美国的M1A1艾布拉姆斯或者法国的"勒克莱尔"坦克,都装有各类计算机30余台;而每一艘航空母舰,各系统至少装有200台左右的计算机。美国的"全球军事指挥控制系统",总共由100多台大型机、3 000多台小型机和工作站、数以万计的微型机组成,可连接全球100个基地与战争热点的大型作战指挥网。可以毫不夸张地说,没有电子计算机,便不可能打信息化战争。以海湾战争为例,在整个38天空袭期间,多国部队的空域管制人员必须根据空中任务分配指令,每天管理数千架次飞机的飞行活动,涉及122条空中加油航线、600个限航区、312个导弹交战空域、78条空中攻击走廊、92个空中战斗巡逻点、36个训练区和6个国家的民航线,总航线长达15万千米,要完成如此复杂艰巨的任务,没有一个智能化的指挥控制网络,简直是不可思议的事情。

第二节　信息化作战平台

信息化作战平台是指装有大量电子信息设备,以信息和信息技术为核心的坦克、火炮、飞机、舰艇等武器载体,信息化作战平台是C^4SIR系统所依托的平台。信息化作战平台按作战运用的范围可分为:陆战信息化作战平台,如坦克、火炮、步兵战车等;海战信息化作战平台,如航空母舰、导弹驱逐舰、护卫舰、潜艇等;空战信息化作战平台,如预警机、战略轰炸机、地面防空反导装备等。世界发达国家的军队已经逐步装备多种信息化作战平台,下面介绍世界主要国家的几种主要信息化作战平台。

一、美国的信息化作战平台

(一)航空母舰

航空母舰指以舰载机为主要武器,并作为海上活动基地的大型水面舰船。航空母舰是航空母舰战斗群的核心舰船,舰队中的其他船只提供保护和供给,而航母则提供空中掩护和远程打击。航空母舰的主要任务是攻击敌水面舰艇、潜艇和运输船,袭击沿岸军事设施和陆上目标,夺取作战海区的制空权和制海权。航空母舰一般载有舰载机80~120架,可控制半径为300海里的海域。

美国是继英国、日本后,第三个拥有航空母舰的国家,首艘航空母舰"兰利号"于1922年3月下水。美国现有

宙斯盾战斗系统:(Aegis combat system),美国海军现役最重要的整合式水面舰艇作战系统。上世纪60年代末,美国海军认知自己在各种环境中的反应时间、火力、运作妥善率都不足以应付苏联大量反舰导弹对水面作战系统的饱和攻击威胁。对此美国海军提出一个"先进水面导弹系统"的提案,经过不断发展,在1969年12月改名为空中预警与地面整合系统(Advanced Electronic Guidance Information System/Airborne Early-warning Ground Integrated System),英文缩写刚好是希腊神话中宙斯之盾(AEGIS),所以也译为"宙斯盾"系统。

航空母舰11艘,其中尼米兹级核动力航母10艘。尼米兹级航空母舰是目前世界上威力最大、体积最大、排水量最大、联合作战能力最强的现役航空母舰。美国共建造了10艘尼米兹级航空母舰,分别是尼米兹号(舷号CVN-68)、艾森豪威尔号(舷号CVN-69)、卡尔文森号(舷号CVN-70)、罗斯福号(舷号CVN-71)、林肯号(舷号CVN-72)、华盛顿号(舷号CVN-73)、斯坦尼斯号(舷号CVN-74)、杜鲁门号(舷号CVN-75)、里根号(舷号CVN-76)、布什号(舷号CVN-77)。从1968年首舰"尼米兹号"开建至2009年最后一艘"布什号"服役共用了41年时间。

美国新一级核动力航空母舰"福特"级核动力航空母舰于2005年8月11日开工建造,首舰"福特"号(舷号CVN-78)2013年11月9日正式下水,2017年7月22日加入现役。"福特"级核动力航空母舰的设备全部是网络化与电脑化,它的整体自动化程度比尼米兹级航母大大提高,是目前世界上最大核动力航母,也是世界上最先进的新型超级航母。

(二)战略轰炸机

战略轰炸机是一座空中堡垒,除了投掷常规炸弹外,还可以投掷核弹或发射空对地导弹。远程轰炸机主要用来执行战略轰炸任务。美国的战略轰炸机主要有B-2,B-52、B-1等型号。

1.B-2轰炸机,绰号"幽灵",是目前唯一一种隐身战略轰炸机,并装备有先进的机载电子系统,用于侦测、导航、瞄准、电子对抗等。最主要的特点是低可侦测性,能够避开对

方严密的对空雷达探测网,深入敌方,执行轰炸任务。在空中不加油情况下航程 1.2 万千米,可飞行 10 个小时以上,具有全球到达和全球摧毁能力。B-2 轰炸机具有高低空突防能力,能执行核及常规轰炸的双重任务。1999 年 B-2 战略轰炸机参加对南联盟的空袭,这是 B-2 轰炸机首次用于实战。目前,20 架 B-2 轰炸机在役,每架 B-2 轰炸机单价高达 24 亿美元,是世界上迄今为止最昂贵的飞机。

2. B-52 轰炸机,1955 年开始装备部队,直到今天还在使用,目前仍然是美国空军战略轰炸的主力,先后发展了 B-52A、B、C、D、E、F、G、H 等 8 种型号,共有 B-52 轰炸机 76 架。B-52 轰炸机也是一种战略轰炸机,航程 16 232 千米,最大携弹 31 500 千克。B-52 是美国战略轰炸机当中唯一可以发射巡航导弹的机型。B-52 装备 AGM-28 巡航导弹,该巡航导弹是战略空地导弹,最大速度为 2.1 马赫,采用惯性加被动雷达制导,主要用来攻击地面预警指挥雷达等。同时,B-52 轰炸机还装备新型的电子对抗系统,大大提高了它的作战性能。从初次参战越南战争到全过程参加对伊拉克的空袭作战,B-52 轰炸机虽然已经服役 60 多年,但不断得到改进,先进的导航、电子对抗系统等的加装,使其作战性能不断提升。

3. B-1 轰炸机,也称"枪骑兵",它的改进型是 B-1B,是美国一种超音速变后掠翼远程战略轰炸机,具有低空渗透能力强、大载弹量(B-1 轰炸机挂载 30 164 千克的炸弹)和大航程(11,999 千米)的特点,是美国战略威慑的主要力量之一。B-1 轰炸机装备先进的电子设备,装备的自动脉冲多普勒雷达,可以探测攻击它的敌导弹和飞机,一旦探测到目标,雷达会发出信号,并向每个乘员都发出警告音,1974 年首次试飞,1985 年开始装备部队,目前在役 62 架。1998 年,B-1 轰炸机首次参加沙漠之狐作战,以后又参加了科索沃、阿富汗等战争行动。

(三)导弹

1. 战斧巡航导弹,是一种远程、全天候、亚音速巡航导弹,有陆基型、潜射型、空射型、舰载型 4 个型号。战斧巡航导弹可以从陆地、军舰、空中和水下发射,主要攻击舰艇或陆上目标,对严密设防区域的目标实施精确攻击,是美国现役最主要的巡航导弹和远程打击力量之一。战斧巡航导弹采用惯性制导加地形匹配或卫星全球定位修正制导,可以自动调整高度和速度进行高速攻击。它的巡航时速为 880 千米,最大射程 2 500 千米,命中精度 30 米。战斧巡航导弹表层有吸收雷达波的涂层,具有隐身飞行性能,具有低空飞行、命中率高等特点。战斧巡航导弹 1983 年服役,1991 年海湾战争中,战斧式导弹首次大规模投入使用,参加过科索沃战争、伊拉克战争、利比亚战争的空袭。

2.爱国者防空导弹,是一种全天候、多用途、中远程、中高空地空导弹系统。"爱国者"防空导弹系统由导弹及发射装置、相控阵雷达、作战控制中心和电源等部分组成,全套系统被安装在 4 辆制式卡车和拖车上。导弹长 5.18 米,弹径 0.41 米,弹重约 900 千克,最大飞行速度达到 6 马赫,平均速度为 3.7 马赫,最大有效射程 80 千米,最大射高 24 千米。爱国者防空导弹 1984 年开始装备部队,目前有 3 种型号:"爱国者-1""爱国者-2""爱国者-3"。爱国者导弹在 1991 年海湾战争中发挥了重要作用,并在战后被广为人知,成为美国的代表性武器之一。

3."萨德"反导系统,全称是"末段高空区域防御系统"。"萨德"拦截高度为 40~180 千米(即大气层的高层和外大气层的低层),而这个拦截高度区间正好是射程 3 500 千米以上的远程和洲际导弹的飞行末段,以及射程 3 500 千米以下的中近程导弹的飞行中段,是当今世界唯一能在大气层内外拦截弹道导弹的陆基反导系统。

"萨德"由拦截弹的发射装置、AN/TPY-2X 波段雷达、火控通信系统及作战管理系统等设备组成,主要用于拦截高空区域大规模弹道导弹袭击的防御系统。导弹发射装置安装在一辆发射卡车上,该车装有自动装弹系统,发射车从装弹到完成发射准备不超过 30 分钟,在待命中接到命令后几秒钟便能发射。"萨德"的拦截弹长 6.17 米,弹头的动能杀伤飞行器(KKV)由用于捕获和跟踪目标的红外导引头、信号处理机、数字处理机、激光测量装置和推进系统等组成。红外导引头通过红外成像进行制导,拦截弹的飞行速度为 2 000 米/秒。

"萨德"的雷达是一台 AN/TPY-2X 波段固体有源多功能相控阵雷达,是世界上性能最强的陆基机动反导探测雷达之一。该雷达警戒距离远,对反射面积为 1 平方米的目标最大探测距离约 1 200 千米,对于弹体尚未分离的上升段中远程和洲际导弹的探测距离在 2 000 千米以上。

二、俄罗斯的信息化作战平台

(一)战略轰炸机

1.图-160 远程战略轰炸机,是一款超音速变后掠翼远程战略轰炸机,北约国家称其为"海盗旗"。图-160 远程战略轰炸机以其优雅的外形设计和白色的涂装被人们称为"白天鹅"。图-160 是世界上最大的轰炸机,比 B-1 轰炸机大将近 35%。图-160 远程战略轰炸机装备了世界上推力最强劲的军用航空发动机,它的推力比美国 B-1B 轰炸机大 65%,速度比 B-1 轰炸机快 80%,航程比 B-1 轰炸机多出将近 45%。图-160 远程战略轰炸机于 1987 年 5 月开始服役,1988 年形成作战能力。

图-160 轰炸机的作战方式以高空亚音速巡航、低空亚音速或高空超音速突袭为主,在高空时可发射远程巡航导弹在敌人防空网外进行攻击;担任防空压制任务时,可以发射短距离导弹。此外,图-160 还可以低空突袭,用核弹头的炸弹或是发射导弹攻击重要目标。2015 年 11 月,俄罗斯首次出动 5 架图-160 轰炸机对叙利亚境内恐怖组织发动攻击。

2.图-22M 远程战略轰炸机,是一款双发变后掠翼超音速远程战略轰炸机,北约国家称其为"逆火"。图-22M 轰炸机是图-22 的改进机型,有图-22M1、图-22M2 和图-22M3 3种机型,俄罗斯目前在役图-22M 共 114 架,其中 98 架为图-22M3。图-22M 远程战略轰炸机具备低空突防和隐形能力,其高空亚音速作战半径为 3 700 多千米,航程 7 100 多千米。因此,它既可以执行战略核轰炸任务,也可以执行战术轰炸任务。如果携带大威力反舰导弹,可以攻击航空母舰编队。

图-22M3 执行过 1987～1988 年轰炸阿富汗游击队永久工事、基地和部队集结点的任务以及车臣战争、叙利亚战争中的轰炸任务。

3.图-95 战略轰炸机,是一款远程战略轰炸机,北约国家称其为"熊"。图-95 战略轰炸机有图-95KM"熊"A、图-95KM"熊"B、图-95KM"熊"C、图-95KM"熊"D 和图-95LAL等多种机型。图-95 战略轰炸机主要执行战略轰炸以及电子侦察、照相侦察、海上巡逻反潜和通信中继等任务。图-95 战略轰炸机最大航程 14 000 千米,最大速度 925 千米/小时,具有先进的火控系统、装有 РБП-6 型轰炸瞄准雷达,用于领航、轰炸和敌我识别询问应答以及电子侦察设备。1956 年服役部队,多次在太平洋上空执行巡航任务。

（二）战略导弹

1.白杨-M 弹道导弹,是俄罗斯的一种固体燃料的洲际弹道导弹,可携带多枚分导弹头,采用多种制导方式、三级固体燃料,既可机动发射,也可固定发射,射程 10 500 千米。它发射准备时间短、反应能力迅速、飞行速度快,并能作变轨机动飞行,具有很强的突防能力。另外,白杨-M 导弹的控制系统采用了人工智能技术,可使电磁脉冲干扰失效,使导弹具有良好的抗干扰性及飞行的安全与稳定性,能有效规避敌方的导弹防御系统。1994 年 10 月首次试射,1998 年 12 月服役。

2.S-400 防空导弹,是俄罗斯陆基移动式中远程防空导弹系统。主要用于从超低空到高空,从近距离到超远程的全空域对抗密集多目标空袭,可对侦察、预警机等作战飞机、巡航导弹、中近程弹道导弹等多种目标实施打击,其最大射程 400 千米。S-400 防空导弹系统火力单元(营为基本火力单位)是由一辆相控阵制导雷达车和几辆导弹发射车组成。其先进的相控阵雷达,探测和跟踪距离远,可同时完成搜索跟踪目标、制导导弹、反电子干扰等任务,可同时制导多枚导弹、攻击多个目标,它抗干扰能力强,尤其适合在强烈的电子干扰环境下作战。2010 年服役,但 S-400 防空导弹目前还没有实战经历。

3.萨尔马特弹道导弹,是一种液体燃料重型洲际弹道导弹,是俄目前最新洲际导弹,属于第五代导弹。它采用地下井模式发射,射程 11 000～15 000 千米,可携带 16 枚分导弹头和众多"诱饵"假弹头。导弹控制系统采用高精引导战斗部攻击目标,携带最先进的反导防御设备,飞行时可使用不同轨迹,飞行助推段短,具有很强的突防能力,难以拦截,可以突破全球任何导弹防御系统。目前,萨尔马特弹道导弹还没有正式服役。

三、中国的信息化作战平台

(一)预警机

预警机是用于预先发现空中目标,尤其是低空目标,为抗击敌空中袭击提供有关数据和时间保证,并能引导己方飞机进行作战的飞机。预警机一般是在大型运输机上安装远程警戒雷达和指挥联络设备,因此也称空中预警指挥机。预警机的特点,一是居高临下,发现距离远、监视范围广;二是指挥控制能力强,能同时跟踪数百个目标,同时引导数十架飞机作战;三是机动灵活,便于快速布置。

目前,中国空军装备有空警-2 000、空警-200 和空警-500 等型号的预警机。空警-2 000是我国首款自行研制并形成战斗力的大型预警机,机载固态有源相控阵雷达、敌我识别装置、中央计算机、为操作人员准备的自动化工作台、通信和数据传输系统和防护系统等,能探测速度较高的空中或海上目标,对电子情报、电磁情报、无线电情报收集和侦察能力强。空警-2 000自参加 2009 年国庆 60 周年的大阅兵首次亮相以来,已多次接受检阅,最近一次是 2019 年 10 月 1 日庆祝新中国成立 70 周年阅兵式上出现。

(二)99 式坦克

坦克是集火力、机动、防护于一体,有陆战之王美称的陆战兵器之一。我国 99 式坦克是中国人民解放军陆军的新一代主战坦克,具备美观的防护外型,车体大量采用复合装甲,具有很强的防护能力,并融合了先进的信息化作战技术。99 式坦克于 1989 年开始研发,1999 年服役,2009 年新中国成立 60 周年的大阅兵中首次亮相。随后 99 式坦克又经过改进,改进后的 99 式逐渐性能成熟,在机动力、防护力、火力、信息力位于世界前列。

(三)东风系列导弹

东风系列导弹是我国一系列近程、中远程和洲际导弹的通称。1958 年开始研制,1960 年 11 月 5 日东风-1 试射成功。

1.东风-5 洲际地地战略导弹

东风-5 洲际地地战略导弹于 1980 年 5 月试验成功,1984 年国庆阅兵首次亮相,2015 年 9 月 3 日阅兵东风-5B 洲际地地战略导弹亮相,可携带多枚弹头,射程超过 10 000 千米。

2.东风-21D 导弹

东风-21D 导弹是我国自主研发的一种新型中程弹道导弹,是世界第一种反舰弹道导弹,它主要用于对航母等船只进行致命的战略战术打击,可以直接远距离击沉移动中的航母。

3.东风-31 弹道导弹

东风-31 弹道导弹是我国首种远程固体推进剂的洲际弹道导弹,射程超过 10 000 千米。2009 年国庆阅兵和 2015 年 9 月 3 日阅兵两次亮相。

4.东风-41 弹道导弹

东风-41 弹道导弹是目前我国最先进的洲际弹道多弹头导弹,射程超过 14 000 千米。2019 年 10 月 1 日国庆阅兵中首次亮相。

5.东风-17 导弹

东风-17 弹道导弹于 2019 年 10 月 1 日出现在国庆阅兵战略打击方队中,东风-17 弹道导弹具备全天候、无依托、强突防的特点,可对中近程目标实施精确打击。这是一种可携带高超音速弹头,具有高速度和高机动性突防能力特点的新型导弹。

(四)中国的第五代战机

第五代战机(有的国家称为第四代战机)具有 5 个特点:一是隐身,二是超音速巡航,三是超机动飞行,四是超视距打击,五是超信息的优势。目前,世界有 3 个国家 5 种型号的第五代战机。中国的歼-20 和歼-31、美国的 F-22 和 F-35、俄罗斯的苏-57 战机都是第五代战机。歼-20 战机是我国自主研制的一款双发动机重型隐形战斗机。歼-20战斗机于 2011 年 1 月 11 日首次试飞,2018 年 2 月 9 日正式列装中国人民解放军空军作战部队。

四、日本的信息化作战平台

(一)八八舰队

八八舰队是日本海上自卫队的水面舰队打击群,日本共有 4 支八八舰队。其编制由 8 艘驱逐舰、8 架反潜直升机构成,即 1 艘直升机驱逐舰、2 艘防空型驱逐舰和 5 艘通用型驱逐舰,再配以 8 架反潜直升机的编组。八八舰队是日本海上自卫队为了保卫1 000 海里海上交通线的基本目标,实现"封锁护航"的战略,根据舰艇编队对潜搜索和攻击的目标,用运筹学的解析方法,通过建模计算得出的,主要承担保卫海上交通线,执行中远海反潜、机动作战和护航等任务。八八舰队在防空、反舰、反潜三大能力中以反潜能力最为强大。

(二)金刚级驱逐舰

金刚级驱逐舰是日本配备有宙斯盾战斗系统的导弹驱逐舰,是全世界除了美国海军之外最早出现的宙斯盾舰,具有很强的防空能力。日本共有 4 艘金刚级驱逐舰,分别是"金刚"(DDG-173)、"雾岛"(DDG-174)、"妙高"(DDG-175)和"鸟海"(DDG-176)。4 艘驱逐舰于 1993 年后相继服役,服役后,分别配置在日本海上自卫队的 4 个护卫群,每个护卫群中配备 1 艘金刚级驱逐舰。

金刚级驱逐舰仿造美国阿利·伯克级驱逐舰,但舰桥结构更为庞大,取消了伯克级的轻质十字桅杆,改用海自传统的重型四角格子桅,这是金刚级与伯克级在外观上的主要区别。与伯克级相同,金刚级也很注重舰体的防护能力,并采取相同的强化措施。同时,金刚级驱逐舰没有配备对地攻击性的战斧巡航导弹。

(三)日向级直升机驱逐舰

日向级直升机驱逐舰,日本称为"护卫舰",实际上日向级直升机驱逐舰是"准航母",它采用与航空母舰相同的平顶全通式舰面起降场,舰长197米,飞行甲板宽33米,标准排水量达13 950吨,可容纳11架直升机,同时起降4架直升机。

日向级直升机驱逐舰共2艘,首舰"日向"号于2009年3月18日服役。二号舰"伊势"号于2011年3月16日服役。

(四)出云级直升机驱逐舰

出云级直升机驱逐舰是日本海上自卫队有史以来建造的最大的作战舰艇。舰长248米,飞行甲板宽38米,标准排水量达19 500吨,可容纳14架直升机,同时起降5架直升机。首舰"出云"号22DDH,2013年8月6日下水。二号舰"加贺"号24DDH,2015年8月27日下水。首舰"出云"号2015年3月25日已正式服役,成为日本第一护卫群的新旗舰。出云级直升机驱逐舰满载排水量26 000吨,除了舰体规模比日向级更为庞大外,还拥有日向级所不具备的两栖部队运输能力和海上补给能力,舷侧设有两栖部队滚装舱门,舰尾设有燃料纵向补给设施,执行多任务能力有较大提升。

五、印度的信息化作战平台

(一)大地系列导弹

印度大地系列导弹是印度自行研制的地对地战术弹道导弹,采用液体燃料推进、射程较近。导弹型号有"大地-1",射程在150千米,战斗部重1 000千克;"大地-2",射程250千米,战斗部重500千克;还有一种大地导弹的海基版丹努什,射程150千米,是一种对地或反舰的舰射弹道导弹,可携带核弹头。印度大地系列导弹采取车载机动发射,战术性能强。

(二)烈火系列导弹

目前,印度已经列装的"烈火"系列导弹型号有射程750千米的"烈火-1"、射程1 500千米的"烈火-2"、射程2 500千米的"烈火-3"和射程达3 000千米的"烈火-4"中程导弹,这些导弹全都采用固体火箭发动机推进,战术灵活性比以前装备的"大地"系列液体燃料推进导弹性能大大提高。

"烈火-5"导弹是印度目前可携带核弹头的最远射程的导弹,导弹采用三级固体燃料推进,射程5 000千米,可携带一件1 000千克核武器。"烈火-5"导弹采用分导技术可同时发射多个核弹头。"烈火-5"导弹不仅能从发射井固定式发射并且可以进行公路机动发射。

六、朝鲜的信息化作战平台

（一）"大浦洞"系列导弹

"大浦洞"系列导弹是朝鲜研制的中远程导弹,型号主要有"大浦洞-1"号导弹、"大浦洞-2"号导弹。

1."大浦洞-1"号导弹是一种二级液体中程弹道,以芦洞导弹作为第一级弹体,以化城6导弹作为第二级弹体的简单拼装。"大浦洞-1"号导弹质量约23 000千克,可携带700千克弹头,也可携带中当量的核弹头,射程2 000千米。"大浦洞-1"号导弹并不先进,但它是朝鲜多级导弹的首次尝试,在朝鲜弹道导弹发展史上具有重要的意义。多级导弹或运载器的发射成功,表明朝鲜在弹道导弹的设计、研制和制造上,已经积累了丰富的经验,并掌握了中程导弹制造技术。

2."大浦洞-2"号导弹是朝鲜在"大浦洞-1"号导弹基础上,独立研制的一种中程弹道导弹。"大浦洞-2"号导弹的发射重量为80 000千克,射程达3 500千米,并可以携带核弹头。它采用液体推进、惯性制导方式。

（二）火星系列导弹

火星系列导弹是朝鲜自主研制的近中远程系列导弹,型号主要有射程70千米"火星-1"导弹、射程90千米"火星-3"导弹、射程320千米"火星-5"导弹、射程550千米"火星-6"导弹、射程1 200千米"火星-7"导弹、射程1 300千米"火星-9"导弹、射程2 500千米"火星-10"导弹、"火星-12"导弹、"火星-14"导弹等。

1."火星-12"导弹,是朝鲜研制的采用新型发动机,可搭载大、重型核弹头,射程为5 000千米左右的远程弹道导弹。"火星-12"导弹首次在2017年4月15日朝鲜太阳节的阅兵式上亮相,2017年5月14日,朝鲜平安北道龟城市发射了一枚"火星-12"弹道导弹,最高飞行高度达到2 111千米,水平飞行距离787千米,最终落入日本海。

2."火星-14"导弹,是朝鲜研制的一种洲际导弹。2017年7月4日,朝鲜采用高角度发射从朝鲜西北部地区试射,最大高度2 802千米,飞行了933千米,试射成功。如果以正常角度发射,其飞行距离要超过14 000千米。该导弹采用了多弹头分导技术与新型高沸点推进剂,采用了液体火箭发动机。"火星-14"导弹的运载能力达到10 000千克,可以搭载15枚10万吨当量核弹头。该型导弹采用车运载发射,大大加强了生存能力;配备了干扰手段,可以在上升段免受导弹防御系统的打击,弹道中段最高速度可以达到10马赫,末端实现了机动变轨,突防能力大大增强。该型导弹采用了星光制导加惯性制导,但是精准度较差,圆概率误差很可能以千米计。

第三节　综合电子信息系统

综合电子信息系统是指在信息化战争环境中,为诸军种联合作战提供信息作战能力与优势的系统。综合电子信息系统是信息化战争的重要组成部分,是敌我双方必争的制高点,它不仅是武器,也是战斗力的倍增器。综合电子信息系统通过对各种军事信息系统的综合设计、综合集成和各军种综合运用,可达到高效率、高效能使用资源的目的,它是多个信息系统组成的大型军事信息系统,具有指挥、控制、情报、监视、导航定位、公共信息管理等作战功能,能为指挥员和战斗员提供及时、准确、完善的作战信息。

一、指挥控制系统

指挥控制系统是军队的重要军事装备,是军队的现代化标志之一,因此受到各国政府和军队的高度重视。

(一)指挥控制系统概述

1.指挥控制系统概念

指挥控制系统是指指挥员借助以计算机为核心的信息技术设备、人员、运作的方法步骤,按照军事原则,对所属部队进行指挥控制的人机信息系统。

系统功能要素的英文缩写:

C^2:Command+Control 指挥、控制(20 世纪 50 年代)

C^3:C^2+Communication 指挥、控制和通信(20 世纪 60 年代)

C^3I:C^3+Intelligence 指挥、控制、通信和情报(20 世纪 70 年代)

C^4I:C^3I+computer 指挥、控制、通信、计算机和情报(20 世纪 80 年代)

IC^4I:Integrated+C^4I 综合 C^4I(20 世纪 90 年代)

C^4ISR:C^4I+Surveillance and Reconnaissance 指挥、控制、通信、计算机、情报、监视和侦察。

通常,我们把 C^3I 系统看作指挥控制系统的同义词。

2.C^3I 系统体系结构

由情报、通信、信息处理、指挥组织、兵力控制分系统和接口(即分系统间的连接装置)构成的系统结构,称作 C^3I 系统的体系结构。

情报获取分系统主要用来收集、处理情报,由布置于地面、水面(水下)、空中、太空的各种光、电、声、磁等情报探测设备构成,是系统的"耳目"。

信息处理分系统由各种计算机、工作站、软件等组成,按照指挥控制的要求对信息进行加工、显示、存储、检索等,在人机对话(也称交互)时,及时完成输入请求的处理并将处理结果输出给用户。该系统是整个指挥控制系统的电子"大脑"。

116

通信分系统是由通信终端、交换机和通信线路互联而成,主要完成多媒体信息在各分系统及分系统内部之间传送,是系统的神经和黏合剂。

指挥组织分系统根据通信分系统传递的信息进行工作,是实现指挥和指控的核心分系统。指挥组织分系统由各类参谋和指挥员的下属指挥所组成,是在计算机辅助下,帮助指挥员完成指挥控制的选择、推理、判断等。

兵力指挥分系统根据通信分系统传递的情报、指挥组织分系统下达的命令等进行工作。兵力控制分系统通常就是下级指挥所或武器控制器,主要实现指挥命令的执行和执行过程的监督及情报的上报,是 C^3I 系统的执行机构。

上述 5 个分系统,通过接口,即各种电缆、键盘、声音输入输出设备、显示屏、通信接口和相应软件,连成一个互相作用、互相影响、协调运行的更大的人机信息系统,也就是 C^3I 系统。

3. C^3I 系统工作原理

C^3I 系统是一个十分复杂的系统,其工作原理不像一般系统那么简单,只能把 C^3I 系统辅助指挥员实现指挥功能的人机协调过程,称作系统的工作原理或运行机制。整个指挥控制过程分为六个环节。

情报获取。这是系统工作的首要步骤,由相应的情报部门负责实施与管理。通过情报侦察手段发现、监视、跟踪目标。情报获取环节还要提供与战场有关的天气和地理数据信息。在指挥员指导下,经计算机辅助,由情报人员和机器共同完成分析、综合情报,得到敌方兵力及其部署,最后输出战场态势图,播送给整个战场。

评估。输入战场态势图、本方通报和数据库信息以及上级下达的战斗任务,由指挥员、作战和情报参谋一起,在计算机帮助下,判断敌方作战意图,分析敌对双方兵力对比,确定敌方威胁和我方机遇,根据作战任务判定是否做出反应。

方案产生。输入敌方兵力部署、意图,双方兵力对比及敌方的威胁与己方的机遇。指挥组织人员和机器合作,制定多个可能的作战方案并对其进行计算机模拟与评估,得出各个方案的优劣,再输出给下一个环节。

方案选择。根据输入方案的好坏,指挥员根据自己的经验,在机器的帮助下,选出最好的方案。

计划。按照作战方案和指挥控制模式,由专门人员制定作战计划,除遭遇战外,作战预案及计划都是事先存在计算机中,选出对应方案的计划后,打印或直接传给下级或武器控制器。

命令下达。指挥员、参谋人员同机器合作完成,由指挥员核定后下发执行,并上报上级。

（二）指挥控制系统在作战中的应用

1.C³I系统在现代战争中的作用

C³I系统、电子战、精确制导武器被称为信息化战争的"三大支柱"。由此可见，C³I系统在信息化战争中的作用至关重要。

C³I系统与以往的人工指挥控制系统相比，具有以下几个方面的突出作用。

（1）超常的情报搜集、传输作用

这种作用概括而言，就是广、快、大。所谓广，是指情报搜集、传输情报全方位、全天候、全天时；快是指搜集、传输情报的速度快；大是指搜集、传输情报的信息量大。

（2）超常的情报处理作用

情报是指挥员及C³I系统的"耳目"。信息化战争中的情报信息特点，可以用6个字来概括，即多、乱、杂、散、伪、变。多，指需要搜集的信息种类多、数量大，出现的情报像潮水般涌向指挥所，使人应接不暇；乱，指获取的情报杂乱无章，有价值的信息常常埋没在一片"噪声"之中，不经过仔细处理、鉴别，无法得出正确判断；杂，指获取情报的机理、途径庞杂，必须利用声、光、电、磁、震和人工等各种自然现象、规律，通过技侦、部侦、谍报和公开媒体等进行侦察判断；散，指由于作战空间扩大，情报来源分布范围广——陆、海、空、天、水下，时间跨度长——从平时、战前一直到战中、战后；伪，指原始情报可信度不高、真假难辨；变，指战场形势瞬息万变，如果情报的探测、处理、传递和利用不及时，将使所获情报的时效性迅速降低甚至丧失。

（3）超常的辅助决策作用

未来战场态势瞬息万变，情况错综复杂，战争空前激烈，指挥异常困难。为了适应这一情况，C³I系统不仅要能帮助人们完成战争前后的大量烦琐性工作，而且还要能帮助指挥人员思考，辅助他们进行决策，也就是说用C³I系统的智能延伸人的智能，以减少军事人员由于个人素质、训练水平、经验不足以及环境影响等因素而导致的决策上的失误。C³I系统能拟定作战计划，模拟作战情况，评估作战效果，优选作战方案，把军队指挥活动由单纯依靠实战经验和个人（或少数人）的才智，发展为可以进行定量分析和定性分析相结合，并能进行模拟实验的科学活动。

（4）超常的指挥控制作用

1982年英阿马岛战争中，英国战时内阁主要就是通过C³I系统从本土对远在1.3万千米以外作战的特混舰队直接实施指挥控制的。当时，阿根廷巡洋舰"贝尔格拉诺将军"

> **延伸阅读**
>
> 美军的"感情信息系统"：这个系统具有人的"感情特征"，有"个性"和"智慧"，熟知敌我双方的指挥官性格、思维习惯、脾气和其他感情特征及行为，能在瞬息万变的战场上辅助指挥官判断情况，定下决心，下达命令。当指挥官情绪反常或决策失误时，它还能提出一套经过严密推理和论证的正确结论及其数据，"劝说""制止"指挥官修改、补充原决策。因此，它被称为指挥员忠实、精明、冷静的"参谋"。

号正在驶往南极安全海域,这一情况被美国的侦察卫星发现,然后发送到美国本土,美国立即将这一重要情报提供给英国特混舰队,特混舰队迅速制定了消灭阿根廷巡洋舰的作战方案,并报送英国战时内阁。战时内阁批准后,把任务下达给特混舰队,特混舰队又把任务下达给正在马岛海域活动的英国核动力潜艇"征服者"号。"征服者"号发射了两颗鱼雷,就将"贝尔格拉诺将军"号击沉。从此例看出,战争发生在海上,而情报来自天上的侦察卫星。作战在南半球进行,而指挥命令发自北半球。信息由空到地,由美洲到欧洲,由南半球到北半球,多次远程传递。这样的作战,若用传统的手段,比如,指挥员用望远镜观察,显然指挥控制不了,必须依靠 C^3I 系统来实施指挥。

(5)超常的力量倍增作用

信息条件下的局部战争,是体系与体系的对抗,是武器装备系统的总体较量。武器系统之间、武器系统内各个子系统以及单件装备之间、武器系统与其操作人员之间、指挥机关与实际使用武器装备的作战部队之间,都必须紧密配合,密切协同,组成一个有机的整体,才能充分发挥作战效能。 C^3I 系统在此起着"黏合剂"的作用,可以使各类武器系统形成配合密切、运转灵活的整体打击力量,从而充分发挥各种武器系统的最大效能。 C^3I 系统对作战兵力兵器的快速、合理分配,可以最大限度地减少作战消耗,使作战行动更有效,使有限的作战力量得到"倍增"。也就是说, C^3I 系统是军队战斗力的"倍增器"。

2.指挥员在 C^3I 系统中的作用

指挥员在 C^3I 系统中的作用是多方面的,最主要的作用有三点。

(1)决策作用

在 C^3I 系统中,人与技术设备同属客观存在的物质,但人是有思想、有感情、有创造力的复合体,是形成战斗力的诸因素中最活跃的因素。人和技术设备相比,人具有观察注意力、记忆理解力、思维想象力和实践创造力等。人的这些特性表现在作战指挥上,则是具有深刻的分析判断能力、正确选择和下定决心的能力、高度组织与计划能力、实施创造性指挥以及在危急情况下果断采取措施和纠正错误的能力等。军事活动是极其复杂的,在很多情况下,都需要指挥员发挥创造性,去寻找解决特殊问题的途径。因此,指挥员在复杂的紧张的作战中沉着冷静、灵活机动的指挥,是任何先进设备所不能代替的。在 C^3I 系统中,指挥员永远处于指挥决策者的地位。

(2)主导作用

在指挥控制系统中,人和设备是两个不可分割的组成部分。我们既要看到技术设备的重要作用,又要看到人是决定性的因素。科学技术确定了可能性的界限和基础,而具有能动意识的人,则解决了把可能变为现实的各种问题。自从电子计算机等先进的设备应用于指挥、控制、通信和情报以来,人在指挥作战中的某些功能便得到了补充、加强和发展。电子技术设备的某些功能,甚至比人体某些器官更具有明显的优势。比如它们的信息存储容量大,运算速度快而准确,能形象地显示文字和图表等,而且工作能力衰减慢,无疲劳感和危险感,这些都是人所不及的。但是,也应当看到,任何技术设备包括现代电子计算机在内,都不过是人的某些职能的物化而已,它不可能离开人而发挥其功能。而且任何技术设备的可靠性都是有限的,都会老化和磨损或因过时而被淘汰。目前,电子计算机还不具备人的思维、意识和判断能力,不能代替人的创造性劳动,而只能按预先编好的程序进行工作。如果没有人去收集和提供原始情报资料,没有人编制程序,没有人去操纵和调整技术装备的工作状态,电子计算机也是无能为力的。因此,在 C^3I 系统中,起主导作用的还是人。

(3)增效作用

大家知道,信息化战争是体系与体系的对抗,而且体系的复杂性会越来越高,未来的作战系统不仅涉及陆、海、空,而且还涉及太空、电子战、心理战等多领域作战系统。产生这一现象的原因,就是所谓的系统功效定律在起作用,即整体大于部分之和。但系统论的这一定律是有条件的,它强调必须从系统的整体出发,从全局考虑问题,强调从提高整体功能的角度去协调各要素的功能,强调提高要素的基本素质,尤其强调各部分间的有机结合。C^3I 系统作为一个系统而言,也必然遵从这一定律。因此,在 C^3I 系统中,除了提高自动化设备的性能外,最重要的就是提高指挥人员、技术人员、管理人员的军事素质和现代科学文化素质。只有具备较强军事素质和现代科学技术知识的指挥人员,才能最大限度地发挥 C^3I 系统的作用,才能使其产生最大的系统效应,完成指挥作战任务,取得战争的胜利。由此可见,在 C^3I 系统中,无论它的自动化程度多么高,人,特别是指挥员,始终起着决定性的作用。

二、指挥控制系统的发展趋势

指挥控制系统的发展趋势是一体化、生存化、数字化、智能化。

(一)一体化

尽管外层空间军事化已有 50 多年的历史了,但迄今为止,各国的 C^3I 系统主要仍是沿地球表面配置的。随着航天技术和航海技术的发展,C^3I 系统平面配置的格局将被打破,而代之以一种从外层空间到海洋深处的立体配置。

航天飞机是一种有人驾驶的、可往返于地面和宇宙之间的能多次使用的空间飞行器。美国曾多次探索过在航天飞机上实施空间指挥与控制的能力,试验利用定位系统,可以及时知道战场上的部队和敌军在哪里;利用通信设备,可以把自己的部队引向最佳作战地点;可向己方指挥机关报告敌军重要军事设施和部队行动以及所在位置制约的火炮和导弹,准确无误地打击敌人;可将敌导弹飞行弹道和将打击的目标等参数及时报告己方;对战场进行全方位指挥、控制和管理。

空间站是一种可供多名宇航员长期居住和工作的大型平台。在军事上,空间站可以作为指挥所或空间驻军的基地,可以作为其他航天器停靠的"码头",可以装载大型侦察仪器对地面长期侦察和监视,还可以作为战略武器的空间发射台。把空间站作为核导弹基地,从空间站发射的导弹一两分钟即可击中地面目标。所以,越来越多的 C^3I 系统将被配置在宇宙空间。

美国也很重视其三位一体战略核力量中生存力最强的战略核潜艇的通信。此外,据报道,俄罗斯现已在至少一艘 G 级潜艇上设立了舰载指挥所。美国在研究从潜艇上发射的通信卫星作为"战略储备力量"的一部分。可见,海洋也将逐渐成为 C^3I 系统的一个基地。

（二）生存化

由于 C^3I 系统的作用至关重要,是战争双方力量力争要压制和摧毁的目标,因而提高 C^3I 系统的抗毁性和生存能力显得格外迫切。

在未来的战争中,C^3I 系统面临着空前多的威胁,包括各种武器系统、各种电子干扰手段以及核爆炸产生的冲击波、光辐射、核辐射和核电磁脉冲效应等,如核电磁脉冲对 C^3I 系统的破坏力就极大。20 世纪 60 年代,苏联在新地岛进行一次 5 000 万吨当量的空爆,使美国阿拉斯加和格陵兰的预警雷达和 4 000 千米范围内的通信系统失灵达 24 小时之久。所以,美、俄和西欧各国等都十分注意 C^3I 系统在核战争中的生存能力。

提高 C^3I 系统生存能力的另一条途径是 C^3I 系统由集中式向分布式体制发展。由于火力杀伤的精度和力度大大提高,高度集中的 C^3I 系统则具有系统结构分散和指挥控制分散的特点。在分布式结构中,中心计算机的处理能力分散给完成各种独立任务的作战中心,自己制定决策方案;一个子系统出现故障,不会使全系统瘫痪;上级指挥下级是分配任务,而不一定是具体的作战计划,如何作战由下级根据具体情况确定。与集中式的 C^3I 系统相反,在分布式 C^3I 系统中,通信网为指挥的实施和信息的流通提供了最大限度的保障,促进了信息的自由交流,重视个人在使用这种系统和相关设施过程中的创造性。分布式系统的单个环节被切断的可能性并不比集中式系统低,但在单个环节被切断时,系统本身的性质保证了它能从根本上防止整个系统的全面崩溃。

（三）数字化

在 C^3I 系统中,通信对象不仅限于人与人之间,而且主要是人与计算机、计算机与计算机之间的通信。系统中若仍采用传统的模拟通信方式,显然完不成信息传递任务,必须采用一种人和计算机都能接受的"共同语言",那就是数字通信。

由于数字通信传输的是数字脉冲信号,因而数字通信系统把原来的各种通信方式,如传送文字的电报、传送声音的电话以及传送图像的电视、传真等,都统一起来,只用一个数字通信系统就可以传送各种信息了,而且在交换、同步等问题解决之后,不同信息间的相互转接问题就变得很容易了,尤其是当数字通信与 C^3I 系统连用之后,大量信息传递、处理及应用都可以迅速完成。

美军为了适应信息时代战争的挑战,建设数字化部队。简单地讲,数字化部队就是使部队装备数字化的通信系统、敌我识别装置、全球定位系统接收机。美陆军第 24 机步师曾率先进行了数字化部队试验,试验结果表明:数字化部队与非数字化部队相比,可以提高武器的反应速度,加快战斗进程;可以改善情报的获取与传递情况,便于指挥控制;便于战斗勤务保障和救治,战斗力高于非数字化部队的三倍多。

未来信息战争的战场是数字化战场,参加信息战争的部队是数字化部队,与数字化战场和数字化部队相适应,C^3I 系统必将是数字化了的自动化系统。

(四)智能化

海湾战争表明,高技术范围的自动控制与人工智能已成为所有新式装备的发展基础,智能化的武器装备系统,从灵巧炸弹、智能 C^3I 到无人驾驶飞机,正在成为未来先进武器装备系统发展的主要趋向。

智能化的 C^3I 系统,从功能上讲,就是要依靠种种模型与算法,各种数据库、图形库、知识库,对迅速变化的战场形势、作战环境、作战方案与战斗计划等进行多角度、多因素、多层次、多方案的分析、比较、预测和评估,从而帮助指挥人员定下战斗决心。随着思维科学、决策科学、认识科学、机器自学习功能的提高以及神经网络新一代计算机的问世,C^3I 系统的智能化水平将迈向更高级的阶段。

三、预警系统

预警系统是由多个为作战提供服务的分系统组成:一是反导作战预警系统,重点实现对弹道导弹目标上升段、中段到末段的全流程情报获取,支撑战略反击和反导拦截;二是空间攻防作战预警系统,重点对空间目标实施高精度、高时效态势感知,有效支持空间攻防作战;三是战区联合作战预警系统,通过融合战区内陆海空天多源信息,实现高质量信息获取,引导武器系统实施多层次、立体化制空及拦截作战;四是远洋作战预警系统,以编队协同探测系统为基础,接入天基信息,实现全方位、大空域海空情报态势感知和武器信息保障,支持远航机动作战;五是全球监视和打击预警系统,不断提升天基平台的侦察测绘、预警、监视能力,支撑对全球大区域、高价值目标的监视和快速打击。预警系统由预警卫星、预警机、预警雷达等武器装备支撑。

(一)预警卫星

导弹预警卫星的主要任务是监视地面弹道导弹的发射情况。卫星通常位于地球同步轨道或周期约 12 小时的大椭圆轨道。卫星利用星上的红外探测器,探测导弹主动段飞行期间发动机尾焰的红外辐射,配合使用电视摄像机及时准确地判明导弹发射。只需一颗这样的卫星就可昼夜监视地球上大约 1/3 的地面,只要导弹一发射,卫星在 90 秒内就可发现,经传输过程,三四分钟就可将预警信息传到指挥中心。预警卫星对洲际弹道导弹可取得 25 分钟预警时间,对潜射导弹可取得 15 分钟预警时间。

（二）预警机

预警机是空中预警和控制系统飞机的简称，是空中侦察与监视系统的一个重要组成部分。预警机通常由载机以及监视雷达、数据处理、数话显示与控制、敌我识别、通信、导航和无源探测等 7 个电子系统组成。

目前，国外投入使用的预警机主要有美国的 E-3A"哨兵"和 E-ZC"鹰眼"预警机，俄罗斯的图-126"苔藓"和伊尔-76"中坚"预警机等。我国拥有空警-200、空警-2 000、空警-500等预警机。

（三）预警雷达

用于预警的雷达主要有：

对空预警雷达。用于搜索、监视和识别空中目标，包括对空警戒雷达、引导雷达和目标指示雷达，还有专门用来探测低空、超低空突防目标的低空雷达。

对海警戒雷达。用于探测海面目标的雷达，一般安装在各种类型的水面舰艇上或架设在海岸、岛屿上。

机载预警雷达。安装在预警机上，用于探测空中各种高度上的飞行目标，并引导己方飞机拦截敌机、攻击敌舰或地面目标，具有良好的下视能力和广阔的探测范围。

超视距雷达。利用短波在电离层与地面之间的跳跃传播，探测地平线以下的目标，能及早发现刚从地面发射的洲际弹道导弹和超低空飞行的战略轰炸机等目标，可为防空系统提供较长的预警时间，但精度较低，主要用于潜射弹道导弹的预警。

弹道导弹预警雷达。用来发现洲际、中程和潜地弹道导弹，并测定其瞬时位置、速度、发射点、弹着点等弹道参数。

四、导航系统

（一）全球四大卫星导航系统

导航系统主要是指卫星导航系统。卫星导航是指采用导航卫星对地面、海洋、空中和空间用户进行导航定位的技术，常见的有美国的全球定位系统（GPS）、中国的北斗导航系统、俄罗斯的格洛纳斯（GLONASS）、欧盟的伽俐略卫星导航系统。

利用太阳、月球和其他自然天体导航已有数千年历史，由人造天体导航的设想虽然早在 19 世纪后半期就有人提出，但直到 20 世纪 60 年代才开始实现。1964 年，美国建成"子午仪"卫星导航系统，并交付海军使用，1967 年开始民用。1973 年，美国又开始研制"导航星"全球定位系统。苏联也建立了类似的卫星导航系统。法国、日本、中国也开展了卫星导航的研究和试验工作。卫星导航综合了传统导航系统的优点，真正实现了各种天气条件下全球高精度被动式导航定位。特别是时间测距卫星导航系统，不但能提供全球和近地空间连续立体覆盖、高精度三维定位和测速，而且抗干扰能力强。

（二）卫星导航系统的组成

卫星导航系统由导航卫星、地面台站和用户定位设备 3 个部分组成。

导航卫星：卫星导航系统的空间部分，由多颗导航卫星构成空间导航网。

地面台站：跟踪、测量和预报卫星轨道并对卫星上的设备工作进行控制管理，通常包括跟踪站、遥测站、计算中心、注入站及时间统一系统等部分。跟踪站用于跟踪和测量卫星的位置坐标。遥测站接收卫星发来的遥测数据，以供地面监视和分析卫星上设备的工作情况。计算中心根据这些信息计算卫星的轨道，预报下一段时间内的轨道参数，确定需要传输给卫星的导航信息，并由注入站向卫星发送。

用户定位设备：通常由接收机、定时器、数据预处理器、计算机和显示器等组成。它接收卫星发来的微弱信号，从中解调并译出卫星轨道参数和定时信息等，同时测出导航参数（距离、距离差和距离变化率等），再由计算机算出用户的位置坐标（二维坐标或三维坐标）和速度矢量分量。用户定位设备分为船载、机载、车载和单人背负等多种形式。

（三）卫星导航的原理

卫星导航按测量导航参数的几何定位原理分为测角、时间测距、多普勒测速和组合法等系统，其中测角法和组合法因精度较低等原因没有实际应用。

多普勒测速定位："子午仪"卫星导航系统采取这种方法。用户定位设备根据从导航卫星上接收到的信号频率与卫星上发送的信号频率之间的多普勒频移测得多普勒频移曲线，根据这个曲线和卫星轨道参数即可算出用户的位置。

时间测距导航定位："导航星"全球定位系统采用这种体制。用户接收设备精确测量由系统中不在同一平面的 4 颗卫星（为保证结果唯一，4 颗卫星不能在同一平面）发来信号的传播时间，然后完成一组包括 4 个方程式的模型数学运算，就可算出用户位置的三维坐标以及用户钟与系统时间的误差。

用户利用导航卫星所测得的自身地理位置坐标与其真实的地理位置坐标之差称定位误差，它是卫星导航系统最重要的性能指标。定位精度主要决定于轨道预报精度、导航参数测量精度及其几何放大系数和用户动态特性测量精度。轨道预报精度主要受地球引力场模型影响和其他轨道摄动力影响；导航参数测量精度主要受卫星和用户设备性能、信号在电离层、对流层折射和多路径等误差因素影响，它的几何放大系数由定位期间卫星与用户位置之间的几何关系图形决定；用户的动态特性测量精度是指用户在定位期间的航向、航速和天线高度测量精度。

导航定位分二维和三维。二维定位只能确定用户在当地水平面内的经纬度坐标；三维定位还能给出高度坐标。多普勒导航卫星的均方定位精度在静态时为 20～50 米（双频）及 80～400 米（单频）。在动态时，受航速等误差影响较大，定位精度会降低。时间测距导航卫星的三维定位精度可达十几米(军用),粗定位精度为100米左右(民用),测速精度优于0.1米/秒,授时精度优于1微秒。

GPS是Global Positioning System(全球定位系统)的缩写。GPS起始于1958年美国军方的一个项目,1964年投入使用。20世纪70年代,美国陆、海、空三军联合研制了新一代卫星定位系统GPS,主要目的是为陆、海、空三大领域提供实时、全天候和全球性的导航服务,并用于情报收集、核爆监测和应急通信等一些军事目的。经过20余年的研究实验,耗资300亿美元,到1994年,全球覆盖率高达98%的24颗GPS卫星已布设完成。

北斗卫星导航系统是中国自行研制的全球卫星定位与通信系统(BDS),是继美国全球定位系统(GPS)和俄罗斯格洛纳斯卫星导航系统之后世界上第三个成熟的卫星导航系统。系统由空间端、地面端和用户端组成,可在全球范围内全天候、全天时为各类用户提供高精度、高可靠定位、导航、授时服务,并具短报文通信能力,已经初步具备区域导航、定位和授时能力,定位精度优于20米。2012年12月27日,北斗系统空间信号接口控制文件正式版公布,北斗导航业务正式对亚太地区提供无源定位、导航、授时服务。2018年12月27日,北斗系统服务范围区域扩展为全球,北斗系统正式迈入全球时代。

北斗系统与GPS定位系统的原理是大体一致的,用的是无源定位,但是细节上有差异。GPS是全球定位,北斗是区域定位;GPS是接收端根据接收到的信号计算位置。两者坐标系不同,GPS为WGS84,北斗系统为2 000中国大地坐标系。这两个坐标系是可以转换的,只是标准不同。北斗系统还具有短信通信功能,一次可传送多达120个汉字的讯息。在没有电信地面基站的地方,通过它就可以发短信。规划的北斗卫星导航系统卫星数为35颗,比GPS多,北斗系统拥有更多的地球同步轨道卫星,北斗卫星导航系统已经,形成全球覆盖能力。北斗卫星导航系统,空间段包括5颗静止轨道卫星和30颗非静止轨道卫星,地面段包括主控站、注入站和监测站等若干个地面站,用户段包括北斗用户终端以及与其他卫星导航系统兼容的终端。因此,未来定位导航精度有保障,将打破GPS的垄断。

延伸阅读

全球定位系统制导:这种方式也称GPS制导,就是借助于全球定位系统的导航卫星来进行制导和攻击。比如美国建立的GPS系统是由分布在3个轨道面上的24颗卫星和各种地面系统组成的,定位仪可以自动显示出目标的三维位置、三维速度。采用这种制导方式最典型的武器就是美军的杰达姆(JDAM),也就是联合直接攻击弹药,因为是借助于卫星定位制导,所以其最大的优势是不受天气影响,甚至可以云层上投放,也就是说不用看清地面目标也可攻击,这就大大提高了其作战效率。

第四节　信息化杀伤武器

信息武器是指利用信息技术,使武器装备在预警探测、情报侦察、精确制导、火力打击、指挥控制、通信联络、战场管理等方面实现信息采集、融合、处理、传输和显示的网络化、自动化和实时化。

一、新概念武器

新概念武器是指与传统武器相比,在基本原理、杀伤破坏机理和作战方式上有本质区别,尚处于研制或探索之中的一类新型武器。它的特点是概念新、原理新、技术新、破坏机理新、杀伤效能新、指挥艺术新、作战使用新等,在作战方式和作战效能上与传统的武器有明显的不同,它代表着当今武器的发展趋势,对未来的战争将产生革命性影响。目前,新概念武器主要有激光武器、动能拦截弹、粒子束武器、微波武器、电炮、环境武器和次声波武器等。

(一)激光武器

激光是一种方向性强、能量高度集中的光。在日常生活中,我们认为太阳是非常亮的,但一台巨脉冲红宝石激光器发出的激光却比太阳还亮 200 亿倍。激光比太阳亮不是说它的总能量比太阳大,而是它的能量非常集中。红宝石激光器发出的激光射束,能穿透一张 3 厘米厚的钢板,但总能量不足以煮熟一个鸡蛋。激光武器是利用激光的能量直接摧毁目标或使其失去战斗力的定向能武器。高能激光武器又叫强激光武器或激光炮。高能激光武器的杀伤破坏效应主要是烧蚀效应、激波效应和辐射效应。

激光武器有其特殊的性能。一是反应迅速。激光以近每秒 30 万千米的速度打击目标,不需要计算射击提前量,瞬发即中。因此,激光武器可用于拦截从低空、超低空突然来袭的近距离目标,从而对指挥中心、通信枢纽和高技术兵器的配置地域等重要目标,具有较好的防护作用。二是不受电磁干扰。激光传输不受外界电磁波的干扰,目标难以利用电磁干扰手段避开激光武器的射击。三是转移火力快。激光束发射时无后坐力,可连续射击,并且它能在很短的时间内转移射击方向,是拦截多目标的理想武器。而目前陆军装备的高炮,连续发射几分钟后,炮管就会发热发烫,影响正常的使用寿命。四是作战效费比高。激光武器仅耗费燃料,每次发射费用为数千美元,远低于防空导弹的费用。例如,一枚"爱国者"导弹发射要 60～70 万美元,一枚短程"毒刺"式导弹发射要 2 万美元,而激光发射一次仅需数千美元。今后随着科学技术的进一步发展,激光发射一次的费用还可降至数百美元。然而,激光武器也有其自身的不足,如不能全天候作战,受限于天气状况,且激光发射系统属精密光学系统,在战场上的生存能力有待考验。

激光武器的研制始于20世纪60年代末。经过几十年的发展,美、俄、英、德、法、以色列等国在激光武器研制方面均已取得长足进步。2010年5月,美国在太平洋上空进行了一次固态激光击落无人驾驶飞机实验,此次实验的主角是海军的激光武器系统,实验中,当4架无人机以480千米时速飞过美国加州圣尼古拉斯群岛训练基地上空时,位于3.2千米之外的美军战舰上的"密集阵"雷达系统开始工作。它利用电光追踪和无线电传感器探测到无人机的距离和方位等信息,并将其传输给激光武器系统。后者随即发射32千瓦的激光能量束,数秒之内就将无人飞机烧毁。2014年11月5日,我国研制的一款被称为"低空卫士"功率在10千瓦的固体战术激光武器,在测试中,一举击落了距离2 000米、高度500米的范围内的30多架无人机,击落率达100%。

(二)动能拦截弹

动能拦截弹是以火箭发动机增速获得巨大动能,然后通过精确撞击,直接毁伤目标的武器。动能拦截武器又被称为光电技术、信息技术高度密集的智能武器,由探测系统、制导与识别系统以及动力系统三部分组成,能在复杂的电磁干扰环境中自动识别和选择目标,并实施摧毁性打击。由于动能拦截弹省略了引信和战斗部,既减轻了质量又提高了安全可靠性,因此动能拦截弹具有命中精度高、杀伤力强、机动性好、可在大气层内外作战、不需引战配合等特点。

一是命中精度高。动能拦截器采用焦平面凝视成像导引头,没有角噪声,不会形成盲控距离,与目标的碰撞点不会越出目标本体,从而实现零脱靶。二是杀伤力强。动能拦截弹与目标碰撞时的相对速度达到5~10千米/秒时,其能量可高达数亿焦耳,可形成摄氏几百万度甚至几千万度的高温高压等离子体,瞬间的爆炸威力足以彻底摧毁现有任何类型的目标,包括弹道导弹所携带的核、化、生弹头,并且能够消除化学和生物弹头可能造成的污染。三是机动性好。动能拦截弹采用碰撞杀伤方式,所携带动能杀伤拦截器的质量远小于传统的高爆战斗部。由于战斗部质量较轻,其运载器的尺寸也随之变小,从而使得整个拦截弹的尺寸得以缩减,这也使其在同等推力下具有了更高的机动能力。四是可在大气层内外作战。常规导弹依赖气动力进行控制,只能在大气层内作战。动能拦截弹采取的是直接侧向力控制方式,不依赖于气动力,既可在大气层内作战,也可在大气层外作战。五是不需引战配合。常规导弹带有战斗部和引信,在拦截弹道导弹上必须采用引战配合技术,即利用引信在适当的时候引爆战斗部,使得战斗部爆炸产生的破片正好覆盖目标的要害部位,以达到杀伤的目的。而动能拦截弹对弹道导弹实施拦截时,依靠很高的制导控制精度来实现对目标的直接碰撞,利用碰撞产生的巨大动能摧毁目标,故不要求引战配合。

目前,美、英、法、俄和以色列等国都致力于发展动能拦截弹技术。美国是世界上最积极发展动能拦截弹技术的国家,主要用于导弹防御计划和动能反卫星计划。迄今为止,美国正在研制5种动能拦截弹,分别是地基拦截弹、陆基战区高空区域防御拦截弹、舰载"标准-3"拦截弹和陆基"爱国者-3"拦截弹,以及地基动能反卫星拦截弹。其中,最成熟的是"爱国者-3"拦截弹,它是世界上第一个已经部署的动能武器型号。1967 年开始研制,1970 年试射,1985 年装备部队。它能在电子干扰环境下拦截高、中、低空来袭的飞航式空袭兵器(飞机或巡航导弹),也能拦截地对地战术导弹。"爱国者-3"导弹防御系统是美国未来多层弹道导弹防御系统的末段防御组成单元,由美国早期的"爱国者"防空系统发展而来,是目前最新型的系统。1991 年 1 月 21 日,1 枚改进型的"飞毛腿"B 式地对地战术导弹从伊拉克中部地区发射升空,进入攻击沙特首都利雅得的飞行弹道。16 秒钟后,1 枚运行在 300 千米高空的美国 DSP 导弹预警卫星发现了它,并紧急报警,实时将"飞毛腿"导弹的飞行参数向地面站传送。设在澳大利亚的美国空间基地和设在美国本土的美国航空航天司令部同时接收到这一信息,经过地面站计算,迅速将"飞毛腿"导弹的飞行弹道和弹着点参数发往在沙特的"爱国者"导弹发射阵地。阵地指挥控制中心立刻命令"爱国者"导弹以 38 度倾角升空拦截,成功拦截此枚"飞毛腿"导弹,并将其击落。这是"爱国者"导弹系统在海湾战争中的一次实战描写。

（三）粒子束武器

粒子束武器是以电子、质子、离子或中性粒子为弹丸,通过高能加速器将其加速到接近光速,聚集成密集的束流射向目标,以束流的动能或其他效能杀伤破坏目标的定向能武器。

粒子束武器是一种崭新的武器系统,它具有能量高度集中、束流穿透能力强、效能高、反应速度快、能全天候作战等突出特点。一是能量高度集中。因为粒子束武器是通过聚焦的办法使得单位面积上通过的能量达到相当大。粒子束武器是将巨大的能量以狭窄的束流形式高度集中到一小块面积上,它是一种杀伤点状目标的武器。二是束流穿透能力强。因为粒子束比激光武器更具有穿透力。高能粒子束是通过极高动能的粒子直接撞击来破坏目标的,可以深穿到目标体内,很难对其采取有效的加固防护措施。三是效能高。一般常规武器,是在其弹丸爆炸后再通过飞速运动的碎片去毁伤目标。而粒子束武器是以电子脉冲的形式在极短的时间内发射出来,并同目标直接发生作用,它除了像激光武器那样以热爆炸波来毁伤目标外,还由于粒子束同目标直接作用时其"耦合系数"较高,对目标具有更大的毁伤作用。四是反应速度快。粒子束武器与激光武器一样,基本无惯性,通过"磁镜"(即利用磁场来使带电粒子改变运动方向的装置)可以随时改变粒子束的发射方向,使用起来方便灵活。能在极短的时间内对付多批目标的大规模袭击,这在对付敌方的大规模袭击时尤为有利。粒子束武器是非常理想的反导弹反卫星武器。五是能全天候作战。因为粒子束在穿过大气时会产生电离效应、升温效应和磁效应,这三种效应是粒子束武器不受天气条件影响的主要原因,所以,粒子束武器不论在什么天气,都可以对付大气层中的各种飞行器。

粒子束武器的研究始于20世纪40年代,美、苏起步最早,所取得的进展也领先于其他国家。1982年,美国制定了星球大战计划,粒子束武器被认为是星球大战计划中反导防御系统最理想的武器之一,按照该计划的设想,美国计划在低轨道上部署10~14个粒子束武器,每个重6千克。后来星球大战计划搁浅,但粒子束武器的研究工作一直没有停止,到1987年美国已建成一座周长为83.2千米的粒子加速器,1988年9月初,美国宣布"火箭运载粒子束试验"的射频四级加速器、功率放大器、氢离子源注射器3个主要设备已成功地进行了地面振动试验,试验条件超过了实际飞行试验时可能遇到的条件。苏联曾经有2 000多名一流物理学家在350个实验室从事与粒子束武器有关的研究工作,他们在"宇宙"号、"联盟"号、"礼炮"号航天器上至少进行了8次电子束传输试验,还同法国联合在100千米、110千米、130千米的高空进行从火箭上发射电子束的试验,射束传播了几十千米远。他们还制定了庞大的计划来开发巨型粒子的加速技术,用它来制造对付飞机、导弹、舰船和装甲车辆的武器。

(四)微波武器

微波武器是利用定向发射的高功率微波束毁坏敌方电子设备或攻击敌方作战人员的一种定向能武器。它能以极高的强度或密度照射和轰击目标,利用强大高温、电离、辐射等综合效应,杀伤人员和破坏武器。微波武器的主要作战对象是雷达、战术导弹(特别是反辐射导弹)、预警飞机、卫星、通信设备、军用计算机、隐身飞机、车辆点火系统和人员等。与激光武器和粒子束武器相比,微波武器受气候的影响比较小。

微波武器的作战效能主要包括干扰、软杀伤、硬杀伤和对人员的杀伤4个方面。一是干扰作用。当使用0.01~1微瓦/平方厘米功率密度的微波束照射目标时,能干扰在相应频段上工作的雷达、通信设备和导航系统,使其无法正常工作;当功率密度达到0.01~1瓦/平方厘米时,可导致雷达、通信和导航设备的微波器件性能下降或失效,还会使小型计算机芯片失效或被烧毁。二是"软杀伤"作用。当使用功率密度为10~100瓦/平方厘米的强微波束照射目标时,其辐射形成的电磁场,可在金属目标表面产生感应电流,通过天线、导线、金属开口或缝隙进入飞机、导弹、卫星、坦克等武器系统电子设备的电路中。如果感应电流较大,会使电路功能产生混乱、出现误码、中断数据或信息传输,甚至抹掉计算机存储或记忆信息等。如果感应电流很大,则会烧毁电路中的元器件,使电子装备和武器系统失效。三是"硬杀伤"作用。当使用功率密度为1 000~10 000瓦/平方厘米的强微波束照射目标时,能在瞬间摧毁目标,引爆炸弹、导弹、核弹等武器。四是对人员的杀伤作用。高功率微波武器对人员的杀伤分为"非热效应"和"热效应"两类。前者是由较弱的微波能量照射引起的,后者是由较强的微波能量照射引起的。当人员受到3～13毫瓦/平方厘米的微波束照射时,会出现神经错乱、行为错误、烦躁、致盲、心肺功能衰竭等现象;当功率密度达10～50毫瓦/平方厘米,频率在10吉赫以下时,人员会发生痉挛或失去知觉,飞机驾驶员受到照射后会导致坠机事件发生;当功率密度达到0.5瓦/平方厘米时,可造成人员皮肤的轻度烧伤;当功率密度达到20～80瓦/平方厘米时,仅需照射1秒钟,即可造成人员死亡。

当前,世界发达国家,如美国、俄罗斯、法国、英国、德国、日本等都很重视发展高功率微波武器。其中美国和俄罗斯的高功率微波武器发展较快,已取得了重大进展。美国国防部1987年开始招标的发展常规武器的高技术"平衡技术倡议"(BTI)计划,将高功率微波武器技术列为5项关键技术项目中的一项。美国三军也分别制定了高功率微波武器的发展计划,并于20世纪90年代起开始研制工作。据报道,美国每年用于发展高功率微波武器的经费约为5 000万美元。美国和俄罗斯等都研制出并试验了能反复使用的高功率微波武器的样机,并进行了外场实验。俄罗斯还研制出一种专用于防空系统的高功率微波武器样机,并进行了外场试验。

(五)电炮

电炮是利用脉冲能源提供的电能或利用电能与化学能相结合,使弹丸或其他有效载荷达到的速度或动能大大超过传统发射方式,它是全新原理的发射技术。电炮总体上分为两大类:电磁炮和电热炮(化学炮)。

电磁炮是利用运动电荷或载流导体在磁场中切割磁力线产生的电磁力来加速弹丸,是完全依赖电能和电磁力加速弹丸的一种超高速发射装置。电磁炮主要分为电磁线圈炮、电磁轨道炮两类。电磁线圈炮是利用感应耦合的固定线圈产生的磁场与弹丸线圈上的感应电流相互作用产生的电磁力,推动弹丸加速;电磁轨道炮是利用流经导电轨道和滑动电枢的强电流与其所产生的磁场作用的电磁力驱动弹丸。目前,国外发展的电磁炮主要是轨道炮,其炮口初速远大于其他类型的电磁发射器,理论上可达十几至几十千米/秒。轨道炮的发明者是一位名叫安德烈·福逊维尔普莱的法国人,他曾在1920年取得过三项电磁炮专利,但由于当时技术水平有限,直到20世纪70年代之后,这项技术才开始得到迅速发展,尤其是在美国。与常规火炮相比,电磁炮具有初速大、质轻型小、隐蔽性好、射击速率高、可控性好等特点。电磁炮独特的优点,使其在未来战场的广泛领域中拥有重要的应用价值。在防空防天与反导方面,电磁炮可广泛用于反飞机、反巡航导弹、反弹道导弹甚至反卫星作战。在反装甲方面,电磁炮成为侵彻各种新型

装甲的有效途径,炮口动能 15 兆焦以上的电磁炮可以击毁常规火炮难以击毁的装甲目标。此外,在反舰、航天发射等方面也具有非常广泛的应用前景。1992 年,美国对电磁轨道炮进行靶场实验,炮本身重 25 000 千克,发射所需电流 300 安培,弹丸重 2.384 千克,炮口动能 8.8 兆焦,可穿透世界上任何一种装甲目标。

电热炮是利用放电方法产生的等离子体,在封闭的放电管或炮腔内做功来推动弹丸。按照等离子体的形成方法差异,电热炮又分为直热式和间热式两种。直热式电热炮就是通常所说的纯电热炮,它是完全依靠电能工作,利用高功率脉冲电源放电产生高温高压等离子体,以等离子体膨胀做功直接推动弹丸前进。间热式电热炮是先利用高功率脉冲电源放电产生高温高压等离子体,然后再用此等离子体去加热化学工质,产生高温高压燃气,膨胀做功来推动弹丸。由于间热式电热炮的能量部分来自电能,部分来自化学能,因此它又称作电热化学炮。目前,电热化学炮技术在电炮中发展最快,美国预计电热化学炮可于近年内首先装备陆军部队。

(六)环境武器

环境武器是指通过利用或改变自然环境状态所产生的巨大能量来打击目标的武器。目前,环境武器主要分为气象型、地震作用型和生态型 3 个类型。所谓的气象型,是指利用云和大气中微粒的微观不稳定性,人为地制造出洪涝、干旱、闪电、冰雹和大雾;利用大气的不稳定性人工引起飓风、龙卷风以及台风等自然灾害,进而对人和生物等造成危害;所谓地震作用型,是利用地壳中隐藏的热应力分布不均,而且具有极强的不稳定性,通过人为激发,可以在敌占区诱发"人造地震",实验证明,100 万吨 TNT 当量的核爆炸可能引发里氏 6.9 级地震;所谓生态型,是通过向敌方地区撒播能阻止地球表面热量散发的化学物质,使敌国的大地变成干燥的沙漠,导致生态环境变化,还可以把大量的溴或氯释放到敌方上空,破坏氧层,使之形成"空洞",让大量的紫外线辐射到敌国地面。目前,气象武器运用的主要技术有洪水技术、严寒技术、热风暴技术、水柱技术、浓云掩体技术、毛毛雨技术等。

(七)次声武器

次声波,是人耳听不到的频率低于 20 赫兹的声波。正常人耳能听到的声音频率范围是 20～2 000 赫兹之间,频率大于 2 000 的声波就是我们常说的超声波,频率小于 20 的声波就是次声波。人体器官震动频率通常在 3～17 赫兹。科学家们发现,次声波特别是频率低于 17 赫兹的次声波,能使人精神错乱、癫狂不止、肌肉痉挛、全身颤抖、头痛恶心、上吐下泻、脱水休克。当次声波达到一定强度(约 170 分贝)时,可让人呼吸困难,失去知觉,甚至内脏器官破裂出血,导致死亡。次声武器是一种能发射低于 20 赫兹的低频声波,在短时间内使人体器官产生强烈的共振,从而使人头昏、恶心、肌肉痉挛、神经错乱、呼吸困难、惶惶不安的高技术武器。次声对机体的基本作用原理是生物共振,人体内部各器官的振动频率均在次声频率范围内。当人体处于次声作用下时,只要声压级达到一定程度,体内器官就会发生共振,结果是各部位出现不同程度的不适,甚至造成器官破坏。

(八)基因武器

所谓基因武器是指利用基因工程技术研制出的具有杀伤性的新型生物产品。基因武器杀伤机理就是用生物工程技术,按照"保存自己、消灭敌人"的原则,在一些病菌或病毒中,接种能抗普通疫苗和药物的基因,生产具有显著抗药性的病原体,或在一些不会使人致病的微生物体内,接种致病基因,制造新的生物制剂,尔后将致病病原体、生物制剂投向目标人群。

这种武器一旦研制成功,21世纪人类可能面临比核战争更可怕的基因战争。基因武器生产成本低廉,杀伤威力巨大,相对来讲易于制造。随着科学技术的空前发展,特别是生物技术的发展,制造基因武器的能力会越来越强,传播途径越来越复杂。基因武器运用了遗传工程这一新技术,按需要通过基因重组,人为地改变一些致病生物的遗传基因,培育出新的危害性更大的生物战剂,被攻击的一方在短时间内很难破解,也就很难进行防御和治疗,受攻击后基本上属于不可救治。基因战争的胜负,往往取决于掌握科技水平程度的高低。

二、精确制导武器

(一)精确制导武器的含义

精确制导武器是指采用精确制导技术、直接命中概率超过50%的武器。

直接命中的含义是指制导武器的圆概率误差(也叫圆公算偏差)小于该武器弹头的杀伤半径。

以目标为中心,弹着概率为50%的圆域半径,称为圆公算偏差(CEP),单位为米。CEP值越小,武器的命中精度越高。

(二)精确制导武器的特点

1.命中精度高

这是精确制导武器最基本的特征。目前,世界上现役的主要精确制导武器命中概率已超过80%,红外成像导弹的最高命中精度已小于1米,这比普通弹药要高得多。

2.作战效能高

精确制导武器由于精度高,其爆炸能量能精确地释放到目标上,所以其作战效能大大提高。精确制导武器的作战效能之所以远远高于普通武器,根本原因是其精度的提高。曾经有人作过统计,如果把武器的爆炸威力提高1倍,武器的杀伤力只提高40%;但如果把命中精度提高一倍,则武器的杀伤力就会提高400%。

3.射程远

传统的弹药由于没有发动机等动力装置,射程都比较近。可是导弹出现后,由于自身有发动机,武器的射程大大提高,空防能力大大增强。

4.作战效费比高

虽然精确制导武器很昂贵,但它有很高的作战效费比。一枚防空导弹可能价值上百万美元,比普通炮弹贵得多,可是只用一枚就可以打下价值几千万美元的飞机。

(三)精确制导武器的分类

精确制导武器包括导弹和精确制导弹药两大类。

1.导弹

导弹是依靠自身的动力装置推进,由制导系统导引、控制其飞行路线并导向目标的武器。

(1)按导弹发射点和目标位置分类

按导弹发射点和目标位置分类,导弹可分为面对面、面对空、空对面、空对空等类型。面对面导弹包括地地导弹、岸舰导弹、舰舰导弹、舰潜导弹、舰地导弹、潜地导弹、潜舰导弹、潜潜导弹。面对空导弹包括地空导弹、舰空导弹、潜空导弹。空对面导弹包括空地导弹、空舰导弹、空潜导弹。空对空导弹即空空导弹。

(2)按作战使命分类

按作战使命,导弹可分为战略导弹、战役导弹和战术导弹三类。战略导弹是用于遂行战略任务,打击战略目标的导弹。战役导弹是用于遂行战役任务,打击战役目标的导弹。战术导弹是用于直接支援战场作战,打击战术纵深内目标的导弹。

(3)按射程分类

按射程,导弹可分为近程导弹、中程导弹、远程导弹。近程导弹,射程1 000千米以内;中程导弹,射程为1 000～3 000千米;远程导弹,射程为3 000～8 000千米;洲际导弹,射程8 000千米以上。

(4)按攻击目标分类

按攻击目标,导弹可分为反坦克导弹、反舰导弹、反雷达(反辐射)导弹、反飞机导弹、反卫星导弹、反导弹导弹(如爱国者导弹)等。

(5)按飞行的弹道分类

按飞行弹道,导弹可分为飞航式导弹和弹道式导弹。飞航式导弹又称为巡航导弹,是在大气层中飞行的导弹,由气动升力、空气喷气发动机的推力和导弹的重力决定其飞行弹道,弹体需要有弹翼,用以在大气层中飞行时产生一种升力来平衡导弹的重量,它的形状有点像飞机。弹道式导弹,简称弹道导弹,它是一种由火箭发动机推送到一定高度和一定速度后,发动机关闭,此后,弹头沿预定弹道飞向目标的导弹。

2.精确制导弹药

精确制导弹药可分为末制导弹药和末敏弹药两类。末制导弹药有寻的器和控制系统,在其弹道未段能根据目标和弹药本身的位置自行修正或改变弹道,直至命中目标。末制导弹药主要有制导炮弹、制导炸(航)弹、制导地雷等。末敏弹药不能自动跟踪目标,也不能改变飞行弹道,只能在被撒布的范围内利用其自身的探测器(寻的器)探测和攻击目标。末敏弹药主要是一些反装甲子弹药。末敏弹药探测范围一般仅为末制导弹药探测范围的 1/10 左右。

(四)精确制导武器的应用

精确制导武器得到了广泛使用,引起了世界范围内的"导弹热",精确制导武器成为各国最优先发展和采购的武器。当前最先进的第三代和第四代精确制导武器的主要标志,就是具备"防区外发射"以及"发射后不用管"的能力。

1.防空导弹

防空导弹包括地对空和舰对空导弹,迄今已发展到第四代,而且还不断有新的型号问世。目前,世界上有防空导弹 100 多种,其中地对空导弹 70 余种,舰对空导弹 30 余种。

如果按射程和射高来分,防空导弹又可以分为四类。

第一类是中高空防空导弹,射程大于 40 千米,射高超过 20 千米。射程最远的是俄罗斯的 SA-5,射程达 250 千米。射高最大的是俄罗斯的 SA-2,射高达 34 千米。单发命中率最高的是美国的"爱国者"防空导弹,单发命中率达 90% 以上。

第二类是中低空防空导弹,射程在 15～40 千米,射高达 6～20 千米。其中打得最远最高的是美国的改进型"霍克"导弹,射程达 40 千米,射高达 18 千米。

第三类是超低空防空导弹,它们的射程在 15 千米以下,射高在 6 千米以下,主要用来对付低空飞行的飞机和导弹。

第四类是单兵便携式防空导弹,它们的射程在 5 千米以下,射高在 3 千米以下,可以由单个战士携带,肩扛发射。比如美国的"毒刺"式防空导弹,射高达 5 千米。20 世纪 80 年代,在苏联入侵阿富汗的战争中,仅在 1986 年至 1987 年,阿富汗游击队就利用美国提供的"毒刺"式防空导弹击落了 400 多架飞机和直升机,成为战争史上用防空导弹击落飞机数量最多的一次战争。

2.反坦克导弹

反坦克导弹是专门用来对付坦克的,可以从车上、飞机上或者单兵在地面上发射。坦克是陆战之王,现代化的坦克有很高的机动速度、坚硬的装甲,一般的武器是很难对付它的。战争实践证明,打坦克最有效的有两类武器:一种是坦克本身的火炮,在坦克群混战中,先进的坦克炮是最有效的;第二种就是反坦克导弹,而且又以武装直升机从空

中发射的反坦克导弹最厉害。因为坦克装甲通常都是正前方最厚,顶部最薄弱。反坦克导弹与传统的反坦克炮相比,射程远,精度高,威力大,而且机动性强,被战争实践证明是反坦克系统的主力军。

3.反辐射导弹

反辐射导弹是现代战争电子战的锐利武器,其主要作用是捕捉敌方雷达发出的波束,然后沿着雷达波直接攻击对方的雷达。空袭时把机群混合编组,携带反辐射导弹的飞机或者打头阵,或者在空中盘旋,只要对方雷达一开机,就发射导弹,这样对方的防空导弹就无法瞄准,其他飞机就可以肆无忌惮地攻击地面目标。

美军在越战中使用的"百舌鸟"反辐射导弹是第一代反辐射导弹。目前,这一类导弹已发展到第三代,比较有代表性的是美军"哈姆"式反辐射导弹,其射程大于 20 千米,速度达 3 马赫。这种导弹最大的特点是,具有一定的智能,一旦捕捉到目标,就能牢牢锁定方位,对方的雷达即使关机,如果不迅速转移,同样会受到攻击。

4.空空导弹

空空导弹是指从空中平台发射攻击空中目标的导弹,是现代空战的"杀手锏"。空空导弹按照射程上可以分为近距格斗、中距拦截和远程拦截 3 种类型。

其中,近距格斗型比较有代表性的是美国的"响尾蛇"空空导弹,这种导弹是红外被动制导,适用于近距离格斗,也是世界上第一种空空导弹。在 1982 年英阿马岛战争中,英国的"鹞"式飞机发射 27 枚"响尾蛇",共击落阿根廷飞机 24 架,命中率是很高的。

中距拦截导弹比较有代表性的是美国的 AIM-120 先进中程空空导弹,最大射程80 千米,具备发射后不管的能力,可同时攻击多个目标。

远程拦截型导弹的射程就更远了,比如美国的"不死鸟"空空导弹,射程可达 200 千米,速度大于 5 倍音速,是一种全天候、超音速空空导弹。对于远程空空导弹而言,完全是超视距攻击。所以,在空战中,谁拥有先进的预警和雷达设备,谁先发现对方,谁就能取得主动权,就能做到先敌开火。

5.地地战术弹道导弹

战术弹道导弹是专门用来压制和破坏战术纵深内地面目标的导弹,与传统的火炮相比,威力大大提高。比如伊拉克的"飞毛腿"导弹,就是一种地地战术弹道导弹。在1991 年的海湾战争中,伊拉克用苏制的"飞毛腿"频频攻击以色列和沙特阿拉伯,引起世界各国的强烈反响。

6.巡航导弹

所谓巡航,是指导弹的飞行状态。在巡航状态下,导弹以匀速等高飞行。巡航导弹又分为几种:一是能够实施核打击的战略巡航导弹;二是远程战术巡航导弹;三是飞航式反舰导弹。

其中,比较有名的是美国的"战斧"式多用途巡航导弹系列。这种导弹是一个大家庭,型号很多,既能装核弹头,也能装常规弹头;既能在陆上发射,也能在军舰和潜艇上发射,用途非常广。巡航导弹的最大特点是射程远、精度高、低空突防能力强。巡航导弹一般都飞得很低,离地面或海面只有几十米,而且在发射前把如何避开沿途的障碍物、防空火力区等都预先存储在导弹上,这样,遇到山脉、高层建筑、敌人的导弹火炮阵地,导弹都可以绕开,始终保持超低空飞行。所以,拦截巡航导弹是比较困难的。

除了"战斧"式巡航导弹外,飞航式反舰导弹也是一种重要的巡航导弹。1982年,英阿马岛之战中,击沉英国"谢菲尔德"号驱逐舰的"飞鱼"式导弹,就是一种飞航式反舰导弹。由于地球有一定曲率,而"飞鱼"导弹贴着海面掠海飞行,所以军舰上的雷达在远距离上根本发现不了。所以说,巡航导弹的突防能力是很强的。

7.激光制导炸弹

激光制导炸弹的基本原理就是用机载设备或人员对目标发射激光束,攻击飞机投掷激光制导炸弹后,炸弹沿着目标反射的激光束飞向目标。这种制导方式精确度比较高。伊拉克战争爆发前,美国就派大量特种部队深入敌境,其任务之一就是为激光制导炸弹指引目标。

【复习思考】

1.巡航导弹有哪些特点?

2.精确制导武器的特点有哪些?

3.精确制导武器的分类有哪些?

4.什么是新概念武器?

5.新概念武器有哪些?

第六章　军事技能

【教学目标】　通过学习和训练，了解战备规定以及紧急集合、徒步行军、野外生存的基础要求、方法和注意事项，了解识图用图、电磁频谱管控的基本常识。通过训练，培养学生独立思考和分析判断能力，促进德、智、体、美、劳全面发展。

第一节　共同条令教育与分队的队列动作

条令，是指每个军人在平时的工作、学习、训练和生活中都必须遵守的有关条文及法规，是中央军委以简明条文的形式发布给军队的命令，是军队正规化建设的依据，是军队行为规范的准则。为规范部队平时的管理教育和队列训练，中国人民解放军制定了《中国人民解放军内务条令》《中国人民解放军纪律条令》和《中国人民解放军队列条令》（简称《内务条令》《纪律条令》《队列条令》）。它是中国人民解放军的三大共同条令，是军人必须遵守的法典，同时适用于参战、支前的预备役人员。中国人民解放军现行条令于2018年3月22日中央军委常务会议通过，自2018年5月1日起施行。

延伸阅读

第一部内务条令：中国人民解放军的第一部内务条令是1936年8月制定发布《中国工农红军暂行内务条例草案》1942年，中共中央革命军事委员会对《中国工农红军暂行内务条例草案》重新修改，并发布了《内务条令》和《内务制度》，并一直沿用到全国解放。中华人民共和国成立之后，1950年再次修订了内务条令，并于1951年初与《纪律条令草案》和《队列条令草案》一并发布，在全军进行试行，1953年正式发布，在全军开始执行。此后，中国人民解放军的《内务条令》进行了多次修订。

一、《内务条令》介绍

《中国人民解放军内务条令》由正文和附录两大部分构成,共十五章三百二十五条十个附录。

(一)人民军队的性质、宗旨、任务

中国人民解放军是中国共产党缔造和领导的,用马克思列宁主义、毛泽东思想、邓小平理论、"三个代表"重要思想、科学发展观、习近平新时代中国特色社会主义思想武装的人民军队,是中华人民共和国的武装力量,是人民民主专政的坚强柱石。

紧紧地和人民站在一起,全心全意地为人民服务,是这支军队的唯一宗旨。

中国人民解放军的任务是,巩固国防,抵抗侵略,保卫祖国,保卫人民的和平劳动,参加国家建设事业。中国人民解放军在新时代的使命任务是,坚决维护中国共产党的领导和中国特色社会主义制度,坚决维护国家主权、安全、发展利益,坚决维护国家发展的重要战略机遇期,坚决维护地区与世界和平,为实现"两个一百年"奋斗目标、实现中华民族伟大复兴的中国梦提供战略支撑。

(二)行政会议制度

班务会。每周召开1次,由班长主持,星期日晚饭后进行,一般不超过1小时,主要是检查小结一周的工作。

排务会。每月召开1至2次,由排长主持,班长、副班长参加,研究本排工作。

连务会。每月至少召开1次,由连队首长主持,班长以上人员参加,通常包括分析连队完成任务、军事训练、政治教育、行政管理和思想政治工作等方面的情况,进行总结、讲评,研究布置工作。

连军人大会。每月或者一个工作阶段召开1次,由连队首长主持,全体军人参加,主要是连队首长或者军人委员会向军人大会报告工作,传达和布置任务,发扬民主,听取士兵的批评和建议。

(三)请销假制度

军人外出,必须按级请假,履行审批手续,按时归队销假;未经领导批准不得外出。

(四)军人宣誓

军人宣誓,是军人对自己肩负的神圣职责和光荣使命的承诺和保证。军人誓词是:我是中国人民解放军军人,我宣誓:服从中国共产党的领导,全心全意为人民服务,服从命令,忠于职守,严守纪律,保守秘密,英勇顽强,不怕牺牲,苦练杀敌本领,时刻准备战斗,绝不叛离军队,誓死保卫祖国。

(五)礼节规定

军人必须有礼节,体现军人的文明素养,促进军队内部的团结友爱和互相尊重。

1.称谓方法

军人之间通常称职务,或者姓加职务,或者职务加同志。首长和上级对部属和下级以及同级间的称呼,可以称姓名或者姓名加同志;下级对上级,可以称首长或者首长加同志。在公共场所和不知道对方职务时,可以称军衔加同志或者同志。

军人听到首长和上级呼唤自己时,应当立即答"到"。回答首长问话时,应当自行立正。领受首长口述命令、指示后,应当回答"是"。

2.敬礼时机

敬礼是军人礼节的基本形式,通常分为举手礼、注目礼和举枪礼。着军服时,通常行举手礼。携带武器装备或者因伤病残不便行举手礼时,可行注目礼。举枪礼仅限于执行阅兵和仪仗任务时使用。

每日第一次遇见首长或者上级或者军衔比自己高的同志时,应当敬礼,对方应当还礼;军人进见首长时,在进入首长室内前,应当敲门并喊"报告",得到允许后方可以进入并向首长敬礼;进入同级或者其他人员室内前,应当敲门,经允许后方可以进入。

有些场合则不宜敬礼,如:在实验室、机房、厨房、病房、诊室等处工作时;正在操作武器装备和位于射击、驾驶位置时;进行文体活动和体力劳动时;乘坐交通工具、电梯时;在浴室、理发室、餐厅、商店、洗手间时;着便服时。

(六)军容风纪规定

1.着装

军人应当配套穿着军服,佩带军衔、级别资历章(勋表)等标志服饰,做到着装整洁庄重、军容严整、规范统一。

着夏作训服时,通常不扣上衣第一粒纽扣,可以将衣袖上卷(穿着前,先将袖子向外翻卷至腋下缝处,然后将袖口以外部分向外翻卷至与袖口接缝处,再将袖口下翻盖住翻卷部分),扣好纽扣,迷彩图案或者袖口正面外露。

2.仪容

(1)军人头发应当整洁。男军人不得蓄胡须,鬓角发际不得超过耳廓内线的二分之一,蓄发(戴假发)不得露于帽外,帽墙下发长不得超过 1.5 厘米;女军人发辫不得过肩。

(2)着军服时,不得化浓妆,不得留长指甲和染指甲;不得围非制式围巾,不得戴非制式手套,不得在外露的腰带上系挂钥匙和饰物等,不得戴耳环、项链、领饰、戒指、手镯(链、串)、装饰性头饰等首饰;不得在非雨雪天打伞,打伞时应当使用黑色雨伞,通常左手持伞;除工作需要和眼疾外,不得戴有色眼镜。

3.举止

军人必须举止端正,谈吐文明,军语标准,精神振作,姿态良好。不得袖手、背手和将手插入衣袋,不得边走边吸烟、吃东西、扇扇子,不得搭肩挽臂。

(七)基层单位一日生活

起床。听到起床号(信号)后,全体人员立即起床(值班员应当提前 10 分钟起床),按照规定着装,迅速做好出操准备。各类值班(值日)人员按照规定认真履行职责。

早操。除休息日和节假日外,连队(队、站、室、所、库)通常每日出早操,每次时间通常为 30 分钟,主要进行体能训练或者队列训练。除担任公差、勤务的人员和经医务人员建议并经连队(队、站、室、所、库)首长批准休息的伤病员外,所有人员都应当参加早操。听到出操号(信号)后,全体人员迅速集合,检查着装和携带的武器装备,跑步带到集合场,向值班员报告。值班员整理队伍,清查人数,向连队(队、站、室、所、库)首长报告,由首长或者值班员带队出操。

整理内务和洗漱。早操后,整理内务、清扫室内外和洗漱,时间不超过30分钟。连队(队、站、室、所、库)值班员检查内务卫生。

开饭。按照规定时间准时开饭。就餐时间通常不超过30分钟。听到开饭号(信号)后,列队带到食堂门前,整队后依次进入。就餐时保持肃静,餐毕自行离开。

操课。操课前,根据课目内容做好准备。听到操课号(信号)后,迅速集合整队,清查人数,检查着装和装备、器材,带到课堂(训练场、作业场)。操课中,按照计划要求周密组织,认真听讲,精心操作,遵守课堂(训练场、作业场)纪律,严防事故。课间休息(操课通常每小时休息10分钟,野外作业和实弹射击时根据情况确定休息时间),由值班员发出休息信号;休息完毕,发出继续操课信号。操课结束后,检查装备,清理现场,集合整队,进行讲评。操课往返途中应当队列整齐,歌声嘹亮。

午睡(午休)。听到午睡号(信号)后,除执勤和经批准执行其他任务的人员外均应当卧床休息,保持肃静,不得进行其他活动,值班员检查人员午睡情况。午休时间由个人支配,但不得私自外出,不得影响他人休息。

课外活动。晚饭后的课外活动时间,每周除个人支配2至3次外(人员不得随意外出),其余由连队(队、站、室、所、库)安排。

点名。连队(队、站、室、所、库)通常每日点名,休息日和节假日必须点名。点名由1名连队(队、站、室、所、库)首长实施。每次点名不得超过15分钟。点名通常以连队(队、站、室、所、库)为单位于就寝前或者其他时间列队进行。点名的内容通常包括清点人员、生活讲评、宣布次日工作或者传达命令、指示等。点名前,连队(队、站、室、所、库)首长应当商定内容;由值班员发出点名信号并迅速集合全体人员,整队,清查人数,整理着装,向连队首长报告。

就寝。连队(队、站、室、所、库)值班员在熄灯号(信号)前10分钟,发出准备就寝信号,督促全体人员做好就寝准备。就寝人员应当放置好衣物装具,听到熄灯号(信号)立即熄灯就寝,保持肃静。

二、《纪律条令》介绍

《中国人民解放军纪律条令》由正文和附录两大部分所构成,共十章二百六十二条八个附录。

中国人民解放军的纪律,要求每个军人必须把革命的坚定性、政治的自觉性、纪律的严肃性结合起来,统一意志、统一指挥、统一行动,有令必行、有禁必止,严格执行党的路线、方针、政策,遵守国家的宪法、法律、法规,执行军队的法规制度,执行上级的命令和指示,执行三大纪律、八项注意,用铁的纪律凝聚铁的意志、锤炼铁的作风、锻造铁的队伍,任何时候任何情况下都一切行动听指挥、步调一致向前进。

(一)军队纪律条令的主要内容

1.遵守政治纪律,对党忠诚,立场坚定;

2.遵守组织纪律,民主集中,服从组织;

3.遵守作战纪律,服从命令,听从指挥,英勇善战;

4.遵守训练纪律,按纲施训,从难从严;

5.遵守工作纪律,爱岗敬业,忠于职守;

6.遵守保密纪律,严守规定,保守秘密;

7.遵守廉洁纪律,干净做事,清白做人;

8.遵守财经纪律,依法管财,科学理财,节俭用财;

9.遵守群众纪律,拥政爱民,军民一致;

10.遵守生活纪律,志趣高尚,行为规范。

(二)奖惩规定

1.奖励

实施奖励是为了鼓励先进,维护纪律,调动官兵的积极性、创造性,发扬爱国主义、共产主义和革命英雄主义精神,保证作战、训练和其他各项任务的完成。

对个人的奖励项目从低到高排列依次为:

(1)嘉奖;

(2)三等功;

(3)二等功;

(4)一等功;

(5)荣誉称号;

(6)八一勋章。

2.处分

军人如违反纪律,将视情节轻重受到相应的处分。处分的目的在于严明纪律,教育违纪者和部队,强化纪律观念,维护纪律的严肃性,保持部队的集中统一,巩固和提高部队战斗力。

对义务兵的处分项目从低向高排列依次为:

(1)警告;

(2)严重警告;

(3)记过;

(4)记大过;

(5)降职或者撤职;

(6)降衔;

(7)除名;

(8)开除军籍。

(三)控告与申诉

控告与申诉是军人的民主权利,其目的在于充分发挥群众监督作用,保护军人合法权益,维护军队严格的纪律。

军人对违法违纪者有权提出控告。军人认为给自己的处分不当或者合法权益受到侵害,有权提出申诉。控告与申诉应当忠于事实。

控告和申诉可以按级提出或者越级提出。越级控告和申诉一般应当以书面形式提出。军人控告军队以外的人员,可以将情况告知军队的政治机关,政治机关应当及时了解情况,必要时予以协助。

被控告者有申辩的权利,但不得阻碍控告者提出控告,更不得以任何借口打击报复。对打击报复者,应当给予处分。

三、《队列条令》介绍

《中国人民解放军队列条令》是规范全军队列动作、队列队形、队列指挥的军事法规,是全军官兵必须共同遵循的行为规范,是全军队列训练和列队生活的基本依据,是军人列队动作的准则,在军队的建设发展中有着十分重要的地位和作用。《队列条令》由正文和附录两大部分所构成,共十章八十九条四个附录。

(一)队列训练的意义

加强队列训练,培养良好的军姿、严整的军容、过硬的作风、严格的纪律性和协调一致的动作,落实全面从严治军要求,促进军队正规化建设,巩固和提高战斗力。

(二)队列纪律

1.坚决执行命令,做到令行禁止;

2.姿态端正,军容严整,精神振作,严肃认真;

3.按照规定的位置列队,集中精力听指挥,动作迅速、准确、协调一致;

4.保持队列整齐,出列、入列应当报告并经允许。

(三)《队列条令》的主要内容

1.总则

包括制定本条令的目的,适应的范围,作用与意义,首长机关的责任,队列纪律。

2.队列指挥

包括队列指挥的位置,队列指挥的方法,队列指挥的要求。

3.队列队形

包括队列基本队形,列队的间距,班、排、连、营、团各级的队形及军兵种分队、部队的队形要求。

4.队列动作

包括单个军人和分队、部队的队列动作。

5.分队乘坐交通工具

乘坐运输车、乘坐客车、乘坐火车、车辆行进中的调整、乘坐舰(船)艇和飞机等。

6.国旗的掌持、升降和军旗的掌持、授予与迎送

7.阅兵

包括阅兵的权限,阅兵的形式,阅兵的程序,师以上部队阅兵和军兵种部队以及院校阅兵。

8.仪式

包括升国旗仪式、誓师大会仪式、码头送行、迎接任务舰艇仪式、凯旋仪式等。

9.附录

四、分队队列动作

(一)队列队形

1.基本队形和列队间距

队列的基本队形为横队、纵队、并列纵队。需要时,可以调整为其他队形。

队列人员之间的间隔(两肘之间)通常约 10 厘米,距离(前一名脚跟至后一名脚尖)约 75 厘米。需要时,可以调整队列人员之间的间隔和距离。

2.班、排、连的队形

(1)班的队形

班的基本队形,分为横队和纵队。需要时,可以成二列横队或者二路纵队。

(2)排的队形

排的基本队形,分为横队和纵队。排横队,由各班的班横队依次向后排列组成。排纵队,由各班的班纵队依次向右并列组成。排长的列队位置,横队时,在第一列基准兵右侧;纵队时,在队列中央前。

(3)连的队形

连的基本队形,分为横队、纵队和并列纵队。连横队,由各排的排横队依次向左并列组成。连纵队,由各排的排纵队依次向后排列组成。连并列纵队,由各排的排纵队依次向左并列组成。连部和炊事班等,以二列(路)或三列(路)组成相应的队形,位于本连队尾。

连指挥员的列队位置:横队、并列纵队时,位于一排长右侧,前列为连长、副连长,后列为政治指导员、副政治指导员;纵队时,位于一排长前,前列为连长、政治指导员,后列为副连长、副政治指导员(未编有副政治指导员时,后列中央为副连长)。

（二）集合、离散

1. 集合

这是使单个军人、分队、部队按规范队形聚集起来的一种队列动作。

集合时，指挥员应先发出预告或信号，如"全班（或×班）注意"，然后站在预定队形的中央前，面向预定队形成立正姿势，下达"成××队——集合"的口令。所属人员听到预告或信号，原地面向指挥员成立正姿势；听到口令，跑步到指定位置面向指挥员集合（在指挥员后侧人员，应从指挥员右侧绕过），自行对正、看齐，成立正姿势。

成班横队（二列横队）集合时：

口令：成班横队（二列横队）——集合。

要领：基准兵迅速到班长左前方适当位置，成立正姿势；其他士兵以基准兵为准，依次向左排列，自行看齐。成班二列横队时，单数士兵在前，双数士兵在后。

成班纵队（二路纵队）集合时：

口令：成班纵队（二路纵队）——集合。

要领：基准兵迅速到班长前方适当位置，成立正姿势；其他士兵以基准兵为准，依次向后排列，自行对正。成班二路纵队时，单数士兵在左，双数士兵在右。

2. 离散

离散，是使列队的单个军人、分队、部队各自离开原队列位置的一种队列动作。

离开时：

口令：各营（连、排、班）带开（带回）。

要领：队列中的各营（连、排、班）指挥员带领本队迅速离开原列队位置。

解散时：

口令：解散。

要领：队列人员迅速离开原列队位置。

（三）整齐、报数

1. 整齐

整齐是使列队人员按规定间隔、距离，保持行、列整齐的一种队列动作。整齐分为向右（左）看齐和向中看齐。

口令：向右（左）看——齐。

向前——看。

要领：基准兵不动，其他士兵向右（左）转头，眼睛看右（左）邻士兵腮部，前四名能通视基准兵，自第五名起，以能通视到本人以右（左）第三人为度。后列人员，先向前对正，后向右（左）看齐。听到"向前——看"的口令，迅速将头转正，恢复立正姿势。

口令:以×××为准,向中看——齐。

向前——看。

要领:当指挥员指定"以×××为准(或以第×名为准)"时,基准兵答"到",同时左手握拳高举,大臂前伸与肩略平,小臂垂直举起,拳心向右。听到"向中看——齐"的口令后,其他士兵按照向右(左)看齐的要领实施。听到"向前——看"的口令后,基准兵迅速将手放下,其他士兵迅速将头转正,恢复立正姿势。

一路纵队看齐时,可下达"向前——对正"的口令。

2.报数

口令:报数。

要领:横队从右至左(纵队由前向后)依次以短促洪亮的声音转头(纵队向左转头)报数,最后一名不转头。数列横队时,后列最后一名报"满伍"或"缺×名"。

(四)出列、入列

单个军人和分队出、入列通常用跑步,5步以内用齐步,1步用正步,或按照指挥员指定的步法执行;然后,进到指挥员右前侧适当位置或者指定位置,面向指挥员成立正姿势。

因故出、入列要报告(须经允许)。

1.出列

口令:×××(或第×名),出列。

要领:出列军人听到呼点自己的姓名或序号后应当答"到",听到"出列"的口令后,应答"是"。然后进到指挥员右侧前适当位置或指定位置,面向指挥员成立正姿势。

2.入列

口令:入列。

要领:听到"入列"口令后,应答"是",然后依出列的相反程序入列。

(五)行进、停止

横队和并列纵队行进以右翼为基准,纵队行进以左翼为基准(一路纵队行进以先头为基准)。

1.行进

行进时,指挥员应下达"×步——走"的口令。听到口令,基准兵向正前方前进,其他士兵向基准翼标齐,保持规定的间隔、距离行进。纵队行进时,排、连通常成三路纵队,也可成一、二路纵队。行进中,可用"一二一"(调整步伐的口令)、"一二三四"(呼号)或唱队列歌曲,以保持步伐的整齐。

2.停止

停止时,指挥员应下达"立——定"的口令。听到口令,按照立定的要领实施,分队的动作要整齐一致。停止后,听到"稍息"的口令,先自行对正、看齐,再稍息。

（六）队形、方向变换

1.队形变换

这是列队后由一种队形变为另一种队形的队列动作。

（1）横队和纵队的互换

横队变纵队：停止间口令：向右——转。

行进间口令：向右转——走。

纵队变横队：停止间口令：向左——转。

行进间口令：向左转——走。

要领：停止间，按照单个军人向右（左）转的要领实施；行进间，按照单个军人向右（左）转走的要领实施，分队动作要整齐一致；队形变换后，排以上指挥员应当进到规定的列队位置。

（2）停止间班横队和班二列横队的互换

班横队变班二列横队：

口令：成班二列横队——走。

要领：变换前，先报数。听到口令，双数士兵左脚后退1步，右脚（不靠拢左脚）向右跨1步，左脚向右脚靠拢，站到单数士兵之后，自行对正、看齐。

班二列横队变班横队：

口令：间隔1步，向左离开。

成班横队——走。

要领：听到"间隔1步，向左离开"的口令，取好间隔；听到"成班横队——走"的口令，双数士兵左脚左跨1步，右脚（不靠拢左脚）向前1步，左脚向右脚靠拢，站到单数士兵左侧，自行看齐。

（3）班纵队和班二路纵队的互换

班纵队变班二路纵队：

口令：成班二路纵队——走。

要领：变换前，先报数。听到口令，双数士兵右脚右跨1步，左脚（不靠拢右脚）向前一步，右脚向左脚靠拢，站到单数士兵右侧，自行对正、看齐。

班二路纵队变班纵队：

口令：距离2步，向后离开。

成班纵队——走。

要领：听到"距离2步，向后离开"的口令，取好距离；听到"成班纵队——走"的口令，双数士兵右脚后退1步，左脚（不靠拢右脚）站到单数士兵之后，自行对正。

2.方向变换

这是改变队列面对方向的一种队列动作。

(1)横队和并列纵队方向变换

停止间口令:左(右)转弯,齐步——走。

行进间口令:左(右)转弯——走。

要领:一列横队方向变换时,轴翼士兵踏步,并逐渐向左(右)转动;外翼第一名士兵后以大步行进,并同相邻士兵动作协调,并逐步变换方向,愈接近轴翼者,其步幅愈小,其他士兵用眼睛的余光向外翼取齐,并保持规定的间隔和排面整齐,转到90度或180度时踏步并取齐,听到口令前进或停止。

数列横队和并列纵队方向变换时,第一列轴翼士兵停止间用踏步、行进间用小步,外翼士兵用大步行进,保持排面整齐,边行进边变换方向,转到90度或180度后,听口令前进或停止;后续各列按上述要领,保持间隔、距离,取捷径进到前一列转弯处,转向新方向跟进。

(2)纵队方向变换

停止间口令:左(右)转弯,齐(跑)步——走,或左(右)后转弯,齐(跑)步——走。

行进间口令:左(右)转弯——走,或左(右)后转弯——走。

要领:一路纵队方向变换时,基准兵在左(右)转弯时,按单个军人行进间(停止间,右转弯走时,左脚先向前1步)转法实施;在左(右)后转变时,用小步边行进边变换方向,转到90度或180度,照直前进;其他士兵逐次进到基准兵的转弯处,转向新方向跟进。

第二节　轻武器射击

一、主要轻武器的性能、构造

(一)81式自动步枪

81式自动步枪(图6-2-1)是一种近距离消灭敌人的自动武器,既可对400米距离内的单个人员目标实施有效射击,也可集中火力射击500米距离内的集团目标,弹头飞行至1 500米处仍有杀伤力。该枪使用7.62毫米口径的子弹,既可进行半自动射击(打单发),又可进行自动射击

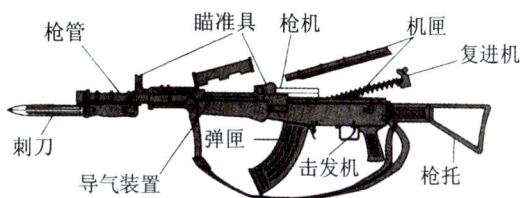

图6-2-1　81式自动步枪十大部件

（打连发），还可发射枪榴弹。弹匣可装30发子弹，当弹匣的最后一发子弹发射出去时，枪机退回到后面挂机。该武器在100米距离上，使用56式普通子弹，可穿透6毫米的钢板、15厘米厚的砖墙、30厘米厚的土层或40厘米厚的木板。

81式自动步枪主要由十大部件组成：刺刀、枪管、瞄准具、活塞及调节塞、机匣、枪机、复进机、击发机、弹匣和枪托，另有一套附品。

（二）56式冲锋枪

56式冲锋枪（图6-2-2）是我军装备较早的一种近战消灭敌人的自动武器，对单个目标在300米距离内实施点射，在400米距离内实施单发射效果最好，必要时也可实施连发射，射弹飞行到1 500米处仍有杀伤力。该枪使用7.62毫米子弹，弹匣（内装30发）送弹，子弹射完后不挂机。其侵彻力同81式自动步枪。

该枪由十大部件组成，其各部件的名称及用途同81式自动步枪。

（三）85式轻型冲锋枪

85式7.62毫米轻型冲锋枪是我军特种部队单兵使用的自动武器，主要以点射火力杀伤200米距离内的敌人有生力量。该枪具有结构简单、重量轻、体积小、射击精度好、携带使用方便灵活及近距离火力猛等特点。主要射击方法是短点射（2～5发），还可实施长点射（6～10发）和单发射；战斗射速，点射每分钟90～120发，单发射每分钟40发；在200米射距上，弹头侵彻均匀木板的厚度为12厘米。

85式轻型冲锋枪口径为7.62毫米，枪全重达1.9千克，枪全长为682毫米，枪托折叠状态长为444毫米，初速达500米/秒，理论射速达800发/分，弹匣容量为30发。

85式轻型冲锋枪由枪管、瞄准具、机匣、枪机、复进簧、击发机、弹匣和枪托八大部件组成（图6-2-3）。

95式自动步枪：95式自动步枪是一种近距离消灭敌人的自动武器，对单个目标在400米距离内射击最佳，集中火力可射击500米内敌人的飞机、伞兵以及集团目标。能发射40毫米系列枪榴弹，具有点面杀伤和反装甲能力。射程：破甲枪榴弹120米，杀伤枪榴弹250米，最大射程400米。必要时，还可加挂枪挂式防暴榴弹发射器，发射35毫米系列防暴榴弹，以完成特殊任务，表尺射程350米，最大射程360米。

图 6-2-2　56式冲锋枪

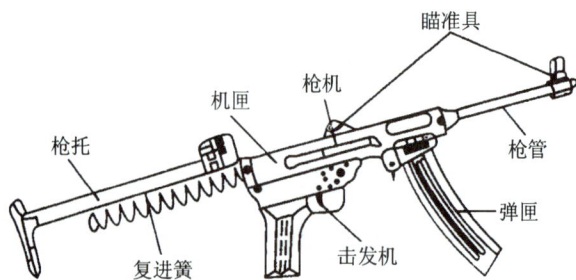

图 6-2-3　85式轻型冲锋枪八大部件

（四）54式手枪

54式手枪是单手发射的短枪，是近距离歼敌的自卫武器。它体积小、重量轻、便于隐蔽携带，受地形环境制约小，反应快，便于在狭小空间隐蔽、迅速、突然对敌实施攻击。

54式手枪在50米内射击效果最好。弹头飞到500米处仍有杀伤力。战斗射速每分钟约为30发。

54式手枪口径为7.62毫米，枪全重达0.85千克，装满子弹的弹匣重0.16千克，枪全长为195毫米，初速为420米/秒，弹头最大飞行距离为1630米，弹匣容量为8发。

54式手枪由枪管、套筒、击发机、套筒座、复进机和弹匣六大部件组成（图6-2-4）。另有一套附品。

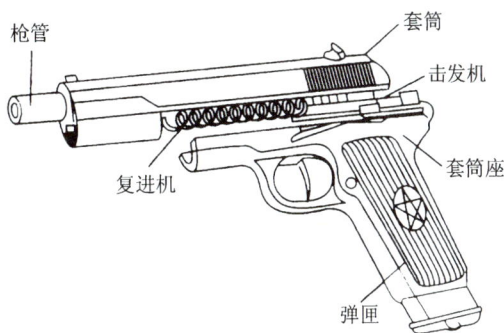

图 6-2-4　54式手枪六大部件

二、简易射击学理

（一）发射与后座和弹道

1.发射

发射是指火药气体压力将弹头从枪膛内推送出去的现象。其具体过程是：击针撞击子弹底火，使起爆药发火，火焰通过导火孔引燃发射药，产生大量气体，在膛内形成高压，迫使弹头脱离弹壳，沿膛线旋转加速前进，直至推出枪口。

2.后坐

后坐是指发射时枪械向后运动的现象。发射药燃烧时，产生的气体同时向各个方向挤压。挤压膛壁的压力被膛壁所阻；向前的压力推动弹头前进；向后的压力抵压弹壳底部和枪机，使枪向后运动，从而形成后坐。后坐对于单发射击影响较小，但对于连发，因第一发子弹发射后产生的后坐力使枪发生移动，改变了瞄准线，所以影响较大。因此，在连发射击时，射手必须掌握一定的连发射击规律和据枪要领，只有这样才能提高命中精度。

3.弹道的定义

弹道是指弹头脱离枪口在空气中飞行的路线。弹头在飞行中，一面受地心引力的作用，逐渐下降；一面受空气阻力的作用，越飞越慢。这两种力的作用，使弹头的飞行线路形成一条不均等的弧线，升弧较长较直，降弧较短较弯曲（图6-2-5）。

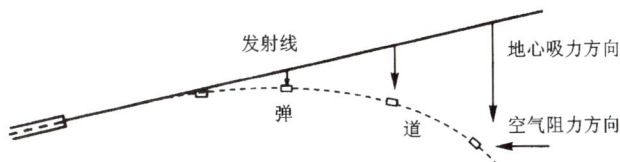

图 6-2-5　弹道的形成

149

4. 直射

直射是指瞄准线上的弹道高在整个表尺距离内不超过目标高的发射。这段射击距离叫直射距离。距离(图 6-2-6)。

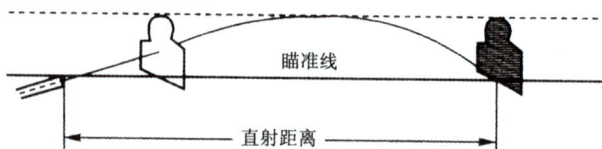

图 6-2-6 直射和直射距离

直射距离的大小是根据目标的高低与弹道的低伸程度决定的。目标越高,弹道就越低伸,直射距离就越大;目标越低,弹道越弯曲,直射距离就越短。通常情况下,半自动步枪和冲锋枪对人头目标的直射距离为 200 米,对人胸目标为 300 米,对半身目标为 400 米。

在射击过程中,对在直射距离内的目标可以不变更表尺分划,瞄准目标下沿射击,以增大射速,提高射击效果。

5. 危险界、遮蔽界和死角

危险界是指弹道高没有超过目标高的一段距离。目标暴露得越高,地形越平坦,弹道越低伸,危险界就越大,目标就越容易被杀伤;目标暴露得越低,地形越复杂,弹道越弯曲,危险界就越小,目标就不易被杀伤。

遮蔽界是指从弹头不能射穿的遮蔽物顶端到弹着点的一段距离。死角是指目标在遮蔽界内不会被杀伤的一段距离(图 6-2-7)。遮蔽物越高,目标越低,死角就越大;反之,死角就越小。

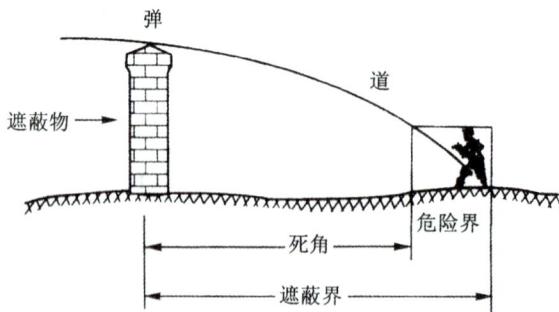

图 6-2-7 遮蔽界和死角

危险界、遮蔽界和死角有很大的实用意义,是作战中隐蔽自己和选择有利射击位置必须考虑的因素。

(二)选定表尺分划和瞄准点

1.瞄准具的作用

弹头在飞行中受到地心的引力和空气阻力的作用,逐渐下降并越飞越慢。为了命中目标,必须抬高枪口。不同距离上枪口抬高多少,表尺上刻有相应的分划。只要按照目标的距离装定相应的表尺分划瞄准目标,就能命中目标。

2.选定表尺分划和瞄准点的方法

射击时,射手应根据目标的距离、大小和武器的弹道高,正确地选定表尺分划和瞄准点。确定表尺分划和瞄准点可用以下方法。

(1)当目标距离是百米的整数倍时,是几百米,就装定表尺几,瞄准点选在目标的中央。

(2)当目标的距离不是百米的整倍数时,通常选定大于实际距离的表尺分划,适当降低瞄准点。如目标距离180米,可选定表尺2。

(3)目标在300米距离内,通常装定表尺3。小目标瞄准点是目标的下沿,大目标的瞄准点在目标中央。

三、射击动作

(一)验枪

验枪是一项保证安全的重要措施。使用武器前后及必要时,均应验枪,认真检查弹膛、弹匣和教练弹中有无实弹。验枪时,严禁枪口对人。

口令:验枪、验枪完毕。

动作要领:听到"验枪"的口令后,以右脚掌为轴,身体半面向右转,左脚顺势向前迈出一步(两脚约与肩同宽,背带从右肩上脱下),左手接握下护木,左大臂紧靠左胁,枪托贴于右胯,准星约与肩同高,右手掌心向下,虎口向前,拇指打开保险(图6-2-8),卸下弹匣(使弹匣口向后弯曲部朝上)交给左手握于护木右侧,移握机柄。当指挥员检查时,拉枪机向

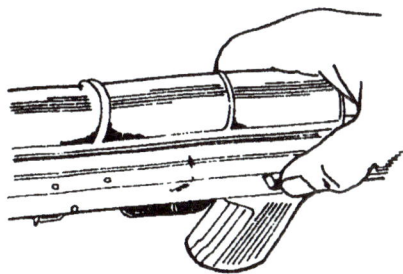

图 6-2-8　打开保险

后,验过后,自行送回枪机,装上弹匣,扣扳机,关保险,移握枪颈。

听到"验枪完毕"的口令后,左手反握护木,将枪倒置于胸前,上背带环约与肩同高,右手挑起背带,身体半面向左转,在右脚靠拢左脚的同时,两手协力将枪送上右肩,恢复肩枪姿势。

（二）装退子弹及定复表尺

1.向弹匣内装子弹

左手握弹匣,使弹匣口向上,挂耳向前,右手将子弹放于受弹口,两手协办将子弹压入弹匣内。

2.卧姿装退子弹及定复表尺

口令:卧姿——装子弹、退子弹——起立。

动作要领:听到"卧姿——装子弹"的口令后,右手移握上护木,使枪口向前(背带从肩上脱下),左脚向右脚尖前迈出一大步(也可右脚顺脚尖方向迈出一大步),左臂伸出,掌心向下,手指稍向右,按照膝、手、肘顺序顺势卧倒。以身体左侧、左肘支持全身。右

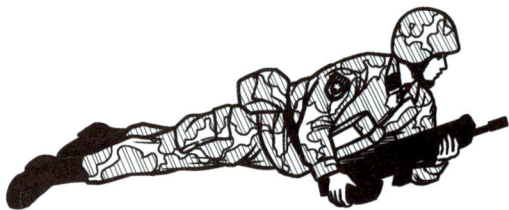

图 6-2-9　卧姿装子弹

手将枪向目标方向送出,左手接握下护木,枪面稍向左,枪托着地,右手卸下空弹匣(弹匣口朝后,弯曲部朝上)交给左手握于护木右侧,解开弹袋扣取出并换上实弹匣(图 6-2-9),将空弹匣装入弹袋内并扣好,拇指打开保险,拉枪机送子弹上膛,关上保险。右手拇指和食指转动表尺转轮,使所需分划对正表尺座一侧定位点(图 6-2-10)。然后,右手移握握把,全身伏地,两脚分开约与肩同宽,身体右侧与枪身略成一线,目视前方,准备射击。

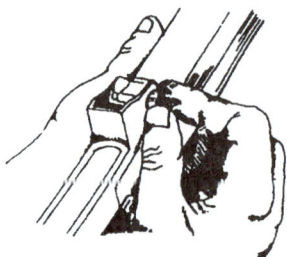

图 6-2-10　装定表尺的动作

图 6-2-11　接住退出的子弹

听到"退子弹——起立"的口令后,稍向左侧身,右手卸下实弹匣,交给左手,打开保险,右手拇指慢拉枪机向后,余指接住从膛内退出的子弹(图 6-2-11),送回枪机,将子弹压入弹匣内,解开弹袋扣,取出并换上空弹匣,将实弹匣装入弹袋内并扣好。扣扳机,关保险,表尺转轮分划归"3",移握上护木,将枪收回,同时左小臂向里合,屈左腿于右腿下。以左于和两脚撑起身体,右脚向前一大步,左脚再向前一步,左手反握护木,将枪倒置于胸前,右手拇指挑起背带,在右脚靠拢左脚的同时,两手协力将枪送上右肩,恢复肩枪姿势。

四、射击方法

据枪、瞄准、击发是相互联系和相互影响的动作。稳固持久的据枪,正确一致的瞄准,均匀正直的击发,三者正确地结合,是准确射击的关键,也是射击训练的基础。

(一)卧姿有依托据枪、瞄准、击发

1.据枪

卧姿有依托据枪时,下护木前端放在依托物上,身体右侧与枪身略成一线。左手握弹匣(也可托握下护木),左肘着地外撑。右手拇指将保险机扳到所需的位置,虎口向前紧握握把,食指第一节靠在扳机上,右大臂略成垂直,右肘着地外撑(肘皮控制在内前侧)。两肘保持稳固。胸部挺起,身体稍向前跟(右肘不离地),上体自然下塌,两手用力保持不变,使枪托确实抵于肩窝。头稍前倾,自然贴腮(图 6-2-12)。

图 6-2-12　卧姿有依托据枪

2.瞄准

瞄准时,首先使瞄准线自然指向目标。若未指向目标,不可迁就而强扭枪身,必须调整姿势。需要修正高低时,可前后移动整个身体或两肘里合、外张程度,也可适当调整依托物。

正确瞄准方法:右眼通视缺口和准星,使准星尖位于缺口中央并与缺口上沿平齐,指向瞄准点(图 6-2-13)。

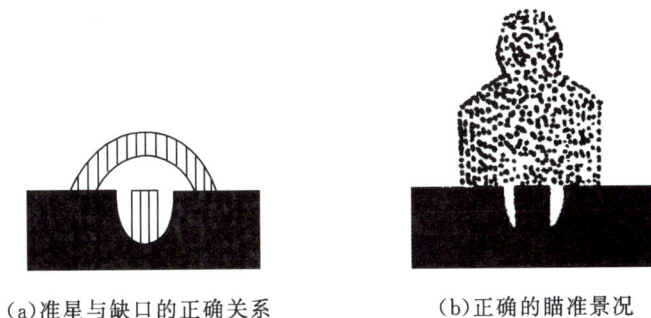

(a)准星与缺口的正确关系　　　(b)正确的瞄准景况

图 6-2-13　正确瞄准

瞄准时,应集中主要精力于准星与缺口的平正关系上。正确的瞄准景况,应是准星与缺口的平正关系看得清楚,而目标看得较模糊。

3.击发

击发时,射手用右手食指第一节均匀正直地向后扣压扳机(食指内侧与枪应有一点空隙),余指力量不变。当瞄准线接近瞄准点时,开始预压扳机,并减缓呼吸。当瞄准线指向瞄准点时,应停止呼吸,继续增加对扳机的压力,直至击发。击发瞬间应保持正确一致的瞄准。若瞄准线偏离瞄准点或不能继续停止呼吸时,应既不增加也不放松对扳机的压力,待修正或换气后,再继续扣压扳机,完成击发。

点射时,应稳扣快松,扣到底松开为2~3发。在扣扳机的过程中,应始终保持姿势稳固,据枪力量不变,以提高连发射击命中精度。

(二)射击中常见毛病及纠正方法

1.抵肩位置不正确

射击时,射手若不能正确地抵肩,会使射弹产生偏差。在通常情况下,抵肩过低易打低;抵肩过高易打高。纠正时,射手要反复体会正确的抵肩位置,并通过他人摸、推的方法检查位置是否正确。

2.两手用力不适当

射击时,射手为了命中目标,往往以强力控制枪的晃动,造成肌肉紧张、用力方向不正、姿势不稳,使枪产生角度摆动,增大射弹散布。纠正时,应强调据枪的正直向后适当用力,使用力方向与后坐方向一致。连发射击时,还应注意保持姿势稳固和据枪力量不变。练习时,可在据枪后采用由协助者向后推枪、拉枪机或射手自己两手向后引枪等方法,检查用力是否正确,发现偏差及时纠正。自动武器射击应特别注意防止右手上抬、下压或向后引枪等毛病。

3.击发时机掌握不好

无依托射击时,有的射手常为捕捉瞄准点,造成勉强击发或猛扣扳机。纠正时,当瞄准线在瞄准点附近轻微晃动时,即应适时击发。练习时,可让射手反复体会在保持准星与缺口平正关系的基础上,自然指向瞄准点的景况。也可用加强臂力锻炼和采取逐步缩小瞄准区的辅助练习法,摸索枪的晃动规律,掌握击发时机。

4.停止呼吸过早

射击时,停止呼吸过早,易造成憋气,使肌肉颤动、据枪不稳或猛扣扳机。纠正时,应使射手反复体会在瞄准线指向瞄准点或在瞄准点附近轻微晃动时,自然停止呼吸的要领。在剧烈运动后,无法按正常情况停止呼吸时,应进行深呼吸后再停止呼吸。

5.耸肩、眨眼和猛扣扳机

射击时,由于射手过多地考虑枪响时机、点射弹数、射击成绩等原因,造成心情紧张,产生耸肩、眨眼和猛扣扳机等错误动作,影响射弹命中。纠正时,应强调按要领操作,把主要精力、视力集中在准星与缺口的平正关系上,达到自然击发。

6.枪面倾斜

瞄准时,如枪面偏左(右),射角减小,枪身轴线指向瞄准点左(右)边,射击时,弹着点偏左(右)下。纠正时,强调射手据枪应保持枪面平正。

第三节　战备基础与紧急集合

战备是为应对可能发生的战争或军事突发事件而在平时进行的准备。战备工作主要包括战备教育、落实战备制度、搞好战备演练(包括战备等级转换)、加强战备管理(三分四定等)。

一、战备等级转换

(一)战备等级的划分

战备等级是部队战备程度的区分,战备等级分为四级战备、三级战备、二级战备、一级战备等四个级别,最高等级是一级战备。

四级战备。是最低一级的战备,指国外发生重大突发事件或者我国周边地区出现重大异常,有可能对我国安全和稳定带来较大影响时所处的战

> **延伸阅读**
>
> 战备教育:战备教育是帮助官兵增强战备观念,进一步做好战争思想准备的重要方法和落实战备工作的重要环节。我军历来重视战备教育,革命战争年代,随时准备打仗的战备观念始终融入于官兵血脉。和平建设时期,我军更是把强化战备教育作为贯彻党的军事战略、加强战备工作、培育战斗精神的基础性工作。

备状态。主要工作是:进行战备教育和战备检查;调整值班、执勤力量;加强战备值班和情况研究,严密掌握情况;保持通信顺畅;严格边境管理;加强巡逻警戒。

三级战备。即局势紧张,是指周边地区出现重大异常,有可能对我国构成直接军事威胁时,所处的战备状态。主要工作是:进行战备动员;加强战备值班和通信保障,能随时执行作战任务;密切注视敌人动向,及时掌握情况;控制人员外出,召回外出人员;启封、检修、补充武器装备器材和战备物资;必要时启封一线阵地工事;修订战备方案;进行临战训练,开展后勤、装备等各级保障工作。

二级战备。即局势恶化,是指对我国已构成直接军事威胁时,所处的战备状态。主要工作是:深入进行战备动员;战备值班人员严守岗位,指挥通信顺畅,严密掌握敌人动向,查明敌人企图;发放战备物资,抓紧落实后勤、装备等各种保障;抢修武器装备;完成应急扩编各项准备,按战时编制齐装满员;抢修工事、设置障碍;做好疏散部队人员、兵器、装备的准备;调整修订作战方案;抓紧临战训练;留守机构展开工作。

一级战备。即局势极度紧张,是指针对我国的战争征候十分明显时,所处的战备状态。主要工作是:进入临战战备动员;战备值班人员昼夜坐班,无线电指挥网全时收听,

保障不间断指挥;运用各种侦察手段,严密监视敌人动向,进行应急扩编,按战时编制满员,所需装备优先保障;完成阵地配系;落实各项保障;人员、兵器、装备疏散隐蔽伪装;留守机构组织人员向预定地区疏散;完善行动方案,完成一切临战准备,处于待命状态。

(二)战备等级转换的行动

通常情况下,战备等级的转换应根据命令由平时状态向四级、三级、二级、一级战备状态依次转进。特殊情况下,也可根据命令越级转进。

当在接到根据上级的紧急战备号令,或者在下列情况下实行紧急集合:一是发现和遭到敌人的突然袭击;二是受到火灾、水灾、地震、台风等自然灾害威胁和袭击;三是上级赋予紧急任务或者发生重大意外情况。

紧急集合应当迅速而有秩序,并按照紧急集合的有关规定,准时到达指定位置,完成战斗或者机动的准备。

应根据情况及时增派或者撤收警戒;督促全体人员迅速集合;检查人数和武器装备;采取保障安全的措施;迅速执行任务。

二、"三分四定"

"三分四定"是战备工作的重要内容,在平时要严格按照规定做好各项工作,保证一旦有紧急情况即可立即出动。

(一)"三分"

"三分"就是将个人的物资分为携行、前运、后留三部分,分别放置。

携行物资就是紧急情况时自己随身携带的必备物资。前运物资就是一些物资虽然个人工作、生活、作战时非常需要,但靠个人携带不了,需要上级单位帮助搬运的物资。后留物资就是不需要随同执行任务带走的个人物资,留在营房内,由上级统一保管。

(二)"四定"

"四定"即定人、定物、定车、定位。

定人,是指根据战备行动方案,确定每个军人在可能出现的紧急情况中所担负的任务、归谁指挥、可能的行动等内容。定物,是指确定军人紧急出动时携带物资的数量、种类,主要规定武器装备的携带方法。定车,是指军人紧急出动时所乘坐的车辆(车辆编号)。定位,是指确定军人乘坐车辆的具体位置及在行进中可能担负的任务。

三、紧急集合

紧急集合,就是在紧急情况下迅速进行的集合,是应付突然情况的一种紧急行动。如:发现和遭到敌人的突然袭击时;受到火灾、水灾、地震、台风等自然灾害威胁时;上级赋予紧急任务或发生重大意外情况时等。

一般是根据上级的紧急战备号令实施紧急集合。一旦接到紧急集合的信号或命令时,应立即按规定着装,携带武器装备和器材,迅速到达规定地点集合。

紧急集合分为全副武装紧急集合和轻装紧急集合两种。全副武装紧急集合是根据当时所处战备等级状态而确定。此时,人员的负重量、携行的装备和器材均按战备方案和上级的规定执行。轻装紧急集合是在执行临时性紧急任务时所采取的一种方式。着装时,为减轻负荷量,通常不背背包(或携带单兵生活携行具),以提高快速机动能力。紧急集合的程序可分为四步:着装、整理携行生活器材、装具携带和集合。

(一)着装

紧急集合时的着装通常为作训服。昼间进行紧急集合时,一般按当时的训练着装进行。如果上级重新规定着装,应立即换装。夜间实施紧急集合时,应迅速起床,按照帽子(冬季戴皮、棉帽时,披装后再戴)、上衣、裤子、袜子、鞋子(双层床上层的打完背包再穿鞋子)的顺序进行穿戴。

(二)整理携行生活器材

没有装备生活携行具时,应打背包。背包的宽为30~35厘米,竖捆两道,横压三道。米袋捆于背包上端或两侧;雨衣、大衣通常捆于背包上端,大衣袖子捆于背包两侧;鞋子横插在背包背面中央或竖插两侧;锹(镐)竖插在背包面中央,头朝上。

装备有生活携行具时,应按以下顺序进行:

1.迅速结合背架;

2.按规定将规定物品分别装入主囊、侧囊和睡袋携行袋;

3.组合背架和军需装备携行具。

(三)装具携带

无装备战斗携行具携带装具的方法可分为全副武装和轻装两种。

全副武装携带装具的方法是:背手榴弹弹袋,左肩右胁;背挎包,右肩左胁;扎腰带(机枪手先背弹盒);披弹袋;背防毒面具,左肩右胁;背水壶,右肩左胁;背背包(火箭筒副射手背背具);取枪(筒)和爆破器材(图6-3-1)。

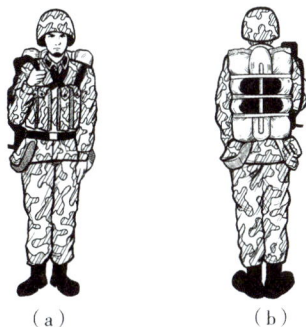

图 6-3-1　全副武装的军人

轻装携带装具的方法是:不背背包,其他装具的披带与全副武装的相同,锹(镐)头朝下背于右肩,系绳绕腰间与背绳系紧;米袋,右肩左胁;雨衣(冬季带大衣时,将大衣袖子留在外面卷紧捆好,再将袖口对接扎紧)左肩右胁。

（四）集合

披挂装具完毕后,应迅速跑步到班集合地点,向班长报告。全班人员到齐后,班长要整队,然后带领全班迅速赶到排集合场地,并向排长报告。

在紧急集合时要做到:迅速、肃静、确实、完整、安全、便于行动。这就要求在平时应按规定放置武器、弹药、装具和衣物,并牢记地点位置。这样才能在紧急集合时迅速有序拿取和穿着,行动迅捷而不慌乱。

第四节　识图用图

军用地图是反映实际地形的最可靠的资料之一,是指挥员的"左膀右臂"。在作战行动中,要想发挥地图的作用,必须具备一定的识图用图能力。

一、地图比例尺

地图比例尺是指图上某线段的长与相应的实地水平距离之比,即地图比例尺＝图上长/相应实地水平距离。比如,一幅地图的比例尺是1∶5万,那么如果图上两点间的长为1厘米,实地该两点的距离应为5万厘米。

根据用图的目的和要求的不同,地图比例尺也有大小之分,通常按比值的大小来衡量。比值的大小可按比例尺的分母来确定,分母越小则比值越大,比例尺就越大;分母越大则比值越小,比例尺就越小。图幅大小相同的地图,比例尺越大,图幅所包含的实地面积就越小,但显示的地形就越详细,精度也就越高。因此,大比例尺地图比较适合于初级指挥员使用,小比例尺地图则适丁中、高级指挥员使用。

地图比例尺常以图形结合文字、数字表示,一般绘注在图廓的下方中央。

其中以数字表示的为数字比例尺,它是用比例式或分数式表示的。以图形表示的为直线比例尺。根据地图比例尺,可以从地图上量取实地相应的距离。如果是量取两点间的直线距离,通常可采用两种办法。

一种是在直线比例尺上比量。先用两脚规或直尺在图上准确量取两点间的长度,然后把量得的长度移到直线比例尺上去比,从而得出实地两点间的距离。

另一种是根据数字比例尺换算。先用直尺在图上量取两点间的距离,然后用公式换算。换算的公式是:实地距离＝图上长度×比例尺分母。

如果要量取两点间的曲线距离,则要使用专用的里程表。

需要注意的是,在地图上量取和计算的距离实际上只是水平距离。如果实地的坡度较大时,还应按比例加上适当的坡度和弯曲改正数(具体改正数可参考表 6-4-1)。

表 6-4-1　坡度和弯曲改正数

坡度	改正数(%)	坡度	改正数(%)	举例
0°～4°	3	15°～19°	30	如图上距离为 1 000 米,平均
5°～9°	10	20°～24°	40	度为 7°,则实地距离是:1 000
10°～14°	20	25°～29°	50	＋1 000×10％＝1 100 米

二、地物符号

地面上的地物,在地图上是按照《地形图图式》规定的符号和注记表示的,这些符号称作地物符号。地物符号由图形和颜色组成。

(一)地物符号的分类

地物符号可分为三类:第一类是依比例尺表示的符号,这类符号是按地物的实际轮廓按比例尺缩绘的,主要用于表示面积较大的地物,如城镇、森林、江河等;第二类是半依比例尺表示的符号,主要用于表示一些细长的地物,这类符号的长度是按比例尺缩绘的,但宽度没有按比例尺缩绘,如道路、沟渠、电线等;第三类是不依比例尺表示的符号,这类符号因地物面积太小,无法按比例尺缩绘,只能用规定的符号表示,如突出树、亭、纪念碑等(常用的不依比例尺表示的地物符号及其定位点见表 6-4-2)。

表 6-4-2　不依比例尺表示的符号及定位点

定位点	符号及名称		
图形中有一点的在该点上	△三角点	⚐亭	窑
几何图形在图形的中心	◐油库	■独立房屋	✕发电厂
底部宽大的在底部中心	水塔	气象站	⌂碑
底部为直角形的在直角的顶点	路标	♣突出阔叶树	♠突出针叶树
两个图形组成的在下方图形的中心	变电所	散热塔	石油井

（二）地物的颜色

我国目前出版的地图均为四色（具体规定见表6-4-3）。

表 6-4-3 地物颜色

颜色		使用范围
四色图	黑色	人工物体——居民地、独立地物、管线、桓栅、道路、境界及其名称与数量注记等
	绿色	植被要素——森林、果园等的普染；1978年后出版图的植被符号及注记等
	棕色	地貌要素——等高线及其高程注记、地貌符号（变形地）及其比高注记、土质特征、公路普染等
	蓝色	水系要素——河岸线、单线河及其注记和普染、雪山地貌等

三、等高线

（一）等高线显示地貌的原理

地貌的形态在地图上主要是用等高线显示。其原理是：把一个山地模型从底到顶按相等的高度，一层一层地水平切开，在山的表面便出现一条条大小不等的截口线，然后把这些线垂直投影到平面图纸上，便出现一圈套一圈的曲线图形。由于同一条曲线上的各点的高度都相等，所以把它叫作等高线（图6-4-1）。

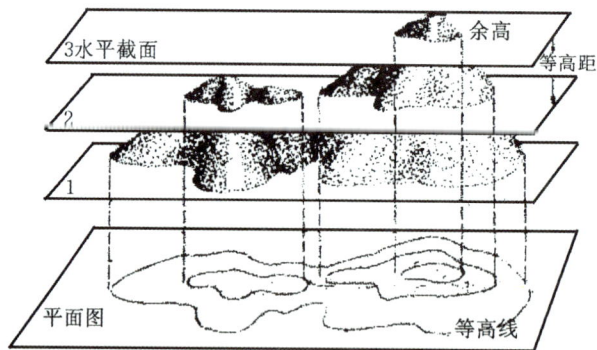

图 6-4-1 等高线显示地貌的原理

（二）等高线显示地貌的特点

等高线显示地貌有很多的特点：同一条线上各点的高度相等，并各自闭合；等高线多，山就高，等高线少，山就低；等高线稀，坡度就缓，等高线密，坡度就陡；图上等高线的弯曲形状与相应的实地地貌形状相似。

(三)等高距

相邻两条等高线间的实地垂直距离叫等高距。同一地形等高距大,等高线就稀,地貌显示就越简略;等高距小,等高线就密,地貌显示就越详细。通常,大比例尺地图表示地貌相对详细,小比例尺地图表示地貌相对简略(我国常用比例尺地图的等高距规定见表6-4-4)。

表6-4-4　常用比例尺地图的等高距规定

比例尺	1∶2.5万	1∶5万	1∶10万	1∶20万
等高距	5米	10米	20米	40米

(四)等高线的种类

等高线按其作用的不同,可分为4种:首曲线,用细实线表示,用以显示地貌的基本形态;计曲线,用加粗实线表示,从高程起算面起,每隔四条首曲线(即五倍等高距的首曲线)绘粗实线;间曲线,按等高距的1/2绘制的长虚线,用以显示首曲线不能显示的局部地貌;助曲线,按等高距

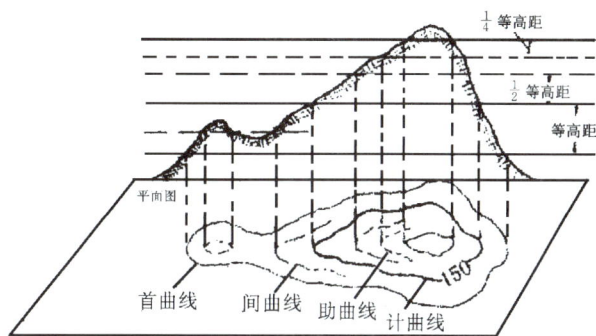

图 6-4-2　等高线的种类

的1/4绘制的短虚线,用以显示间曲线还不能显示的局部地貌(图6-4-2)。

(五)高程注记

高程注记在地图上有2种形式:一种是高程点的注记,用黑色,字头朝向地图的北方(上方);一种是等高线注记,用棕色,字头朝向上坡方向。

四、地图方位与磁方位角

地图的方位是上北下南,左西右东。在地图南北廓上的磁南、磁北(即 P、P′两点间的连线,为该图的磁子午线,即地面上任一点磁针所指的南北方向线。

从某点的磁子午线起,依顺时针方向到目标方向线(该点到某一目标的延长线)之间的水平夹角,叫该点的磁方位角。在航空、航海、炮兵射击、军队行进等军事活动中,磁方位角有着广泛的用途(图6-4-3)。

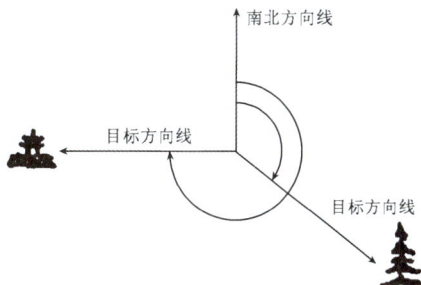

图 6-4-3　磁方位角

五、现地使用地图

(一)判定方位

判定方位就是在现地辨明站立点的东、西、南、北方向,明确站立点与周围地形的位置关系。

1.利用指北针判定方位

判定方位时,将指北针平放,待磁针完全静止后,磁针北端所指的方向就是北方。如果测定方位的人面向北方,则他的背后是南,右边是东,左边是西。

2.利用太阳和手表判定方位

一般情况下,时间在 6 点时,太阳在东方;12 点时,太阳在正南方;18 点时,太阳在西方。根据这一规律,可以概略地判定方位。口诀是:时数折半对太阳(每天以 24 小时计算),12 字头指北方。如在下午 14

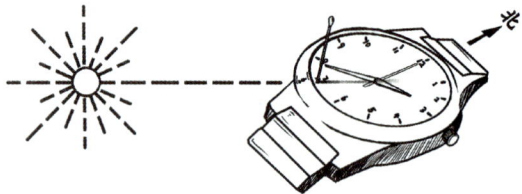

图 6-4-4 利用太阳和手表判定方位

时 40 分,应以 7 时 20 分对准太阳,12 字头所指的方向就是北方。为便于判定,还可在时数折半的位置处,垂直竖一草棍或火柴棍,转动表盘,使其影子通过表盘中心(图 6-4-4)。

北京标准时间是以东经 120 度经线的时间为准,如在远离 120 度经线的地方判定方位时,应将北京时间换算成当地时间。如果在北回归线(北纬 23 度 26 分)以南地区的夏季,因太阳垂直照射,不宜采用此种方法。

3.利用北极星判定方位

北极星是在正北方天空的一颗较明亮的恒星,夜间找到北极星,就很容易找到北方。北极星位于小熊星座的尾端,因小熊星座比较暗(除北极星),故通常根据大熊星座,也就是北斗星(俗称勺子星),以及仙后星座(即女帝星座,俗称 W 星)来寻找。

大熊星座由 7 颗明亮的星组成,形状像一把勺子,将勺端甲、乙两星的连线向勺子口方向延长,约在两星间隔的 5 倍处,有一颗比大熊星座略暗的星,它就是北极星。仙后星座是由 5 颗明亮的星组成,形状很像英文字母 W。在 W 字母的缺口方向为缺口宽度 2 倍处的那颗星,就是北极星。找到北极星后,面向北极星,正前方就是北方。

(二)地图与现地对照

地图与现地对照,就是将地图上的各种符号和等高线图形与相应的实地地形对应起来。

1.标定地图

标定地图就是使地图与实地的方位一致。标定地图的方法有以下几种。

(1)概略标定

先在实地判明方位,方位确定后,将地图的上方对向实地的北方,地图即标定好了。

(2)利用指北针标定

先将指北针的直尺切于地图磁子午线,并使准星的一端朝向北图廓,然后水平转动地图,使磁针北端对正指标,即刻度盘的"0"分划,地图就标定好了。

(3)利用直长地物标定

直长地物是指形状直长的线状地物,如铁路、公路、电线等。首先在图上找到直长地物符号,对中照两侧地形,使地图与现地的关系位置概略相符,再转动地图,使图上的直长地物符号与现地的直长地物方向一致,地图即已标定(图 6-4-5)。

(4)利用明显地形点标定

首先确定站立点在图上的位置,再从远方选定一个现地和图上都有的明显地形点,如山顶、独立地物等,并将直尺切于图上的站立点和该地形点上,然后转动地图,使远方地形符号在前,通过直尺,向远方实地相应地形点瞄准,地图即已标定。

图 6-4-5 利用直长地物标定地图

(5)利用北极星标定

标定时面向北极星,并使地图上方概略朝向北方,然后通过东(西)图廓线瞄准北极星,地图方位就标定好了。

2.确定站立点

确立站立点,就是把自己的实地位置在图上找到。通常有以下几种方法。

(1)利用明显地形点确定

当站立点在明显地形点上时,从图上找到该地形点的符号,即站立点在图上的位置。当站立点在明显地形

延伸阅读

定向越野:定向越野是一种借助地图、指南针或其他导航工具,在一个设定的范围内,通过途中的各种障碍,快速到达各个目标点位,并且完成各个点位任务,最后到达终点的运动。定向越野分为:专业竞技型、团建拓展型、休闲娱乐型。定向越野能够锻炼参与者的身体素质、心理素质、团队配合能力,提升参与者面对困难和挑战的信心。

点附近时,先标定地图,然后根据站立点与明显地物的相互位置关系,判定出站立点在图上的位置。

(2)利用截线法确定

当站立点位于道路、河渠等线状物上时,先标定地图,在线状物的一侧选择图上和现地都有的明显地形点,然后将直尺边切于图上该地形点上,转动直尺,瞄准现地地形点,并瞄画方向线,方向线与线状地物符号的交点,就是站立点在图上的位置。

(3)利用后方交会法确定

首先标定地图,在远方选择两个图上和现地都有的明显地形点,将直尺分别切于图上两个明显地形点符号的定位点上,再依次瞄准现地的相应地形点,并向后画出方向线,两方向线的交点就是站立点在图上的位置。

(4)利用磁方位角交会法确定

先攀上便于通视远方的树上,在远方选定现地和图上都有的两个明显地形点,分别测出到这两个点的磁方位角。然后在树下近旁标定地图,将指北针直尺边依次切于图上的两相应地形点的定位点上,转动指北针,使磁针北端指向所测得的相应的磁方位分划,并沿尺边分别画方向线,两方向线的交点就是站立点在图上的位置。

3.现地对照地形

现地对照地形,一般是在标定地图和确立了站立点的基础上进行。其顺序是:先主要方向,后次要方向;先对照大而明显的地形,后对照一般的地形;由左至右(或相反),由近及远;从图上到现地,再从现地到图上;以大带小,由点到面,逐段分片进行对照。对照地形,主要根据站立点与目标点及其附近地形的相互关系位置,分析比较,反复验证。当地形重叠不便观察时,应变换位置或登高观察。

(三)按图行进

按图行进,就是利用地图选定行进路线,并在行进中不断与现地对照,以保证沿选定的路线到达预定地点的行进方法。

1.行进前的准备

在行进前必须要事先选准选好行进路线。选择路线时,应充分考虑和研究行进路线上可能对行进造成影响的地形因素,如地貌起伏、沿线居民地、桥梁等。部队行进时,通常要选择多条路线,以便分路行进。选择线路时应注意把握以下原则:一是有路不越野,尽可能利用道路行进,这样不仅省力,而且不易迷失方向;二是选近不选远;三是提前绕行,在起伏大、树林密集、多障碍的地段,应提前选择绕行线路。

路线选定后,应将路线及沿线选定的较明显的地物、地貌作为方位物,如转弯点、桥梁、居民地等,并用彩笔在图上做出标记,以便行进时快速查找。

路线和方位选定后,应按行进的顺序,把每段的里程、时间,经过方位物的顺序、数量、名称、关系位置和地形特征记熟,力求做到"心中有图,未到先知"。

2.行进的方法步骤

行进途中,应边走边对照地形,预知前方要通过的方位物。在经过每个岔路口、转弯点、居民地进出口等,应仔细对照地形,随时了解自己在图上的位置,做到"人在实地走,心在图上移"。具体的行进方法步骤是:

(1)靠记忆行进

按行进的顺序,采取分段或连续或一次记忆的方法,记住路线的方向、距离、经过的地形点。通过记忆,使现地的情景能够不断地与记忆内容"迭影"、印证。通常情况下,初学者易采用分段行进法,即在最佳线路上能通视的地段,不对照地形,而选择在辅助目标点上对照,这样一段一段对照前进;有一定基础者可用连续行进法,即把各辅助目标点要做的工作提前。在将要到达一个辅助目标点之前,边行进边分析下段能通视地段的地形,在图上找到下一个辅助目标点,然后不作停留,连续行进;经验丰富者可用一次记忆行进法,即在出发点,把在地图上选择的从出发点到第一目标点的最佳线路一次性记住,不再选择辅助目标点,在将要到达第一目标点之前,又一次性记住到达下一个目标点的最佳线路,直至终点。

(2)依点、线行进

当目标点位于高大、明显的点和线状地形或其附近时,在明确站立点后,可利用这些易于辨认的地形,作为行进的引导。

(3)按方位角行进

按方位角行进是按图行进的辅助方法。在地形起伏不大,无道路,有一定植被,观察不便或夜间、浓雾、风雪等不良天候条件下的地区行进,可在图上测出站立点到目标点的磁方位角,然后量出两点之间的实地距离并换算成复步数或时间(复步数=实地距离的米数/复步长,复步长一般为1.5米)。出发时,首先平持指北针,转动身体,使磁针北端指向下一点的方位角密位数,这时沿照门至准星的方向就是前进的方向,然后按照方位物的方向,照直前进。行进中,随时用指北针检查前进方向,记清复步数或时间。到达目标点后,再按上述要领逐段前进,直到终点。

(4)纠错改向

行进中,如果走错路线,应立即对照地形,确定站立点在图上的位置,回忆走过的路线,然后选择迂回路或原路返回,待回到正确的线路后,再继续前进。如果条件允许,也可选择新的行进路线,向预定目标前进。

第五节　野外生存

野外生存,即人在食宿无着的山野丛林中求生。深入敌后的特种部队、侦察兵、空降兵、海军陆战队以及在战斗中与部队失去联系的战士和失事的空勤人员,在孤立无援的敌后或荒凉的荒野丛林和孤岛上,在食品断绝的情况下,更需要野外生存的本领。

一、利用自然特征判定方向

野外生存首先要学会判定方位的方法,尤其在没有地形图和指北针等制式器材的情况下,要掌握一些利用自然特征判定方向的方法才不致于迷失方向。

有些地物由于受阳光、气候等自然条件的影响,形成了某种特征,可用来概略地判定方位。

独立大树,通常南面的枝叶较茂密,树皮较光滑,北面的枝叶稀疏,树皮粗糙。独立树被砍伐后,树桩上的年轮,通常北面间隔小,南面间隔大。

突出地面的地物,如土堆、田埂、土堤和建筑物等,通常南面干燥,北面潮湿,易生青苔;南面积雪融化快,北面积雪融化慢。土坑、沟渠和林中空地则相反。

北方平原地区较大庙宇、宝塔的正门和农村住房的门窗多数朝南开。

在野外迷失方向时,切勿惊慌失措,要立即停下来,冷静地回忆一下所走过的道路,想方设法按一切可能利用的标志重新判定方向,然后再寻找道路。最可靠的方法就是"迷途知返",返回至原地。

在山地迷失方向后,应先登高远望,判定应该朝向什么方向走。通常应向地势低的方向走,这样容易碰到水源,顺流而行最为保险。这一点在森林中尤为重要,因为道路、居民点常常是濒水临河而筑的。

> **延伸阅读**
>
> 毒蛇咬伤的防治:在山野丛林中活动时,一旦被毒蛇咬伤应立即采取紧急救护措施。首先,马上用布条或布绳等缚住伤口处靠近心脏一端,以减少毒血上流。随后,用口吸出毒液(口内有溃疡、生疮、出血等不能用口吸,以免中毒),随吸随吐,有条件还可进行冲洗,然后尽快就医,不可延误。一般情况下,在毒蛇较多的地区活动时,应备有蛇药。

如果遇到岔路口、道路多而令人无所适从时,首先要明确要去的方向,然后选择正确的道路。若几条道路的方向大致相同,无法判定时,则应先走中间的那条路。这样可以"左右逢源",即便走错了路,也不会偏差太远。

二、复杂地形的行进方法

在山地行进,为避免迷失方向,节省体力,提高行进速度,应力求有道路走就不穿林翻山,有大路走就不走小路。如果没有道路,可选择在纵向的山梁、山脊、山腰、河流、小溪边缘,以及树高林稀、空隙大、草丛低疏的地形上行进。要力求走梁不走沟,走纵不走横。

行进时,能大步走就不小步走,这样几十千米下来可以少走许多步。疲劳时,要用放松的慢行来休息,而不要停下来。

攀岩石时,应对岩石进行细致的观察,慎重地识别岩石的质量和风化程度,确定攀登的方向和路线。攀登岩石的基本方法是"三点固定"法,即两手一脚或两脚一手固定后,再移动剩余的一手或一脚,使身体重心上移。手脚要很好地配合,避免两点同时移动,一定要稳、轻、快。要根据自己的情况选择最合适的距离和最稳固的支点,不要跨大步和抓、蹬过远的点。

河流是在山区和平原地区经常遇到的障碍,遇到河流不要草率入水,要仔细地观察之后再确定渡河的地点和方法。山区河流通常水流湍急,水温低,河床坎坷不平,涉渡时,为了保持身体平衡,应当用一根竿子支撑在水的上游方向,或者手执重达15～20千克的石头。集体涉渡时可3～4人一排,彼此环抱肩部,身体最强壮的位于上游方向。

三、寻找食物的方法

野外生存获取食物的途径主要有两种:一种是猎捕野生动物,另一种是采集野生植物。

猎捕野生动物首先要知道动物的栖息地,掌握动物的生活规律,然后再猎捕。在野外求生时,可捕捉一切能够食用的小动物,比如蛙、鱼、蜥蜴、虾、龟、蜗牛、蚯蚓等都可作食物。

目前,世界上人们在食用的昆虫有蚂蚁、蝉、蟑螂、蟋蟀、飞蛾、蝗虫、蜘蛛、螳螂、蜜蜂等。特别是蜜蜂,不但蛹、幼虫和成年蜂都可以食用,而且在蜂房还可以找到蜂蜜。蜂蜜营养丰富,且易为人所吸收,是野外求生的理想食品。人们对吃昆虫虽然不太习惯,甚至会感到厌恶,但在万不得已的情况下,为维持生命,保持战斗力,继而完成任务,不得不为之。但是应注意,一定要煮熟或烤透后再吃,以免昆虫体内的寄生虫进入人体,导致中毒或得病。食用前,对大型昆虫,如蟋蟀、蝗虫等,要先去掉翅膀和小腿,因为腿毛会刺激消化道,某些种类的幼虫的纤毛会引起皮疹。

可食野生植物包括可食的野果、野菜、藻类、地衣、蘑菇等。对可食野生植物的识别是野外生存知识的主要内容。中国地域广大,适合各种植物生长,其中可食用的植物就有2 000多种。中国可食用的野果有山葡萄、黑瞎子果、沙棘、桃金娘、胡颓子、蒲公英、蕺菜、乌饭树、余甘子、苦菜、马齿苋、茅莓等。特别是野栗子、椰子、木瓜更容易识别,是应急求生的上好食物。常见的野菜有苦菜、蒲公英、鱼腥草、刺儿菜、芥菜、野苋、扫帚菜、莲、芦苇、青苔等。野菜可生食、炒食、煮食或通过煮浸食用。

采食菌类植物时,要注意虽然这类植物内含脂肪、碳水化合物以及蛋白质,营养价值很高,味道也比较好,但有些蘑菇有毒,误食时轻者出现中毒症状,重者会丧命。

最简单的鉴别野生植物有毒或无毒的方法,是将采集到的植物割开一个小口子,放进一小撮盐,然后仔细观察是否改变原来的颜色,通常变色的植物不能食用。这种方法可供紧急情况下使用。

检验植物能否食用时,还可做个小试验:稍稍挤榨一些汁液涂在体表(如前上臂、肘部)等敏感部位,如起疹或肿胀不适时,这种植物就不能食用。也可少量试尝不能确定的植物的果、球根、块茎、叶、幼枝等,如食后感觉喉咙痛痒,有很强的烧灼感或刺激性疼痛等,应弃之;反之,如未发生口部痛痒,不出现打嗝、恶心、发虚、腹胀、胃部不适应等症状,可以认为这种植物能够食用。

四、获取饮用水的方法

获取饮用水的途径通常有两条:一是挖掘地下水;二是净化地表水。

通常雨水可以直接饮用。下雨时,可用雨布、塑料布大量收集雨水,也可用空罐头盒、杯子、钢盔等容器收接雨水。冬季可以化冰、雪为水,沉淀后即可饮用。有些植物如椰子树、枫树、仙人掌等,在清晨可从这类富含水分的树上汲取汁液。竹子的竹节也经常储水,摇动它们就可听到有水的声音。

当没有可靠的饮用水又无检验设备时,可以根据水的色味、温度、水迹概略鉴别水质的好坏。纯净水在水层浅时,无色,透明,深时呈浅蓝色。可以用玻璃杯或白瓷碗盛水来观察。通常水越清水质越好,水越浑说明杂质多。一般清洁的水是无味的,而被污染的水则时常带有异味。地面水的水温,因气温变化而变化,浅层地下水受气温的影响小,深层地下水水温低而恒定。如果取样的水不符合这些规律,则水质一般都有问题。此外还可用一张白纸,将水滴在上面晾干后观察水迹。清洁的水无斑迹,如有斑迹则说明水中有杂质,水质差。

在野外最好不要饮用从杂草中流出的水,而以从断崖或岩石中流出的清水为佳。饮用河流或湖泊中的水时,可在离水边1～2米的沙地上挖个小坑,坑里渗出的水较之直接从河湖中提取的水清洁。

在野外,可以用饮水清毒片、漂白精片以及明矾等药品净化水。在专家指导下,还可以用一些含有黏液质的野生植物净化水。切记,无论多么口渴都不要饮用不洁净的水。万不得已时,也要把水煮开再喝。

五、取火方法

火在野战生存中具有重要的作用,它可以用来热熟食物、烧水、烧烤衣物、取暖御寒、驱除猛兽和有害昆虫,必要时还可以作为信号使用。在没有火柴或打火机的情况下,可采取以下几种方法取火。

(一)摩擦起火

这种原始取火方法,在野战求生条件下仍然适用。但在取火前要准备好引火煤,引火煤可选用干燥的棉絮、纱线、草屑或撕成薄片的干树皮、干木屑等。

1.弓钻取火

把绳子或鞋带绑在强韧的树枝或竹片上,做成一个弓,将弓弦在一根20厘米长的干燥木棍上缠绕两圈,将木棍抵在一小块硬木上,来回拉动弓使木棍迅速转动。这样会钻出一些黑粉末,最后这些黑粉末冒烟而生出火花,点燃引火煤。

2.藤条取火

找一段干燥的树干,将一头劈开,并用东西将裂缝撑开,塞上引火煤,再将一根长约两尺的藤条塞在引火煤后面,双脚踩紧树干,迅速地左右抽动藤条,使之摩擦发热而将引火煤点燃。

(二)击石取火

找两块质地坚硬的石头,互相击打将其迸发出的火花落到引火煤上。当引火煤开始冒烟时,缓缓地吹或扇,使其烧起明火。如果两块石头击不出火,可以另找两块石头再试。用小刀的背或小片钢铁,在石头上敲打,也能很容易地产生火花,引燃引火煤。

(三)凸透镜利用太阳能取火

用凸透镜将太阳光聚焦成一点,光点上的温度可以将棉絮、纸张、树叶、受潮的火柴等物引燃。夏季雾气较大或者冬季阳光较弱时,可以等到正午阳光强烈时取火,然后保存火种以备使用。

六、求救

一个人意外地陷入险境时,因地制宜地利用各种方法求救,有时能取得良好的效果。

(一)利用声音求救

有时陷入低洼的地方、密林中、塌陷物内,或遇大雾、暗夜等情况时,间断性地呼救是十分必要的。不少类似遇险者,意志坚强,不断地呼救,最后终于获救。也可就地取材,利用哨声、击打声呼救。

(二)利用烟火、光求救

在沙漠、荒岛、丛林等处遇险时,可点燃树枝、树皮、树叶、干草等,白天加湿,用烟作为求救信号;夜间用火,向可能获救的方向点三堆火,用火光传送求救信号。白天还可用镜子、眼镜、玻璃片等借阳光反射,向空中救援飞机发出求救信号。

(三)利用求救信号求救

利用求救信号求救,就是利用当今一些高科技产品发出求救信号。利用各种现代化的工具,如手机、电脑、卫星电话等,都可以十分方便快捷地发出求救信号。最广为人知的是"SOS"国际通用的求救信号。"SOS"是"Save Our Souls"(救救我们)的缩写。在荒原、草地、丛林的空地上可以各种形式写上"SOS"大字求救,往往能够取得良好的效果。

第六节　战场医疗救护

一、创伤止血

（一）指压止血

多用于头、颈、四肢出血，临时用手指或手掌压迫伤口近心端的动脉，将动脉压向深部的骨头上，阻断血液的流通，可达到临时止血的目的。

战场医疗救护：战场医疗救护是战时参战人员负伤后的自我救护和互相救护活动。以往革命战争的经验证明，战时约有50%的伤员是群众自救互救的。迅速、准确的战场救护，对及时挽救伤员的生命，减少残废，恢复战斗力，巩固战斗意志和对伤员的进一步治疗、康复，都有十分重要的意义。

1.头顶部出血：一侧头顶部出血，可用食指或拇指压迫同侧耳前方的颞浅动脉止血（图 6-6-1）。

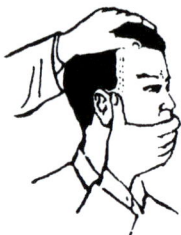

图 6-6-1　头顶部止血法

2.颜面部出血：一侧颜面部出血，可用食指或拇指压迫同侧下颌骨下缘，下颌角前方约 3 厘米处的凹陷处，可摸到明显的搏动（面动脉），压迫此点可以止血（图 6-6-2）。

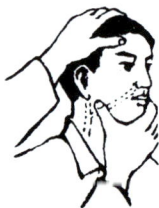

图 6-6-2　颜面部止血法

3.头面部出血：一侧头面部大出血，可用拇指或其他四指压迫同侧气管外侧与胸锁乳突肌前缘中点之间，此处可摸到一个强烈的搏动（颈总动脉），将血管压向颈椎止血（图 6-6-3）。

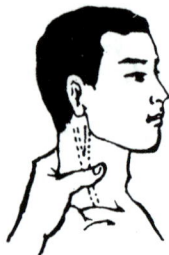

图 6-6-3　头面部止血法

4.肩腋部出血可用拇指压迫同侧锁骨上窝中部的搏动点(锁骨下动脉),将动脉压向深处的第一肋骨上止血(图6-6-4)。

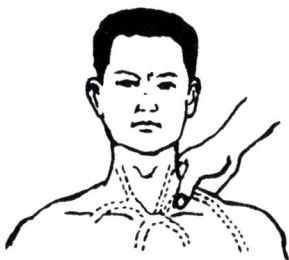

图 6-6-4　肩腋部止血法

5.前臂出血:可用拇指或其他四指压迫上臂内侧肱二头肌与肱骨之间的搏动点(肱动脉)止血(图6-6-5)。

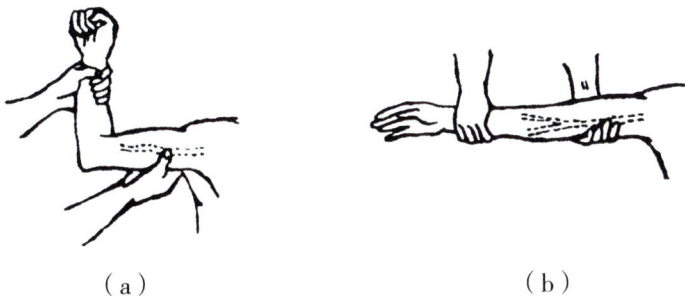

（a）　　　　　　　　　　　　（b）

图 6-6-5　前臂出血止血法

6.手部出血:互救时可用两手拇指分别压迫手腕横纹稍上处内外侧搏动点(尺动脉、桡动脉)止血(图6-6-6)。自救时用健康手的拇指、食指分别压迫上述两点。

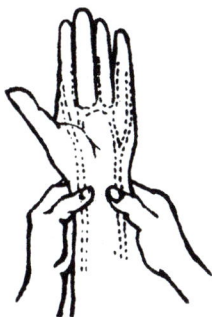

图 6-6-6　手部出血止血法

7.大腿以下出血:自救时可用双手拇指重叠用力压迫大腿上端腹股沟中点稍下方的强大的搏动点(股动脉)止血。互救时,可用手掌(双手重叠)压迫止血(图6-6-7)。

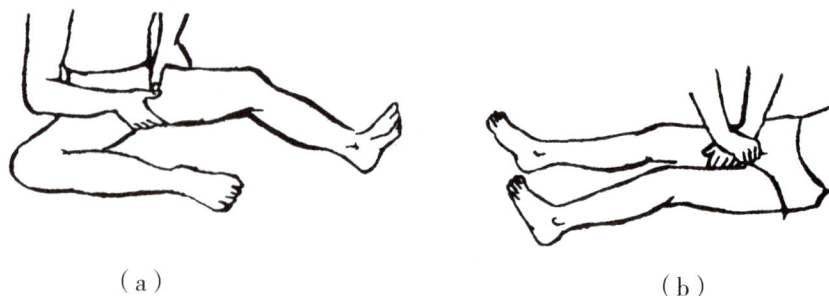

（a）　　　　　　　　　　　（b）

图 6-6-7　腿部出血止血法

8. 足部出血：可用两手食指或拇指分别压迫足背中部近脚腕的胫前动脉和足跟内侧与内踝之间的胫后动脉止血（图 6-6-8）。

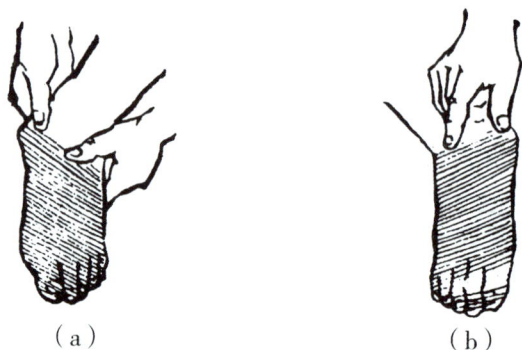

（a）　　　　　　　　　　　（b）

图 6-6-8　足部出血止血法

（二）止血带止血

战伤救护中对出血伤员常用的止血方法，止血带是一种制止肢体出血的急救用品，一般在四肢大动脉出血用其他方法止血无效时采用止血带。

1. 橡皮止血带止血法。操作方法：先在出血处的近心端用纱布垫或衣服、毛巾等物垫好，用左手或右手拇、食、中指夹持止血带头端，将尾端绕肢体一圈后压住止血带头端和手指，再绕肢体一圈，用左手食、中指夹住尾端，抽出手指即成一活结（图 6-6-9）。

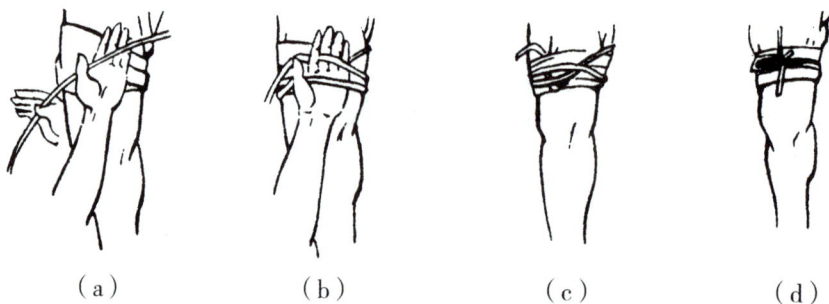

（a）　　　　　（b）　　　　　（c）　　　　　（d）

图 6-6-9　止血带止血法

2.绞棒止血法:可用三角巾、绷带、纱布等折叠成带状,绕在伤口近心端,勒紧肢体,在动脉走行的背侧打结,也可用绞棒绞紧打结,一提二绞三固定。

(三)加压包扎止血

静脉、毛细血管或小动脉出血时,取无菌的或干净的纱布块盖住伤口,用纱布棉花做好垫子放在伤口敷料的外层,然后用三角巾或绷带用力包扎。

二、创伤包扎

(一)常用包扎带

常用的包扎带有绷带、多头带和三角巾。

1.绷带

绷带通常分为硬绷带和软绷带两大类。

硬绷带,是在布制绷带上洒以石膏粉,干涸而成石膏绷带。

软绷带又分为多种,如橡皮膏、卷轴绷带等。卷轴绷带即纱布卷带,是用途最广、使用最方便的一种包扎材料。卷轴绷带根据卷轴形式又分为单头带和两头带。两头带即一条绷带从两头卷起,也可以用两个单头带联结起来等。在急救中通常使用软绷带。

2.多头带

多头带是一种宽度较大的带子,两端各剪成四尾以上,包扎面积大,松紧适度,如胸带、腹带等。

3.三角巾

三角巾的底边是135厘米,斜边是85厘米,顶角到底边的高度是65厘米,顶角带子长45厘米。三角巾也可以折叠成宽条带和窄条带(图6-6-10)。

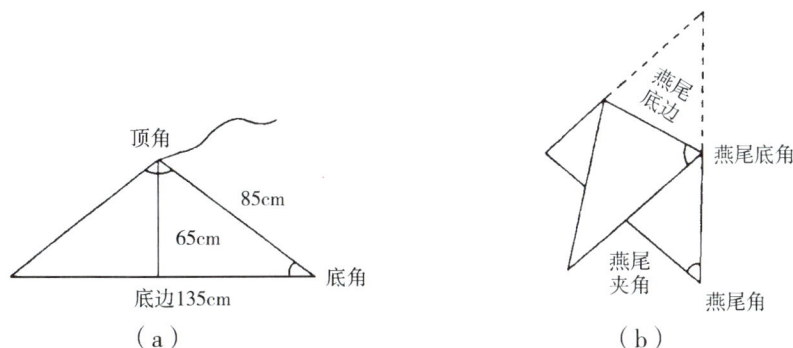

图 6-6-10　三角巾

（二）绷带包扎法

急救人员必须面向伤员，取适宜位置；必须先在创面覆盖消毒纱布，然后再使用绷带；包扎时左手拿绷带头，右手拿绷带卷，以绷带外面贴近局部；包扎时通常是由左向右、从下到上进行缠绕。包扎绷带不宜过紧，以免引起局部肿胀，也不宜太松，以免滑脱。为了保持肢体的功能位置，一般手臂要弯着绑，腿要直着绑。

1.环形包扎法

此法是卷轴绷带包扎中最基本、常用的方法。方法如下：将绷带作环形的重叠缠绕，第一圈作环绕稍呈斜状，第二、三圈作环形，并将第一圈的斜出一角压于环形圈内，最后用胶带将绷带尾端固定或剪开带尾分成两头后打结固定（图 6-6-11）。此法适用于肢体粗细相等的部位，如胸、四肢、颈等处。

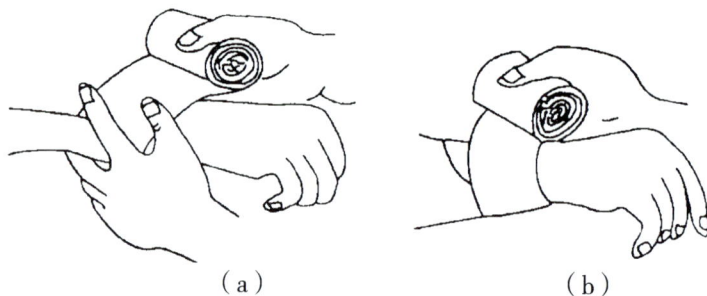

（a）　　　　　　　（b）

图 6-6-11　环形包扎法

2.螺旋包扎法

包扎时先按环形包扎法缠绕数圈，然后作单纯的斜旋上升缠绕，每周压盖上一周的 $1/3\sim1/2$（图 6-6-12）。此法适用于肢体粗细均匀的部位，如上臂、手指、躯干、下肢等。

3.螺旋反折包扎法

先按环形包扎固定始端，然后以螺旋的方式，每周反折一次，每周遮盖上一周的 $1/3\sim1/2$。反折时注意以左手拇指按住绷带上面的正中处，右手将带向下反折向后绕并拉紧。不要在伤口处或骨隆起处反折（图 6-6-13）。此法适用于肢体粗细不等的部位，如小腿、前臂。

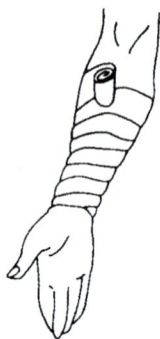

图 6-6-12　螺旋包扎法　**图 6-6-13　螺旋反折包扎法**

4.“8”字形包扎法

在关节弯曲的上下两端,先将绷带由下而上,再由上而下,作“8”字形来回缠绕,每周遮盖上一周的1/2(图 6-6-14)。此法多用于肘、膝、髋等关节处。

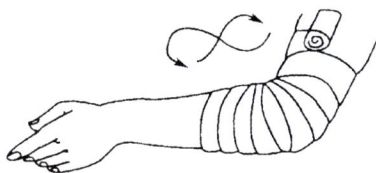

图 6-6-14 **“8”字形包扎法**

（三）三角巾包扎法

包扎较大创面、固定夹板、悬吊手臂等时,需应用三角巾包扎法。

普通头部包扎。先将三角巾底边折叠,把三角巾底边放于前额,其余两角拉到脑后,相交后先打一半结,再绕至前额打结(图 6-6-15)。

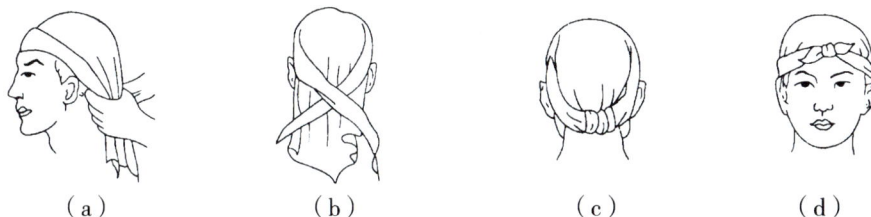

（a） （b） （c） （d）

图 6-6-15 **普通头部包扎**

风帽式头部包扎。将三角巾顶角和底边中央各打一结成风帽状。顶角放于额前,底边结放在后脑勺下方,包住头部,两角往面部拉紧向外反折包绕下颌(图 6-6-16)。

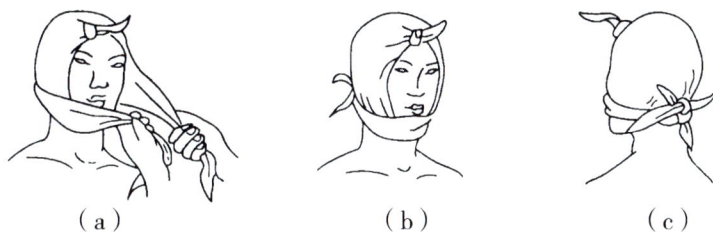

（a） （b） （c）

图 6-6-16 **风帽式头部包扎**

普通面部包扎。将三角巾顶角打一结,在适当位置剪孔(眼、鼻处)。打结处放于头顶处,三角巾罩于面部,剪孔处正好露出眼、鼻。将三角巾左右两角拉到颈后,然后再回到前面打结(图 6-6-17)。

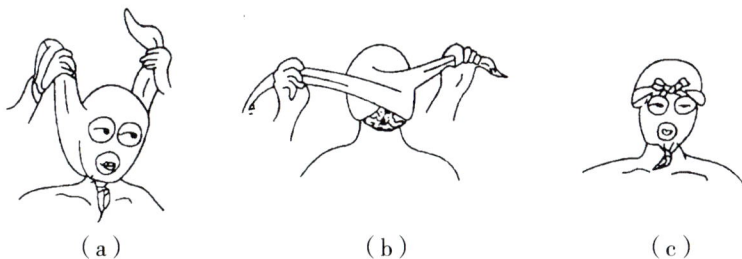

（a） （b） （c）

图 6-6-17 **普通面部包扎**

单肩包扎。将三角巾折叠成燕尾式,将燕尾三角巾的夹角朝上,放在伤侧肩上,向后的一角压住并稍大于向前的一角。燕尾底部包绕上臂并在肩上打结,然后两燕尾角分别经胸、背拉到对侧腋下打结(图 6-6-18)。

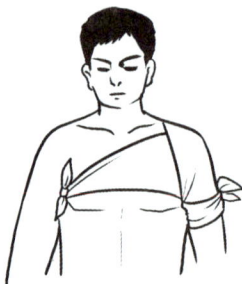

图 6-6-18　单肩包扎

普通胸部包扎。将三角巾顶角向上,贴于局部,如系左胸受伤,顶角放在右肩上,底边扯到背后在后面打结;再将左角拉到肩部与顶角打结。背部包扎与胸部包扎相同,唯位置相反,结打于胸部(图 6-6-19)。

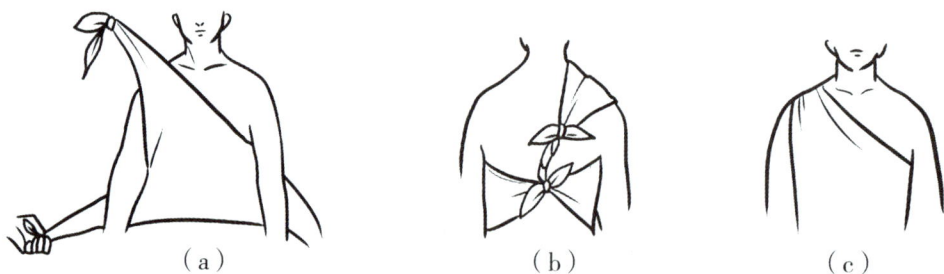

（a）　　　　　　　　　　（b）　　　　　　　　　　（c）

图 6-6-19　普通胸部包扎

上肢包扎。将三角巾一底角打结后套在伤手上,另一底角从伤肩背后拉到对侧肩的后上方,顶角朝上,由外向里依次包绕伤肢,然后,再将前臂屈到胸前,两底角相遇打结(图 6-6-20)。

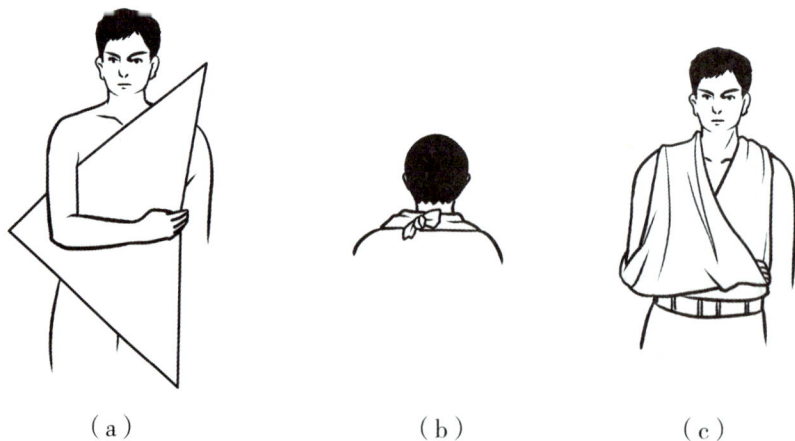

（a）　　　　　　　　　　（b）　　　　　　　　　　（c）

图 6-6-20　上肢包扎

足部包扎。将脚放在三角巾近一底边的一侧。提起较长一侧的巾腰包裹小腿打结，再用另一底角包足，绕脚踝打结于踝关节处（图 6-6-21）。

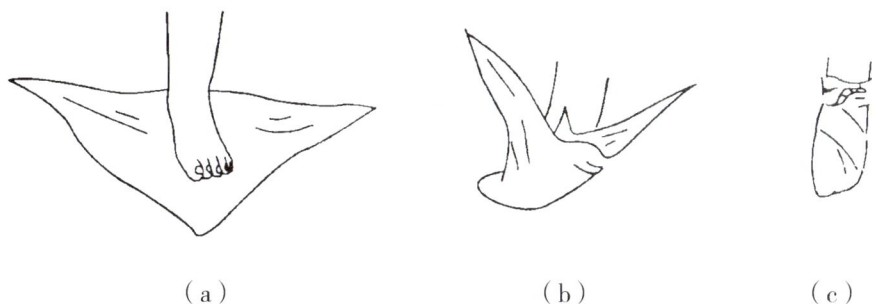

（a）   （b）   （c）

图 6-6-21　足部包扎

臀部包扎。常用两条三角巾的顶角打结，套于会阴部包住臀部，两三角巾底边相互打结（图 6-6-22）。

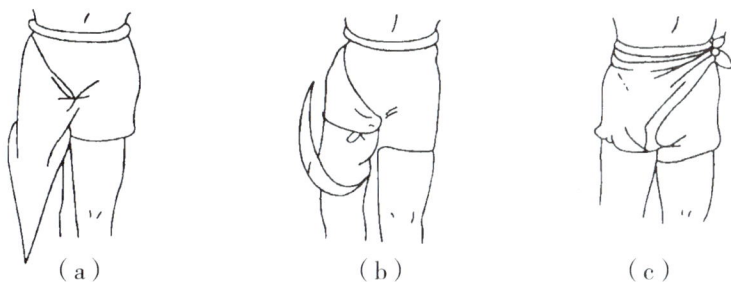

（a）   （b）   （c）

图 6-6-22　臀部包扎

三、骨折的固定

（一）上臂骨折固定法

在上臂外侧放一块木板，用两条布带分别固定骨折上下端，然后用三角巾或腰带将前臂吊于胸前（图 6-6-23）。如无木板，用胶鞋代替也可。无材料时，可用背包带将上臂固定于本人胸部。

图 6-6-23　上臂骨折固定法

（二）前臂骨折固定法

用两块木板（或木棒、竹片等）分别放于手掌、背两侧（只有一块木板时，放于手背侧），用手帕或毛巾叠成带状绑扎固定，然后再用三角巾或腰带吊于胸前（图6-6-24）。

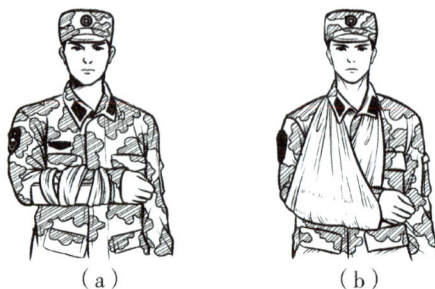

（a）　　　　　　（b）

图 6-6-24　前臂骨折固定法

（三）大腿骨折固定法

将一块长度相当于伤员从腋下到脚跟的木板用布带分别固定于伤肢外侧（图6-6-25）。

（四）小腿骨折固定法

取长度超过上下两个关节的木板按大腿骨折固定法固定（图6-6-26）。

图6-6-25 大腿骨折固定法　　　图6-6-26 小腿骨折固定法

对骨折处进行固定时，应注意以下几点：

伤口有出血时，应先止血、包扎，后固定；四肢骨折时，应由上而下固定，固定时要露出指（趾），以观察血液循环情况；固定材料不应直接接触皮肤，应垫以棉、布等物；离体断肢应包好随伤员一起后送，以便再植；固定松紧要适宜。

四、伤者的搬运

单人徒手搬运法，有背式、抱式。

双人徒手搬运法，有椅式、拉车式。

脊椎骨折搬运法，两人用手将伤员平托于硬板（或门板）单架上。严禁抱头、脚和使身体屈曲，以免加重损伤。

第七节　核生化防护

防护,是指在作战中为防备敌人各种常规武器和核化生武器的杀伤以及战场次生核化生危害,而采取的有效保护自己的行动。

一、对生物、化学武器的防护

对生物、化学武器的防护可主要采取利用器材防护和利用地形进行简易防护两种方法。

(一)利用器材防护

防护器材主要有呼吸道防护器材、皮肤防护器材和简易防护器材。

1.呼吸道防护器材

呼吸道防护器材主要有防毒面具和防护口罩。

防毒面具是呼吸道防护器材,用于保护人员的呼吸器官、眼睛及面部,使其免受毒剂、生物战剂的伤害。

戴面具:当听(看)到"化学报警"信号或"准备面具"口令时,立即停止呼吸,闭嘴闭眼,右(左)手握住面具袋底,左(右)手迅速取出面具,两手分别握住面具两侧的中、下头带,拇指在内撑开面罩;身体微向前倾,下颌微伸出,将面罩套住下颌,用拇指和食指夹住军帽帽檐,两手稍用力向上后方拉头带,迅速戴上面具;两手对称地调整头带,使面具与脸部密合;然后深呼一口气,睁开眼睛。

> **延伸阅读**
>
> 核生化武器:核生化武器即核武器、生物武器和化学武器。核武器是指利用铀235或钚239等重原子核自持式链式裂变反应或聚变反应瞬间释放出的巨大能量产生爆炸,造成大规模杀伤或破坏效果的武器。生物战剂主要是利用一些致命性的病毒、细菌等微生物类和毒素类,例如已知的埃博拉病毒、汉他病毒等,利用这些战剂的高传染性与扩张性实施攻击。化学武器又称为化学战剂,是利用化学物质对敌人遂行战斗的武器。

气密性检查:戴好面具后,用右手堵住进气口,同时用力吸气。若感到堵塞不透气,则说明面具气密性良好;若感觉漏气,应首先检查佩戴是否正确。然后检查呼气活门有无异物及面具有无损坏,根据情况处理后再重新检查。

脱面具:当听(看)到解除"化学警报"信号或"脱面具"的口令后,左手脱下军帽,右手握住面具下部,向下向前脱下面具,戴正军帽,然后将过滤器朝外装入面具袋内。

2.皮肤防护器材

皮肤防护器材用于保护身体免受生物、化学毒剂液滴、云团的侵害。皮肤防护器材主要有81型和82型皮肤防护器材。

3.简易防护器材

在野战条件下如遭敌生物、化学武器袭击,还可以将雨衣、大衣、棉衣、塑料布、油纸、毯子等作为简易皮肤防护器材,对生物、化学武器进行防护。

（二）利用地形防护

当毒剂云团或生物战剂气溶剂云团飘来时,应迅速利用地形转移到云团上风处或云团飘移路线的一侧。晴朗的白天气流上升时,宜到上风低洼处;早、晚、阴天气流下降时,宜到上风地形高处。另外,生物气溶剂云团或毒剂云团易在山谷、交通壕、丛林、洼地等地形停留,不易扩散,行军和作战时要尽量避开这些地形。

二、对核武器的防护

根据核武器杀伤破坏的途径,对核武器的防护主要有:

（一）开阔地上的防护

当在开阔地上行动,收到核袭击警报信号或发现核闪光时,应立即背向爆心卧倒。卧倒时,将武器置于身体一侧,两手交叉压于胸下,两肘前伸,头自然下压夹于两臂之间,闭眼闭嘴(有条件时堵耳),憋气(当感到热空气时),两腿伸直并拢。正在行驶的车辆,突然发现核闪光时,驾驶员应立即停车,将身体弯伏或卧伏在驾驶室内,乘车人员应尽量卧倒(图 6-7-1)。

图 6-7-1　开阔地上的防护

（二）利用地形防护

利用土丘、土坎、坟包等高于地平面的地形防护,可以有效地减少核武器的杀伤。当发现核爆炸闪光时,应就近利用地形背向爆心的一面迅速卧倒(动作要领同开阔地上的防护)。如利用较大的土丘、坟包、土坎时,应对向爆心卧倒,重点防护头部。利用土坑、弹坑等低于地面的地形防护时,首先携带武器快速跃(滚)入坑内,身体蜷缩,跪或坐于坑内,两肘置于两腿上,两手掩耳,闭眼闭嘴,暂停呼吸。若坑大底宽,也可横向或对向爆心卧倒。利用沟渠时,宜用横向爆心的沟渠卧倒防护,若沟渠走向对向爆心时,只能利用拐弯处防护(图 6-7-2)。

图 6-7-2　利用地形防护

（三）利用服装器具防护

利用雨衣、防毒斗篷和其他衣物等防护，在一定距离上，可减轻或避免热、核辐射的伤害。衣物的防护效果，一般是厚的比薄的好，密实的比稀疏的好。冲击波在一定范围内能损伤耳膜，对此，可利用炮兵防震耳塞、棉花或其他细软物堵塞耳孔防护。冬天放下帽耳也有一定的防护作用。

第八节　行军拉练

一、行军的目的与要求

行军，是军队徒步或乘坐建制内和配属的车辆进行的有组织的移动。目的是为了争取主动，转移兵力，造成有利态势。

按行军强度分，行军有常行军和强行军。行军的速度，应根据任务、道路状况、天候季节而定。常行军，是按正常的日行程和时速实施的行军，通常徒步速度为每小时4～5千米，每日行程为25～35千米。强行军是加快行进速度和延长行进时间的行军，通常在奔袭、追击、迂回或摆脱敌人时采用。强行军要求徒步日行程为50千米以上，乘车日行程300千米以上。

二、行军的组织准备

（一）熟悉和掌握行军地带的情况

部队受领任务后，首先向部（分）队有关人员传达上级的行军命令和有关指示，要认真分析敌情，研究任务，然后组织侦察。通过实地侦察、图上分析和向群众了解情况等手段，及时查明行军路线的情况，包括道路、桥梁、难以通行地段数量和位置及可以利用的各种条件等；敌核、化学、细菌武器及燃烧武器可能袭击的地区和可能造成的受染地区，可能迂回的路线；可能与敌人遭遇或遭敌阻击地区及处置方法。

（二）确定行军部署

行军部署是行军时对兵力所作的区分和配属，应根据敌情、任务、地形

延伸阅读

昼夜飞奔120公里的强行军：1935年5月28日晨5时许，红1军团第2师第4团在前往泸定桥的行进途中，政委杨成武和团长黄开湘接到军团转达军委的"万万火急"命令：黄、杨，军委来电限左路军于明天夺取泸定桥。你们要用最高速度的行军力和坚决机动的手段，去完成这一光荣伟大的任务。政委杨成武看后说："从地图上标的里程，此处到泸定桥还有120公里！"这就意味着部队必须在一昼夜内走完120公里的路程，并在29日当天攻取和完全控制泸定桥。"走完120，赶到泸定桥！"这斩钉截铁、气壮山河的动员口号成了全团的信念和目标。9日下午4时，总攻开始。全团数十名司号员组成的司号队同时吹响冲锋号，我方所有武器一齐向对岸开火，枪弹像旋风般地刮向敌人阵地。

和行军方式确定。基本要求是：要便于指挥,便于迅速隐蔽行进和展开成战斗队形,便于对抗敌人地面和空中的袭击,便于实施技术和物资保障。确定行军部署,通常应明确前卫、本队、后卫和尖兵。

前卫是行军时担负前方警戒任务的部队。担任前方警戒任务的部队,应根据情况向前方、侧方派出。

本队是行军纵队的主力。由一至数个梯队组成,在敌情顾虑较大情况下,本队往往是敌袭击的重点。因此,行军本队要特别注意隐蔽防护。

后卫是行军时担负后方警戒任务的部队,后卫部队应视情况向后方、侧方派出尖兵,加强警戒。

尖兵是指担负行军警戒任务的连以下分队。派出的方向和兵力依情况而定,通常有前方尖兵、侧方尖兵、后方尖兵,兵力由一个班至一个连担任。

行军队形的编成,应保障能迅速展开成战斗队形,通常成一路或两路纵队。单独行军时,应根据敌军的方向派出尖兵班。向敌军行军时,指挥员应率领必要的反坦克火器,机枪手位于本队先头。背向敌军时,行军序列与向敌行军时相反。

(三)做好思想动员

行军前,指挥员应根据本分队所负担的任务,结合分队的思想情况,进行深入的思想动员。要教育战士模范遵守行军纪律,服从命令听指挥,不得擅自离队、丢失装具和食物,不喝生水,不违反群众纪律等,保障分队顺利完成行军任务。

(四)下达行军令

指挥员向分队下达行军命令时,应进行明确分工,正职要亲自负责行军的组织指挥,并明确如下情况：

敌情;本分队的任务;出发时间;到达时间和地点;行军路线、里程;大休息的地点;分队集合地点;行军序列;友邻的行军路线;行军警戒,通信联络信(记)号或口令;着装规定;完成行军准备的时限;起床、开饭、集合的时间;指挥员在行军中的位置等。摩托化行军时,还应明确车辆情况、车辆分配、各车的车长及观察(联络)员、登车时间和地点等。单独组织行军时,还应明确具体尖兵班(车)的编成、任务、运动路线(与车队的距离)、联络方法、可能与敌遭遇的地点和各分队的行动等。

(五)组织好行军保障

为保障部队安全、顺畅、按时到达预定地域,应根据敌情、地形,周密地组织行军的各种保障。行军保障主要包括行军警戒,运动保障,警备调整,对空防御和对核、化学、生物武器的防护,以及组织先遣队、设营队、收容队等。具体内容有：

事先调查行军路线,尤其在夜间或其他能见度不良的条件下行军,要研究、熟悉地形特征,做好利用地图按方位角行进的准备;指定1～2名战士为观察员,负责对地面、对空观察;指定值班分队及火器,负责对空防御;明确遭敌核、化学武器,以及敌航空兵、炮兵火力袭击时的行军方法,规定的伪装方法及伪装纪律;组织以简易通信、徒步通信、无线电通信相结合的多种通信手段,确保通信联络畅通。做好物资器材准备,主要包括武器、弹药、器材、装具、给养饮水和药品等,准备的数量以能保障战斗、生活,又不过多增加战士的负荷量为原则,通常携带粮食 3 日份(其中 1 日份为热食)和必要的饮水;做好妥善安置伤病员的准备;进行着装检查,包括鞋袜的整理,背包的捆绑,装具的佩带等。摩托化行军时,应根据敌情、任务和行程确定给养物资的携行量和保障方法,并明确随车携行规定的油料基数和加油方法。

三、行军的管理与指挥

(一)掌握好行军方向和速度

行军前,要在图上认真研究行军路线、出发点、大休息地点及到达地点,分析沿途地形特点和熟记明显地形、标志,还可利用地图和按方位角行进,也就是通过使用行军路线图及识别路标、信号等方法掌握行军路线。

行军中,到达岔路口、转弯点、桥梁、居民地等明显方位物附近时,应判明站立点。当发现迷失方向或走错路时,应立即停止,待判明后再前进。当与友邻相遇或超越另一路纵队时,应加强调整勤务,以防部队混乱、拥挤、堵塞或走错方向。

行军尽量保持匀速运动,以免增加疲劳感,造成行军队形拥挤或松散。根据任务、敌情的变化,结合行军时间、行程、行军能力、道路状况、气候变化等情况,也需适时调整行军速度。

徒步行军时,连与连之间的队形间距为 100 米左右;单独行军时,尖兵班与连队之间的队形间距昼间为 500～700 米,夜间为 200～300 米。

(二)适时组织休息

为保持体力和持续行军能力,在行军途中,应适时组织部队大、小休息。小休息,通常开始行军 30 分钟后进行,其时间为 5 分钟,而后每行进 50 分钟休息一次,每次约 10 分钟。休息时,应靠路边,面向路外侧,保持原来队形,督促整理鞋袜和装具。休息地点一般选择在地形隐蔽、向阳的地方,尽量避开居民地、桥梁、隘路、道路交叉点等。大休息,通常在完成当日行程一半以上进行,应离开道路进入指定地区,休息时间为两小时左右。休息时,应明确出发时间,派出警戒。必要时,可占领附近有利地形,加强对空观察,并做好战斗准备。组织野炊,安排好伤病员,督促驾驶员检查车辆,组织分队在规定地区休息。夜间休息时,人员不准随意离队,武器、装具要随身携带。出发前,应清点人数,检查装备,补充饮(用)水。

(三)果断处置各种情况

遇敌空袭时,应指挥分队迅速向道路的一侧或两侧疏散隐蔽(乘车时要下车),并指定对空值班火器射击低飞敌机。如果空袭情况不严重或行军任务紧迫时,分队则应疏散队形,增大距离,加快速度前进。

遭敌核、化学武器袭击时,应指挥车辆就近利用地形防护,人员迅速穿戴防护衣罩,下车就近隐蔽防护。

通过受染地段时,指挥分队尽量绕过受染区。当时间紧迫又无法迂回时,应增大距离,以最快的速度通过,通过人员除穿戴好防护衣罩外,还应对武器和携带物品进行防护。通过后,车辆应及时洗消检查,人员口服抗辐射药物,喝足开水,排除大小便。

四、宿营与警戒

宿营,是部队离开常驻营房遂行各种任务中的临时住宿。其目的是为了使部队得到适当的休息和整理,为继续行军或战斗做好充分准备。宿营要提高警惕,加强侦察警戒和通信联络,注意隐蔽伪装,要制定防空和防核、化学、生物、燃烧武器袭击的措施,做好抗袭击准备,保障部队安全休息和迅速投入战斗。

(一)宿营地的选择与管理

1.宿营地区的选择

宿营地区的选择,应根据敌情、地形、任务和行军编成而定。既要能保证分队安全休息,又要便于迅速投入战斗。平时组织宿营训练应以能够达到训练目的为标准,通常应符合下列条件:

(1)避开大的集镇、交通枢纽等明显目标。

(2)避开疫区、传染病流行村落。

(3)要方便生活,尽量靠近有水源的地方。

(4)有通畅的进出道路,便于疏散、隐蔽,便于机动和迅速投入战斗。

(5)有适当的地幅。通常师、团、营的宿营面积分别为 600 平方千米、60 平方千米、6 平方千米。

(6)适宜露营地域。夏季应该选择在干燥、地势较高、通风良好、蚊虫较少的地方,尽量避开谷地、低地、油库、高压电源和易于坍塌的地方。通常,林间空地、湖泊附近、山顶、山脊是夏季较理想的设营地点。冬季,宿营地域应选在向阳、避风、土质较黏,便于搭设简易遮棚或挖掘的地方。一般说来,森林、灌木丛、山洞和山坡背风处是理想的设营地点。在寒区,应避开崖壁的背风处、较深的雨裂沟、凹地等处,因为在这种地形中,容易被风吹起大量的雪将帐篷埋没。在沿海地区,要考虑防台风。在沙漠、戈壁地区,要考虑防风暴。雨季还应考虑防雷击、防洪水及泥石流。

2.宿营方式

宿营方式分为舍营、露营及舍营与露营相结合三种。舍营,是部队在房舍内宿营。露营,是部队在房舍外宿营,通常在不具备舍营条件时采用,是平时部队训练的重点。野外露营的方式分为利用制式器材露营和利用就便器材露营。利用制式器材露营,通常是利用帐篷、装配工事等制式器材进行的露营。利用就便器材露营,通常是指利用车辆、坦克、篷布、雨衣、草木等进行的露营。

（二）宿营警戒

宿营警戒是保障军队宿营安全的警戒。宿营警戒的组织应根据敌情、地形和宿营部署确定。在宿营时，要严格执行各种值班制度，指派警戒、勤务。值班人员要按《内务条令》所规定的值班人员的一般职责，恪尽职守，认真负责。对重点目标、要害部门、重要场所和地点应指派警戒勤务。部队通过公（铁）路交叉口，繁华市区（城镇），渡口，易迷失方向的雪山、丛林、沼泽地、沙漠、戈壁滩等地区时，应派调整勤务值班警戒。

1.步哨

步哨通常由1～2人组成，一人叫单哨，两人叫复哨。派出的距离在200～400米之间，夜间在100米以内。一般2小时换班1次。其任务是：及时发现敌人，并防止敌侦察人员的渗透活动。步哨的位置由派出的指挥员指定，应选择在敌人可能接近的地形和道路附近，便于观察、射击和隐蔽的地点。步哨进入哨位以后，复哨应区分个人的观察地境，对主要方向应重叠观察，并由1人经常与上级保持联络。与此同时，步哨在值勤中，还要提高警惕，不能睡觉，武器不能离身，随时准备战斗；注意隐蔽，不能吸烟和高声谈话；发现敌人时，应一面监视，一面用信号报告上级并准备战斗。当敌人突然对我袭击时，应立即鸣枪报告，并以火力阻止敌人。当接到上级撤回的指示或信号时，应按预定路线撤回。

2.游动哨

游动哨通常由2～3人组成，由宿营警戒分队或防御分队派出，并指定一人为哨长。其任务是：防止敌人渗入和破坏分子进行活动，检查警戒人员的警惕性和配置地域内的伪装情况，灯火管制情况，并同友邻警戒进行联络。这通常在警戒线内（外）或在宿营地域内，按照上级规定的路线或游动范围进行巡查。游动哨在执行任务中必须做到行动隐蔽，保持肃静并禁止吸烟；要有高度的警惕，随时做好战斗准备，防止敌人突然袭击；运动路线及活动时间，要灵活多变，不要形成规律，以防敌人袭击。游动哨发现单个敌人时，应尽量设法捕捉；发现多数敌人或遭敌袭击时，应立即占领有利地形进行抵抗，并迅速向上级报告，然后根据命令行动。

（三）简易帐篷及吊床的架设

1.简易帐篷

夏季，使用简易帐篷在野外露营时，可用雨衣、塑料薄膜、盖布、军毯、帆布等，搭设成屋脊形、一面坡形、长方形、拱形等简易帐篷。简易帐篷的大小和形状，可根据装备和就便器材数量及露营人数灵活确定。比如,可以将方形雨布连接起来,将绳子或背包带在两树之间连接起来搭设成屋顶帐篷、单面帐篷等形状(图6-8-1、图6-8-2)。

图 6-8-1　屋顶型帐篷

图 6-8-2　单面型帐篷

2.临时遮棚

临时遮棚一般是在夏季有树林、蒿草、高秆农作物秆的地方,充分利用自然条件搭设的各种树枝(草)遮棚。例如:利用木杆为支架搭设屋脊式草棚,利用断崖断面及木杆搭设斜坡式草棚,利用蒿草、树枝搭设偏厦等。在冬季,棚围应用雨衣、篷布、柴草等围盖,棚顶和周围空隙用草堵实,再加盖一层积雪或草皮,以便保暖和伪装(图6-8-3)。

图 6-8-3　临时遮篷

3.吊床

搭设吊床的方法是:将雨布、床单、苫布及伪装网等用绳(草)系住两头,并系在树干上,人员即可躺在上面休息。夏季,还可在上面架设蚊帐,防蚊虫叮咬。下雨时,可在上面再拉一根绳子,搭上方块雨布,四角用绳子系牢,便形成防水帐篷(图 6-8-4)。

图 6-8-4　防水帐篷

(四)野炊

1.野炊训练准备

野炊训练通常应准备一定数量的粮食、蔬菜、油盐酱醋、野战锅灶和引火柴等。粮食通常由个人携行和运行相结合的方法保障;蔬菜通常是以就地购买为主。冬季可冷冻一些便于携带的食品(冻饺子、冻菜团、冻豆腐、冻肉),还可根据条件,对肉类、蔬菜、豆食品进行预先加工。油盐酱醋、野战锅灶、引火柴等定量携带。

2.野炊位置的选择

连(排)组织野炊,位置通常应满足以下条件:隐蔽条件好、附近有良好的水源,如背敌的山坡、沟坎、水渠、森林、居民地等;应注意避开独立明显的物体;卫生状况良好,避开厕所、粪坑和化学沾染地区;有一定的地幅,便于展开和减少敌火杀伤的地区。通常炊事班展开面积不应小于 200 平方米;以战斗班为单位野炊时,班与班之间的距离应在 15 米以上。

3.野炊的组织方法

连排组织野炊,通常采取炊事班或战斗班野炊两种方式。视情况两种方式也可结合使用。组织野炊时,指挥员应派出野炊警戒,明确野炊的位置、方式、隐蔽伪装措施、时间、要求及注意事项等。

安置锅灶可采取三种方法:一是自备野炊灶。使用野炊灶,具有展开快、做饭快、撤收快等特点,但容易暴露目标,炊事人员行军负荷量大。二是就地挖灶。根据不同要求,灶型分为散烟灶和蔽光灶。这两种灶均由烧火槽、灶门、灶膛和烟道四大部分组成。构筑蔽光灶时应注意:灶门的大小要合理,烧火槽周围应用土加高,使之侧视不易看到火光;烧火槽上方可用就便器材遮盖,防止空中发现火光;烟道可只设一条,但末端应用松土堵塞,防止火星外冒。三是就地垒灶。在冻土地挖灶困难或来不及挖灶且条件允许时,可利用土、石块等就地垒灶。垒灶野炊时,容易暴露目标。因此,应加强观察、警戒,随时做好战斗和转移位置的准备。

第九节　格斗基础

格斗是由几十个拳打、脚踢、摔打、夺刀等格斗、散打基本动作组成。格斗动作简单易操作,实用性强,易于广泛开展。练习格斗,能使全身各部位得到全面发展,增强上下肢机体的爆发力,各关节的灵活性和柔韧性,以及快速的反应能力。

一、人体要害部位

人体中受到外力的打击或压迫,会造成伤残、昏迷或死亡的部位称为要害部位。

头部:人身之主宰,有听、视、嗅觉器官以及大脑、小脑等重要器官,直接控制和影响人体各部位的姿态。其要害有面部、太阳穴和耳后穴。如受到打击,可使人昏迷,甚至死亡。

喉部:包括呼吸道和食道,两侧附有颈动脉血管。如用力卡压,就会使人头昏,四肢无力,甚至死亡。

> **延伸阅读**
>
> 武林高手许世友:许世友出生于河南,小时候因为家中贫困,年少就被送到少林寺习武。从小锻炼的他练就了一副极为健壮的体魄,不管是力道还是技巧都远远超过常人,据说他能轻易用三拳敲晕敌人。而许世友最厉害的就是腿上功夫,有解放军"北腿"之称,身体轻盈能在一眨眼间爬上屋顶。这些从小锻炼出来的身体素质,助他在战场上获得了令人惊叹的成就。

胸部:如受到打击或压迫,可使胸部或心肺受到损伤,失去正常功能。

肋部:共有12对肋骨。由于肋骨细长,如受到打击或压迫,就会让人感到疼痛难忍,甚至导致骨折或损伤胸腔内器官,造成呼吸困难。

腹部:内有肝脏、脾脏、膀胱等器官,壁层腹膜、神经末梢丰富,感觉非常灵敏。如受到打击或压迫,就会让人感到疼痛难忍,某些器官失去正常功能。

腰部:维持身体正常姿态的重要部位,起着传导重力的作用。如用拳、肘、脚由后猛力击、蹬,可使腰椎、肾脏损伤,失去正常功能。

裆部:是人体神经末梢最丰富的地方,如受外力顶、撞、抓、踢等,就会感到疼痛难忍,甚至死亡。

二、手型、步型

(一)手型

1.拳:四指并拢卷曲握紧,拇指紧扣在食指和中指第二节上,拳面平,腕挺直。用于击要害部位(图 6-9-1)。

（a）立拳　　　　（b）反拳　　　　（c）平拳

图 6-9-1　拳

2.掌:分立掌、插掌、横掌、八字掌(图 6-9-2)。

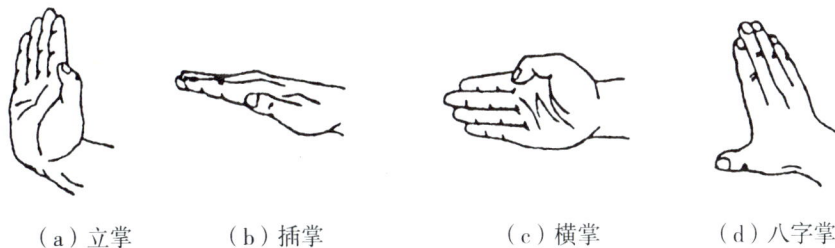

（a）立掌　　　（b）插掌　　　　（c）横掌　　　　（d）八字掌

图 6-9-2　掌

立掌,四指并拢伸直,拇指弯曲紧贴于虎口处,手掌与小臂略成直角,用于推、击。插掌,四指并拢伸直,拇指弯曲紧贴于虎口处,手腕挺直,用于插、戳。横掌,四指并拢伸直,拇指弯曲紧贴于虎口处,手腕内收,用于砍、切。八字掌,四指并拢伸直,拇指向外分开,用于挡、抓、卡、压。

3.勾:五指捏拢屈腕(图 6-9-3),用于击肋、裆及搂腿。

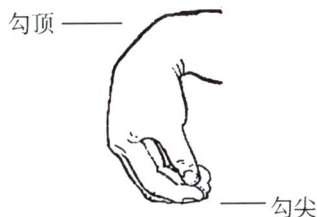

勾顶 ——

—— 勾尖

图 6-9-3　勾

（二）步型

1.弓步：弓左腿为左弓步，弓右腿为右弓步。左弓步时，左脚向前一大步，脚尖向前稍内扣，左腿屈膝，大腿略平，膝盖不超过脚尖。右腿挺直，脚尖内扣；上体对正前方，两拳置于腰际，拳心向上，两眼向前平视（图6-9-4）。

图 6-9-4　左弓步

2.马步：左脚向左跨一步，略比肩宽、脚尖对正前方，屈膝半蹲，膝盖不超过脚尖，大腿略平，全脚掌着地。上体正直，身体重心落于两腿之间。两拳置于腰际，拳心向上，两眼向前平视（图6-9-5）。

图 6-9-5　马步

3.虚步：左脚在前方为左虚步，右脚在前为右虚步。左虚步时，右脚外展45度，屈膝半蹲。左脚向前一步，脚跟离地，脚面绷平，脚尖稍内扣，虚点地面，膝微屈，重心落于右腿。两拳置于腰际，拳心向上，两眼向前平视（图6-9-6）。

图 6-9-6　左虚步

三、格斗姿势

格斗姿势是与敌格斗时最常用的架势,它便于进攻和防御。

动作要领:听到"准备——格斗"的口令后,身体半面向右转的同时,右脚后撤一步,两脚略成"八"字形,屈膝,体重大部分落于右脚;同时,两手握拳前后拉开,左臂弯曲,略大于90度,拳与下颌同高,拳眼向内上,右拳置于腹前(距身体约10厘米),拳眼向上,自然挺胸收腹,目视前方(图6-9-7)。

图6-9-7 格斗准备姿势

四、基本功

基本功是擒敌技术的基础。通过训练,能增强关节、韧带的柔韧性和灵活性;学会打、踢、挡、抓、拧、击,以及倒地的动作要领,提高攻击力量和防护能力。

（一）臂功

臂功是增强臂力,锻炼拳击的爆发力,提高攻防能力,学会以拳、肘制敌的基本打法。

1.直拳

左直拳:在格斗势的基础上,右脚蹬地,使身体重心稍前移,左拳向前用力内旋击出,力达拳面,上体微向右转,目视前方,然后迅速收回,成预备姿势。

右直拳:在格斗势的基础上,右脚蹬地,上体稍向左转,转腰送肩,用力出拳使拳直线向前击出,力达拳面,目视前方(图6-9-8)。

图6-9-8 右直拳

2. 摆拳

左摆拳：在格斗势的基础上，左脚蹬地，使身体稍向右转，左拳向左前伸出转向右下横击，左拳内旋，拳心向左稍向下，力达拳面，右拳收于右腮。

右摆拳：在格斗势的基础上，右腿蹬地，上体稍向左转，右拳向外、向前、向里横击，右拳内旋，力达拳面，目视前方（图6-9-9）。

图 6-9-9　右摆拳

3. 勾拳

左平勾拳：在格斗势的基础上，上体稍向右转，左肘关节外展抬起，大臂和小臂约成90度角，左拳经左向右击出，拳心向下，左脚跟外转，出拳后左臂迅速向胸靠拢，成预备姿势（图6-9-10）。右平勾拳的动作同左平勾拳，方向相反。

上勾拳：分为左上勾拳和右上勾拳。

左上勾拳：在格斗势的基础上，身体稍左转，微沉肘，重心略下沉，左脚蹬地，腰突然向右转，以蹬地、扭腰、送胯的合力，左拳由下向前上猛力出击，力达拳面，目视前方（图6-9-11）。出拳后迅速恢复成预备姿势。

图 6-9-10　左平勾拳

图 6-9-11　左上勾拳

右上勾拳:在格斗势的基础上,身体稍向右转,微向前倾,右脚蹬地,扭腰、送胯,右拳向内,由下向前上猛击,力达拳面,并迅速收回成预备姿势。

4.肘击

顶肘:在格斗势的基础上,右脚向后撤一大步,身体后转成右弓步,同时左手抱推右拳,右肘向右水平顶击,肘与肩平,眼看右肘(图 6-9-12)。

图 6-9-12　顶肘

(二)腿功

腿功是锻炼腿力,提高灵活性,增强稳固性,学会以腿制敌的基本功。

1.蹬腿

左蹬腿:在格斗势的基础上,重心后移,左脚屈膝抬起,勾脚尖,由屈到伸,向前猛力蹬出,力达脚跟,左臂自然下摆于体侧,右拳护面,目视前方。动作完成后迅速收回成预备姿势。做左蹬腿时可配合垫步前蹬。

右蹬腿:在格斗势的基础上,右脚蹬地,重心前移,右脚屈膝抬起,勾脚尖,以脚为力点,右屈到伸,向前猛力蹬出,右臂自然下摆于体侧,左拳收回到头部左侧,目视前方(图 6-9-13)。

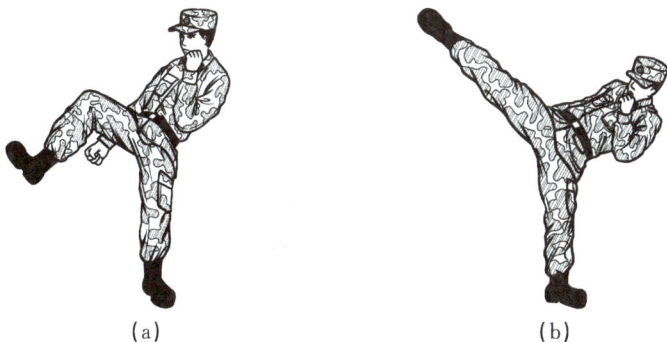

(a)　　　　　　　　　　　　(b)

图 6-9-13　**右蹬腿**

2.勾踢腿

左勾踢:在格斗势的基础上,右脚微屈膝支撑身体,左脚向后抬起(一般大小腿夹角不超过90度),上体稍右转,收腹合胯带动左腿,勾脚尖向前向右弧线擦地勾踢,力达脚弓内侧(图6-9-14)。

右勾踢:在格斗势的基础上,左腿弯曲,身体向左转180度,收腹合胯,右腿勾脚尖,由后向左前弧线擦地勾腿,力达脚弓内侧(图6-9-15)。

图 6-9-14　左勾踢　　　　　　图 6-9-15　右勾踢

(三)倒功

倒功是倒地时自我保护,避免摔伤,增强防护能力,变被动为主动的基本功。训练时,必须在熟练掌握原地动作的基础上,再进行跃起动作练习。

预备姿势:在立正的基础上,左脚向左分开约与肩同宽,屈膝半蹲,两臂后摆,半握拳,上体微向前倾(图6-9-16)。

图 6-9-16　倒法预备势

1.前倒

动作要领:在立正的基础上,自然前倒,同时两臂屈肘,置于胸前,掌心向下,腿挺直,抬头收腹,以两掌及小臂着地(图6-9-17)。

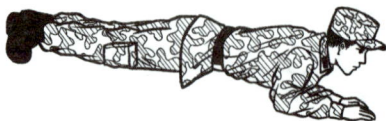

图 6-9-17　前倒

要求:腿要挺直,倒地要快。

2.后倒

动作要领:在预备姿势的基础上,两臂前摆,两膝向前下顶,上体后仰,同时,起右脚,挺腹勾头,以臂、肩及背部着地(图 6-9-18)。

图 6-9-18　后倒

要求:摆臂要快,后仰、挺腹和勾头要协调一致,臀部不着地。

3.侧倒

动作要领:在预备姿势的基础上,两臂迅速前摆,随即左后转身,右脚向左摆,以左臂、右脚掌、体侧着地,右臂上挡护头,两腿弯曲成剪式(图 6-9-19)。

图 6-9-19　侧倒

要求:右脚左摆要快,摆臂、转身、摆腿要协调一致。

4.前扑

动作要领:在预备姿势的基础上,两脚蹬地,向前跃出,同时两臂前摆,掌心向下,屈臂,以两掌、小臂及两脚内侧着地,两脚分开略比肩宽(图 6-9-20)。

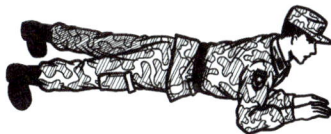

图 6-9-20　前扑

要求:跃起、摆臂要快,腿要挺直。

五、格斗技术

(一)携臂

1.面对敌站立或行进至敌右前侧一步远时,左脚向左前半步,同时左手抓敌右手腕上抬,右小臂猛力挑击敌右肘弯,迫敌屈肘。

2.向右后转身,上右脚成右弓步,右手扒敌肩,左手折腕右推,别压敌右臂,迫其伏身下蹲,使敌右膝左手接地(图 6-9-21)。

（a） （b）

图 6-9-21　携臂

（二）携腕

由后接敌,左(右)脚上步,左(右)手抓敌右(左)手腕上挑的同时,右(左)掌猛砍敌肘弯,右(左)手抓敌手背,猛力下折敌腕关节制敌(图 6-9-22)。

（a） （b）

图 6-9-22　携腕

（三）拦腰摔

敌两臂在内抓我大臂,我迅速两臂在外抓敌大臂,右小臂抬起向下猛切敌左腕,乘敌抽子之机,上右步于敌右腿后侧,右臀紧靠敌右臀,右手揽抱敌腰。左手猛拉敌臂向左,右手扳腰向后顶臀,将敌摔倒,右膝顶肋,右手卡喉制敌(图 6-9-23)。

（a） （b）

图 6-9-23　拦腰摔

（四）顶摔破卡喉

1.当敌从正面双手卡喉或揪抓我衣领时,我左脚迅速旁迈,向左拧身挥拳猛击敌太阳穴或左腮,重心下沉,以大臂由上向下借转体之力猛切敌小臂或手腕,迫敌脱手。

2.上右脚于敌两腿之间,弯腰伏身;左手抱敌右膝窝,右肩猛顶敌腹,将敌摔倒,尔后上左脚于敌右肩前,双手卡喉,右膝顶裆将敌制服(图6-9-24)。

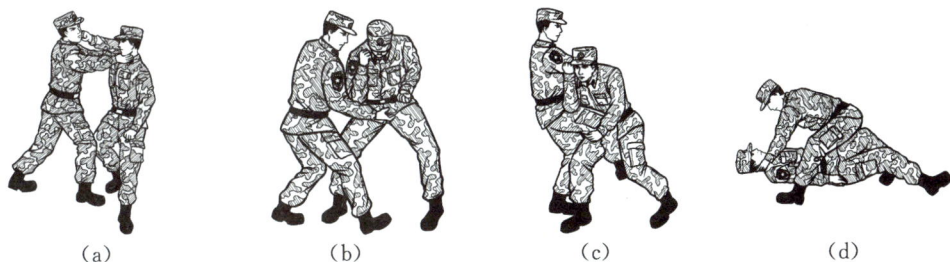

（a） （b） （c） （d）

图 6-9-24　顶摔破卡喉

第十节　战术

战术是进行战斗的方法。按战斗的基本类型,战术分为进攻战术和防御战术;按战斗规模分为单兵战术、分队战术和部队战术。

一、战斗基本动作

（一）持枪

持枪是指在战斗中携带枪支的动作和方法。持枪时要做到:便于运动、便于卧倒、便于观察、便于射击。在不同的地形和距离条件下,要根据敌情和任务灵活采用不同的持枪动作。

1.单手持枪

右臂微屈,右手虎口对正上护木握枪(背带上挑压于拇指下),以右手的握力将枪固定,枪身轴线与地面略成45度,枪身距身体右侧约10厘米,左臂自然下垂,运动时随身体自然摆动(图6-10-1)。

图 6-10-1　单手持枪

> **延伸阅读**
>
> 战术:在我国古代,战术常见于兵法、武经之中,通常包含有"法"与"术"的含义。其中的"法",不仅是指具体的方法、办法,还有标准、规范、法则等含义;"术"则有方术、术策、计谋之意。到了近代,通常把战术称为"战斗之法"或"运用军队之方术""战场内指挥团队之术策"等。欧美等西方国家,则称战术为"布降的艺术"或"战斗指挥艺术",并把战斗队形、部署、指挥等作为战术的主要内容。

2.单手擎枪

右手正握握把,食指微接扳机,将枪置于身体的右侧,枪口向上,机匣盖末端贴于肩窝,枪身微向前倾,枪面向后,右大臂里合,枪托贴于右肋(枪托折叠时除外),背带自然下垂,目视前方,左手自然下垂或攀扶,运动时自然摆动(图 6-10-2)。

图 6-10-2　单手擎枪

3.双手持枪

左手托握下护木或握弹匣弯曲部,右手握握把,食指微接扳机,将枪身置于胸前,枪口向前稍向左,枪身略成水平,背带自然下垂或挂在后颈部(图 6-10-3)。

图 6-10-3　双手持枪

4.双手擎枪

在单手擎枪的基础上,左手托握下护木或弹匣弯曲部,枪身略低,枪口对向前上方,背带自然下垂或压于左手下,身体与射向略成 30 度(图 6-10-4)。

（a）　　　　　　　　（b）

图 6-10-4　双手擎枪

（二）持枪卧倒、起立

1.单手持枪卧倒、起立

卧倒时,右手提枪并握背带,左脚(也可右脚)向前迈出一大步,左腿弯曲,上体前倾,两眼注视前方,左手顺左脚方向伸出,掌心向下,手指并拢稍向右,按左手、左膝、左肘的顺序着地,迅速卧倒。右手将枪向目标方向送出,左手接握下护木或弹匣弯曲部,右手移握握把,全身伏地,据枪射击。

起立时,右手移握上护木,收枪的同时屈左腿于右腿下,收回左小臂,尔后用左臂和两腿的撑力撑起身体,右脚向前一大步,左脚再向前大半步,右脚靠拢左脚的同时成单手持枪立正姿势。

注意:卧倒时,左脚迈出的步幅要大,以降低重心,前扑着地时,右脚内侧要扒地,以控制身体平衡。

2.双手持枪卧倒、起立

卧倒时,左脚向前一步,上体前倾,重心前移,按左膝、左肘、左小臂的顺序着地,然后转体,在全身伏地的同时两手协力将枪向目标方向送出,据枪射击(图 6-10-5)。地面松软或情况紧急时,也可按照双膝、双肘、腹部的顺序扑地卧倒。

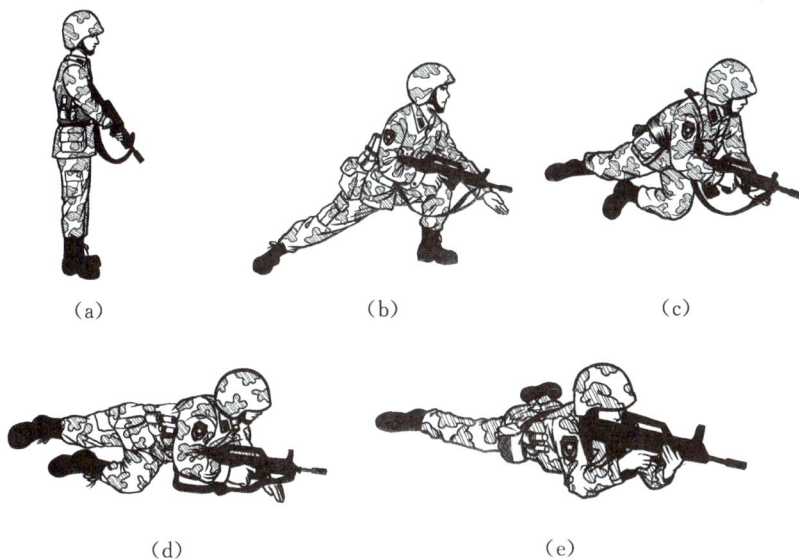

（a）　　　　（b）　　　　（c）

（d）　　　　（e）

图 6-10-5　双手持枪卧倒

起立时,两眼目视前方,迅速收腹、提臀,用肘和两脚支撑身体,右脚向前一步,左脚再向前一步,顺势起立,右脚靠拢左脚的同时,恢复双手持枪立正姿势。

（三）前进

前进一般分为屈身前进、滚进和匍匐前进。

1.屈身前进

屈身前进是军人在战场上接敌时最常用的一种运动动作,可以分为屈身慢进和屈身快进两种姿势。

（1）屈身慢进

屈身慢进，通常是在距敌较远，有超过人身高或超过大部人身高的遮蔽物，以及敌情不明或敌火威胁不大的情况下采用。

口令："向××处——屈身前进——"

动作要领：运动时，通常是双手持枪（筒、箭）或单手持枪（筒、箭），上体前倾，两腿弯曲，以降低身体重心，屈身程度视遮蔽物的遮蔽程度而定，头部一般不可高出遮蔽物。前进时，注意观察敌情，保持正常速度前进（图 6-10-6）。

图 6-10-6　屈身慢进

（2）屈身快进

屈身快进，也可称为跃进，通常是在距敌较近，迅速通过开阔地或敌火力控制区时采用的运动方法。跃进前，应先观察前方地形、敌情，选择好前进路线和暂停位置，尔后，迅速突然地前进。跃进时要做到跃起快、前进快、卧倒快。每次跃进的距离通常是 15～30 米。当进到暂停位置或遭敌火猛烈射击时，应迅速隐蔽或卧倒，并准备射击（图 6-10-7）。

口令："向××处——屈身快进——"

动作要领：运动中，通常是单手持枪（也可双手持枪），枪口向前上方，并注意继续观察敌情。

图 6-10-7　屈身快进

2.滚进

滚进通常在为避开敌人侦察、射击而左右移动或通过棱线时采用。

口令："向右（左）——滚进——"

动作要领:将枪关上保险,左手握枪表尺座上方,右手握枪颈附近或两手握护木,枪面向右,顺置于胸、腹前抱紧,两臂尽量向里合,两脚腕交叉或紧紧并拢,全身用力向前移动方向滚进。

运动中,也可在卧倒同时向移动方向滚进。其要领:左(右)脚向前一大步,左手在左(右)脚前着地,身体尽量下塌,右手将枪挽于小臂内,枪面向右。身体右(左)侧,在右(左)肩、臂着的同时,向右(左)滚进。滚进时,右(左)腿伸直,左(右)腿微屈,滚进距离长时可两腿夹紧。

3.匍匐前进

在敌火力威胁较大、自身处于卧倒状态下,如发现近处(10 米以内)有地形可利用时,可采用匍匐前进的运动姿势向其靠近。根据遮蔽物的高低,匍匐前进分为低姿匍匐、侧身匍匐、高姿匍匐和高姿侧身匍匐四种姿势。

1.低姿匍匐

低姿匍匐是身体平趴于地面并降低至最低程度的运动方式,一般是在前方遮蔽物高约 40 厘米时采用(图 6-10-8)。

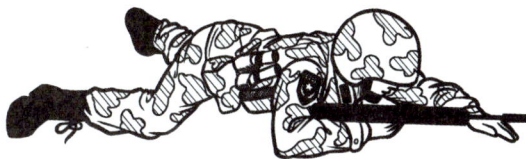

图 6-10-8　低姿匍匐

口令:"向××处——低姿匍匐前进——"

动作要领:腹部贴于地面,屈回右腿,伸出左手,用右脚内侧的蹬力和左手的扒力使身体前移,在移动的同时,屈回左腿,伸出右手,用左脚内侧的蹬力和右手的扒力使身体继续前移,依次交替前进。

低姿匍匐前进时携 95 式自动步枪的方法有两种:一种是右手握握把和背带,使枪面向右将枪置于右小臂内侧;另一种是左手握护盖,右手握枪颈,将枪横托与胸前,枪口离地。

2.侧身匍匐

侧身匍匐是在前方的遮蔽物高约 60 厘米时所采用的运动方式。其特点是运动的速度稍快,但姿势偏高。

口令:"向××处——侧身匍匐前进——"

动作要领:运动时,右手前伸移握护木(03 式自动步枪握左右护盖、95 式自动步枪握提把或握把)将枪收回,同时侧身,使身体左大腿外侧着地,左小臂前伸着地,左大臂支撑身体,左腿弯曲,右脚收回靠近臀部着地,以左小臂的扒力和右脚的蹬力使身体前移(图6-10-9)。

徒手侧身匍匐动作与持枪侧身匍匐大体相同。

图 6-10-9 侧身匍匐

3.高姿匍匐

高姿匍匐一般是在前方的遮蔽物高约80厘米时采用。其特点是运动的速度稍快,但姿势偏高。

口令:"向××处——高姿匍匐前进——"

动作要领:持枪前进时,左手握护木,右手握枪颈,将枪横托于胸前,枪口离地,用两肘和两膝支撑身体,然后,依次前移左肘和右膝、右肘和左膝,如此交替前移。前进速度不小于每秒1米。有时,也可采取低姿匍匐携枪方法(图6-10-10)。

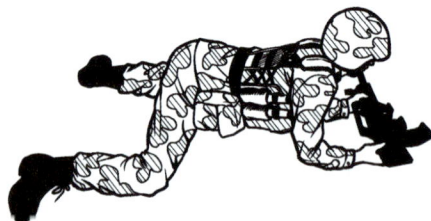

图 6-10-10 高姿匍匐

无论采取哪种匍匐姿势,运动到预定位置或适当位置,都应迅速卧倒隐蔽,视情况出枪射击。

(四)对地形地物的利用

利用地形地物的目的在于隐蔽身体,发扬火力。只有充分地发扬火力,消灭敌人,才能有效地保存自己。因此,利用地形地物时,应首先着眼于发扬火力。

1.利用堤坎、田埂

横向堤坎、田埂,通常利用背敌斜面或残缺部位,火箭筒(机枪)手通常将枪(筒)脚架支在背敌斜面上,筒口距地面不得小于20厘米;纵向的堤坎、田埂通常利用弯曲部或顶端一侧,依其高度取适当姿势。堤坎高于人体时,应挖踏脚孔或阶梯。如利用堤坎对空射击时,通常利用其顶部,并根据其高度取不同姿势(图 6-10-11)。

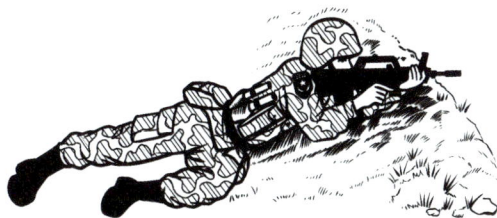

图 6-10-11 利用土坎

2.利用土(弹)坑、沟渠

利用土(弹)坑、沟渠时,通常利用其前沿。若为纵向沟渠,则利用弯曲部。根据敌情、坑的大小、深度,以跳、滚、匍匐等方法进入,并取适当姿势。对空射击时,以坑沿作依托或背靠坑壁进行射击。火箭筒手应利用坑的右前沿作依托,以防射击时喷火自伤。

3.利用土堆(坟包)

利用土堆(坟包)时,若为独立土堆(坟包),通常利用其右侧,如视界、射界受限或右侧有敌火力威胁时,也可利用其左侧或顶端。若为双土堆(坟包),则通常利用其鞍部。对空射击时,通常利用其后侧或顶端(图 6-10-12)。

(a)   (b)

图 6-10-12 利用土堆

二、进攻战斗中的步兵班

步兵班通常在排的编成内遂行战斗任务,进攻时通常可担任突击班,有时担任连(排)队预备队,必要时还可能担任开辟通路等任务。班的进攻正面,根据敌情、地形和任务而定,通常为 50～70 米。班可能得到喷火器 2～3 具的加强,有时也可得到无坐力炮 1 门的加强和上级随伴火炮和坦克的支援。

(一)传达任务,做好战斗准备

班长受领战斗任务后,应迅速召集全班传达任务。其内容是:敌情,上级的意图,本班的任务和得到的加强,冲击出发阵地的位置和运动路线等。

班长传达任务后,要简单地进行动员,同时,要开展军事民主,研究完成任务的方法。尔后,督促全班迅速检查武器、弹药、装具器材及伪装,在上级规定的时间内做好战斗准备并向排长报告。

(二)迅速隐蔽接敌

班在接敌时,要善于利用有利地形和敌火力中断、减弱、转移和被我火力压制、烟幕迷茫等有利时机,采取欺骗、迷惑敌人的方法,迅速前进或交替掩护前进。

班的战斗队形,应根据敌情、地形和任务而定,通常有以下几种:一(二)路队形;一字队形;三角队形;梯形队形。

班在敌火力下通常采取跃进的方式接敌。根据地形、敌火力威胁程度,班通常可以采取以下方法实施跃进:

全班跃进。通常在距敌较远,敌火中断、减弱或被我火力压制时采用。班长口令:"向××处——全班跃进"。全班战士突然跃起前进,到达位置时应迅速卧倒,占领射击位置。

分组跃进。通常在敌威胁较大,需要相互掩护前进或受地形限制时采用。班长口令:"向×处——分组跃进"。班长逐个指挥各组跃进。

分组各个跃进。通常在通过敌火控制较严的开阔地时采用。班长口令:"向×处——分组各个跃进"。各组长逐个指挥战士跃进。

全班各个跃进。通常在通过敌火封锁严密的开阔地或隘路时采用。班长口令:"向×处——从左(右)至右(左)各个跃进。"或逐个指挥战士跃进。

班在接敌过程中,如遇敌机轰炸扫射时,应利用地形,加大间隔距离,迅速前进;如遇敌炮火拦阻时,应加大间隔距离,乘敌炮火减弱、中断时,跑步通过,或利用弹坑等地形跃进通过。

班的冲击出发阵地通常选择在敌障碍区以外的有利地形上。班通常利用夜暗、不良天候或在我火力、烟幕掩护下,利用地形,采取各种有利的战斗队形和运动方法,隐蔽迅速地接近,并根据情况一次或逐次占领冲击出发阵地。

(三)冲击准备和冲击

班占领冲击出发阵地后,班长应立即派出观察、警戒,下达口述战斗命令,做好冲击准备。

班长通常向战斗小组长下达口述战斗命令,地形隐蔽、敌火力威胁不大时,也可向全班下达,若情况紧急,还可边打边下达。下达口述战斗命令时,首先判定方位,介绍地形,指定方位物,尔后明确:

1.敌军番号,兵力,前沿,装甲目标,火力点的位置,工事和障碍物情况。

2.排(班)的任务,班的运动路线,冲击目标和发展方向。

3.友邻的任务及其协同的方法。

4.各组和加强火器的任务及相互间的协同动作。

5.支援火器、坦克的任务,与其协同的方法。

6.通路的位置和通过的方法。

7.完成冲击准备的时限,信(记)号规定。

8.班长的指挥位置和代理人。

接到上级准备冲击的口令或信号时,班长立即发出"准备冲击"的口令或信号,督促和检查全班迅速做好冲击准备,并向排长报告。

冲击是进攻战斗中最紧张、最激烈、最困难的阶段,也是实现近战歼敌、取得胜利的关键。因此,冲击时,应发扬不怕牺牲、勇往直前的精神,充分利用我火力突击和烟幕掩护效果,一举突入敌阵地,坚决歼灭敌人。

接到上级的冲击口令或信号时,班长应立即下达"冲击前进"的口令。班在冲击过程中,班长应位于队形的先头,不断地观察冲击路线和冲击目标。通过通路时,应快速收拢队形,充分利用火力突击和烟幕掩护的效果,以疏散的队形、灵活的方法、最快的速度通过。当通路纵深较大时,班可组织火力,利用地形,分组交替通过;如敌火力被压制,也可成一(二)路队形快速通过。当通路纵深较小时,班应快跑一次通过。

当冲击至敌堑壕前的投弹距离时,全班战士应依班长的口令或自行向敌堑壕内投弹,乘爆炸瞬间,冲入敌阵地,以抵近射击、投弹等手段消灭敌人。

冲击受挫时,班长应沉着冷静,迅速查明情况,及时调整部署,指挥全班占领有利地形,组织火力压制敌人,然后乘敌火力中断、减弱、转移之际,再次发起冲击。当班伤亡过大时,班长应指挥全班继续顽强战斗,并将情况报告上级。

(四)在敌阵地内战斗

班突入敌前沿阵地后,班长应迅速查明情况,及时给各组规定任务,采取壕内壕外密切协同的方法,指挥全班逐段肃清壕内残敌。通常1~2个小组进入壕内,其余小组在壕外掩护。壕内小组可由壕的一翼向中间,也可由中间向两翼进行搜索。相对搜索时,要避免误伤。搜索时,应沿壕逐段搜索,发现敌人,应以射击、投弹或拼刺的方法将其消灭。壕外小组应以火力掩护壕内小组的行动,并切断敌人的退路,必要时也可进入壕内战斗。全班要连续作战,充分发挥战斗小组的作用,利用敌防御间隙,大胆插入敌侧后,勇猛进攻,不给敌重新组织抵抗的机会。

当敌人向班发起反冲击时,班长应指挥全班以准确猛烈的火力切断敌步坦联系,消灭敌步兵。当敌向友邻反冲击时,班长应主动指挥全班以火力支援友邻,或根据上级指示,向翼侧攻击,协同友邻歼灭反冲击之敌。

当班受领巩固阵地的任务时,班长应迅速派出警戒人员观察,及时明确任务,调整部署,组织火力,救护伤员,领发弹药,构筑或加修工事,设置障碍,进行伪装,防敌火力报复,做好抗敌冲击的准备。

三、防御战斗中的步兵班

步兵班在防御战斗中,通常在排的编成内坚守排支撑点内的一段阵地,防御正面通常为 80～120 米。有的步兵班也担任预备队,增强或接替前沿分队的防御或实施反冲击。班根据担负的任务,可能得到无坐力炮 1 门、重机枪 1 挺和喷火器 1 个组的加强,以及上级坦克和各种火力的支援。

班的兵力通常成一线配置,根据地形,有时也可成三角形或梯形配置。火器应配置在便于发扬火力、便于机动的位置,各种火器要在前沿前和阵地内形成直射、侧射、反射和交叉火力,并做到火力与障碍物相结合、打地面目标火力和打空中目标火力相结合。

班长受领防御任务后,应指挥全班占领防御阵地,派出观察和值班火器。然后,传达任务,下达口述战斗命令,构筑工事,设置障碍,做好防御战斗准备。

防御战斗开始后,班长首先应指挥全班防敌核武器和化学武器、航空兵火力和炮兵火力的袭击。同时,应以火力和兵力阻止敌在我障碍区内开辟通路。当敌发起冲击时,班长应适时指挥全班占领射击阵地,以各种手段防止敌入通过通路向己方前沿和阵地的冲击。当敌突入阵地时,班长要指挥全班顽强地坚持在阵地内的战斗,消灭突入的敌坦克、步战车和步兵,阻止敌人进一步扩大战果;当敌人突入友邻阵地时,班长应根据当时情况,适时组织火力和兵力支援友邻战斗。当班被迫转入坑道作战时,班长应指挥好全班进入坑道的行动,防止敌尾追进入;进入坑道后,应组织力量坚守坑道口,并积极向坑道外出击,消耗敌人,为最后收复阵地创造条件。

【复习思考】

1.队列队形可分为几种?

2.简述自动步枪卧姿有依托据枪、瞄准、击发的动作要领。

3.简述战备等级的划分。

4.如何利用太阳和手表判定方位?

5.如何掌握好行军方向和速度?

6.如何利用地形防护核袭击?

7.简述低姿匍匐前进的动作要领。

参考文献

[1]毛泽东著.毛泽东选集.北京:人民出版社,1991

[2]中共中央文献研究室.中国人民解放军军事科学院编.毛泽东军事文集.北京:军事科学出版社,2017

[3]袁德金.毛泽东军事思想教程.北京:军事科学出版社,1999

[4]邓小平著.邓小平文选.北京:人民出版社,1994

[5]张德勤,戴旭著.现代国防大典.北京:中央文献出版社,1999

[6]张万年编.当代世界军事与中国国防.北京:中共中央党校出版社,1999

[7]卿竹松,唐晶荣编,军事思想教程.北京:国防大学出版社,2000

[8]侯鲁梁编.毛泽东建军思想概论.北京:中国人民解放军出版社,2007

[9]朱建新编.军事高科技知识教程.北京:军事科学出版社,2000

[10]姚有志编.二十世纪战略理论遗产.北京:军事科学出版社,2001

[11]朱听昌编.中国周边安全环境与安全战略.北京:时事出版社,2002

[12]刘鹏,苏进编 铸魂砺剑(全民国防教育读本).济南:山东城市出版传媒集团济南出版社,2018

[13]中华人民共和国国务院新闻办公室编.中国的军事战略.北京:人民出版社,2015

[14]中华人民共和国国务院新闻办公室编.新时代的中国国防.北京:人民出版社,2019

[15]中华人民共和国第十三届全国人民代表大会常务委员会.中国人民共和国国防法.北京

[16]刘鹏,苏进编 国家安全教育读本.济南:山东城市传媒集团济南出版社,2020